乡村振兴：理论、途径与实践

陈修颖　孙杰　著

中国大百科全书出版社

图书在版编目(CIP)数据

乡村振兴：理论、途径与实践 / 陈修颖，孙杰著
. — 北京：中国大百科全书出版社，2021.5
ISBN 978－7－5202－0954－0

Ⅰ. ①乡… Ⅱ. ①陈… ②孙… Ⅲ. ①农村－社会主义建设－研究－中国 Ⅳ. ①F320.3

中国版本图书馆 CIP 数据核字(2021)第 070510 号

责任编辑 鞠慧卿
封面设计 石 儿
责任印制 魏 婷
出版发行 中国大百科全书出版社
地　　址 北京市阜成门北大街 17 号　　**邮政编码** 100037
电　　话 010－88390636
网　　址 http://www.ecph.com.cm
印　　刷 广东虎彩云印刷有限公司
开　　本 710 毫米×1000 毫米　1/16
印　　张 21.25
字　　数 314 千字
版　　次 2021 年 5 月第 1 版　2021 年 5 月第 1 次印制
书　　号 ISBN 978-7-5202-0954-0
定　　价 128.00 元

前言

PREFACE

本书内容包含乡村振兴理论、途径及实践的系统研究。在系统梳理了国内外关于乡村区域发展以及近年来国内关于新农村建设、美丽乡村建设和乡村振兴战略等大量研究文献基础上，总结了乡村振兴的理论基础、实现途径，同时在大量实地调研、深入考察的基础上，对若干个具有典型意义的案例进行了深入剖析及经验总结。

本书共分九章：一、乡村振兴研究的若干理论问题；二、乡村产业结构化推进乡村振兴的途径；三、乡村产业融合推动乡村振兴的机制与途径；四、农村城镇化与乡村振兴；五、乡村人才建设与人才评价；六、乡村振兴的区域基础设施支持体系；七、科技进步与农业经济发展；八、乡村振兴目标下的乡村规划；九、乡村振兴综合绩效评价。本书的主要研究特色有以下三点。

一是本研究以中央国务院提出的乡村振兴战略为基本理论基础，以“产业兴旺、生态宜居、乡风文明、治理有效、生活富裕”为研究框架，以产业振兴、生态振兴、文化振兴、治理振兴和人才振兴等为促进乡村振兴的主要途径，结合各地具有典型推广价值的案例进行实证。最后，提出了乡村振兴综合绩效评价的理论和方法，对各地政府对乡村振兴实施的绩效考核具有指导意义。

二是在全国范围内选择了若干典型案例作为实证。一方面总结和概括了中国在乡村振兴实践中涌现的典型做法和值得推广的模式，另一方面也为乡村振兴在实际推动过程中出现的问题进行经验总结。在探索理论意义的同时，紧密结合实际，力求做到既为理论工作者提供理论探索的启示和素材，也为实践工作者提供决策依据和经验借鉴。

三是采用了定量研究的方法。乡村振兴问题的研究大多是从定性研究的角度展开的，探讨理论依据、实践价值、经验借鉴等。本书试图从经济学的角度，采用定性研究的方法和手段，对典型案例进行深入剖析，在广泛调研的基础上，通过数据分析获得对问题的理解和解决问题的途径，力求本研究更具科学性和说服力，同时也检验乡村振兴的各项方针政策的实效性。

目 录

CONTENTS

第一章　乡村振兴研究的若干理论问题

第一节　乡村概念

一、乡村概念的历史发展

在人类发展历史上，“乡村”是作为一个地理概念出现的。首先产生的是城市概念，然后相应地产生了乡村概念。乡村概念的产生是社会分工的产物。

农业是人类为了获取生活资料而能动地从事的原始产业。所以，马克思说“农业是人类的第一历史活动”。从依赖天然动植物为生到原始农业，也就是说从旧石器时代进入新石器时代，标志着产业的形成与产业发展、分化的开始。西方学者称这种原始农业为“农业革命”，其与后来的“工业革命”和“新技术革命”并称为人类发展史上的三次浪潮。

农业革命后形成的原始农业从开始萌芽到量的突破和质的飞跃，经历了一个漫长的历史过程。在这一漫长的历史过程中，原始农业成为人类最主要的产业形态。公元前3000年前后，随着原始农业的快速发展，原来分散的、游离的人群逐渐定居下来，并且在安全可靠、自然条件相对较好的地方，居民越聚越多，这样便形成了定居性的原始村落。已出土的西安半坡遗址便是这时期典型原始村落的代表。原始村落的形成，是原始农业发展的必然结果，也是人类历史上第一次产业分工的标志。

在原始村落的内部，因生活的需要推动了生产力的进一步发展，也由此逐步分化出手工业和商业阶层。进行商品交换的场所称为“市”。随着原始社会的瓦解，出现了剥削阶层。为了更进一步保障“市”的安全及加强自身统治的有效性、及时性，同时也为了生活的方便，剥削阶层往往住在“市”内及附近筑起围墙修筑住宅，这就叫作“城”。“筑城以卫君，造廓以守民”形象地说明了“城”的作用与地位。“市”是古代的商品贸易中心，而“城”是古代的政治和文化中心。由于“城”和“市”是连成一片的，慢慢地，人们便把这样一大片人口集中居住的聚落区统称为“城市”；城市以外的、广大的地广人稀的地区被称为“乡村”。

从这样的社会发展史变迁中可以发现，“乡村”概念的原始含义有三方面：一是聚落形式含义；二是职业构成含义；三是地域空间含义。

二、乡村概念的内涵

辩证唯物论认为，任何事物均有其产生、发展和消亡的历史发展过程，乡村及乡村概念也不例外。随着社会生产力和生存条件要求的发展，“乡村”概念的内涵也一定会不断变化、发展。随着城乡经济、社会文化的逐步融合，“乡村”的概念同样会不复存在。正因为它是不断变化发展的，所以要给“乡村”下一个准确的、永恒不变的定义也是不可能的，无论是从地理学的角度还是从社会学、经济学等方面都是如此。

1903 年，德国地理学家拉采尔在《人类地理学》一书中指出：“乡村指人群与房屋的分散，而城市则指交通方便，人群与房屋的集中。”这一定义显然存在很大的局限性。

1927 年，意大利地理学家波贝克指出：“乡村指从事田园式劳动的人地综合体，而城市则指从事公务式劳动的人地综合体。”这一定义表面看来很合理，实际上却忽视了一些重要的方面。

同时期还有人指出：“乡村是从事第一产业者聚居地，而城市指从事第二、三产业者聚居地。”这一定义实质上与波贝克的定义近乎雷同，只不过将术语专业化了。

我国的经济学家和地理学家，在借鉴、综合以往定义的基础上，结合我国具体实情，给乡村下的定义为：“农业是主体，从事农业生产的人口较多，其他经济部门或多或少地与农业生产相关；人口密度小，经济发展水平较低的广大区域。"相对地说，从我国的实情看，这一定义基本上是准确的，但随着农村经济的迅速发展，其内涵也已显得越来越不符实了。

目前国际上普遍认为，既然农村概念与内涵是随着社会发展、生产力发展而不断发展变化的，那么按生产力发展阶段对乡村下定义，可能会更准确，更有实际意义。所以，世界各国将人类生产力发展史划分为若干历史发展阶段，然后分别定义，但划分阶段的方法各不相同。我国将农村从概念出现至今共划出五个发展阶段：①原始型乡村；②古代型乡村；③近代型乡村；④现代型乡村；⑤未来型乡村。原始型乡村指城市尚未分工的"纯"乡村，未来型乡村指城乡经济融为一体的未来人类文明世界。现代型农村是一个极其复杂的有机系统。我们目前要研究乡村，准确地把握它的含义十分必要。

现代乡村包括诸多方面的含义，最基本的包括五个方面：

①现代乡村是一个地域生态概念；②现代乡村是一个经济概念；③现代乡村是一个社区概念；④现代乡村是一个聚落概念；⑤现代乡村是一个地域综合体（人地综合体）概念。

"村"作为一种人类集聚的空间形态，也在不断演进。我们仅以北魏时期为例，可以看出"乡村"的概念、形态和功能有着明显的演进。

《说文解字》中载："邑落曰聚。"段注："邑落，谓邑中村落。"北魏时期，村的来源有很多，包括聚、屯、坞、庐、丘等，所以这一时期，村的概念比较泛化。

①村与坞。《魏书·释老志》云："凉州自张轨后，世信佛教。敦煌地接西域，道俗交得其旧式，村坞相属，多有塔寺"。

②村与栅。北魏《元袭墓志》云："寻除后将军河东太守。于时此郡，西接羌虏，北连胡寇，绛蜀乘间，遂相扇诱，屠村破栅，骤其小利，凶势既张，顽守郡邑。"

北朝的村落与三长制是交叉关系，一党、一里都可能是一村，也有可能是数党、数里为一村，或者一党数村、一里数村。

北朝村落的主要功能有以下几点：

①防御功能。经历魏晋的乱世，村落保留了其防御功能，筑有围墙、壕沟、警楼，并在村中设置负责治安的村义、村勇。

②教育功能。《魏书》卷五十七《高祐传》载，高祐于太和年间曾建议："县

立讲学，党立教学，村立小学。"此时村应较党小。

③互助功能。即鳏寡孤独废疾者由村中集体养食。

④教化功能。为倡导德行，以德行命名村落，如"孝敬村"，以起到教化作用。

与前代相比，南北朝时期，村的数量有明显增加，大量的土地转移到国家统治下，由此可以初步判断，村的具体名称的使用范围随着封建政权势力范围的扩大而扩大。

第二节　乡村振兴的全新人地关系理论

以经济发展为核心内容、以谋求人地协调发展为目标的人地观，应成为正确认识人地关系并处理各种人地矛盾的、全新的人地观。人地非和谐问题在我国集中地体现在农村经济的发展上。对于中国这样一个农业大国来说，运用全新的人地观，正确认识并解决好农村经济发展中的人口、资源、环境和发展协调问题是当务之急，强化可持续发展意识、改变增长方式、依靠科教兴农、加强宏观调控，是推动乡村振兴、全面发展的关键。

人地观是地理学、社会学、经济学等不同领域内的一个古老课题，具有鲜明的阶级性与时代性。中国自古以来对人地关系就有种种论点。先秦著作《礼记・王制》中的"广谷大川异制，民生其章者异俗"，带有明显的地理环境决定论的思想。而《孟子・公孙丑下》中的"天时不如地利，地利不如人和"，是人定胜天的人地观。东汉王充在《论衡・明雩篇》中的"夫人不能以行感天，天亦不能随行而应人"，显然表达了反对人地关系的绝对化。无论何种人地观，对于相当长一段时间内的社会经济乃至文化都会产生重大的影响；而对于新时期中国社会主义市场经济，我们应当树立起全新的人地观。尤其是对于人地关系最直接而人地矛盾又十分尖锐的农村经济的发展，更应以新时期的人地观来指导实践。

一、人地关系观的历史演变

现代人地观涉及地球表层各种有机生物系统，以及生命体的无机环境与人类全部行为活动错综复杂的关系的认识。人类社会发展到以追求文明昌盛为主要目标的今天，经济地位日益突出，甚至政治问题亦日益经济化。相应地，以物质生产和精神享受为核心内容的人地观，成了认识人地关系的主流。经济的发展必然离不开人力和资源，而资源又取之于环境。所以，经济发展直接影响到人口、资源与环境的协调关系。以经济发展为目的的人地观，在发展上大致经历了几次大飞跃。

第一次飞跃是以商品生产为中心的单纯经济增长发展观到以人为中心的综合发展观的转变。以沃尔特・惠特曼・罗斯托、威廉・阿瑟・刘易斯为代表的早期发展经济学的发展观，就是一种以单纯经济增长为核心内容的人地观。其核心内容是如何获得经济上量的增长，“发展”与“增长”是同义的。这种人地观指导下的实践是对高速增长目标的狂热追求，在这种短视观指导下必然会形成掠夺性经营，其结果是灾难性的。尤其是第二次世界大战后的第三世界国家，由于急于追求经济的短期奇迹，加上国际范围内不合理的经贸旧秩序，在“高生育—低死亡—高增长”的人口再生产模式下，涌现出层出不穷的恶果，其教训是深刻的：单纯的经济增长并不等于发展。只有量的短期高速增长而无质的发展，只能是恶性增长。于是，在此基础上出现了第二次人地观的飞跃，有学者提出以人为中心的综合发展观。人类活动不仅包括经济活动，同时还包括社会、政治、文化等广泛领域的活动。综合发展观较之以经济为核心内容的发展观，更能准确地反映人类活动广泛内容之间相互影响、互为联系、互相制约的关系；但它作为一种人地观，并无实质上的突破，因为它强调的是人类自身诸行为活动的平衡、协调及全面发展，而没有意识到人类活动是在地球表层内的活动，环境、资源总像一只无形的手制约着这一切，没有揭示出社会系统与自然系统协调发展的必要性。显然，在人地脱节的条件下，索求是无止境的，自然系统的负载日益沉重，人地矛盾日益突出。时至今日，人类已清醒地认识到仅协调人的关系是不够的，仅为当前状况下当代人的全面发展、全面享受(物质的、精神的)着想的价值导向是不可取的，意识到了这点，人地观才有了真正质的飞跃。这一全新的人地观由环境问题而生，最早于1972年在斯德哥尔摩联合国人类环境大会提出。20世纪80年代，欧洲50多名经济学家创立的“生存经济学”明确将这一人地观概括为“可持续发展观”。1987年，世界环境与发展委员会在《我们共同的未来》报告中，则要求在发展过程中既满足当代人需要，又不对后代人满足其需要的能力构成危害。1992年，联合国在巴西里约热内卢召开的联合国环境与发展会议上提出了“全球携手保持社会经济可持续发展”，寻求一条可持续发展道路已成为全球的共识。

现代的人地关系问题，不仅是协调人类自身内部多层次、多领域全球范围内的时空关系，更重要的是协调人与资源、环境之间的关系。只有在资源的可持续开发利用、生态环境的持续平衡下，才能实现人类自身的协调与发展。显然，现代的人地关系问题是与“可持续发展”紧密联系在一起的。可持续发展涉及人口、资源、环境、发展诸多方面，从人文地理学的角度考虑，前三者与发展的关系是人地关系的一种形式。这种形式的人地关系的中心是人口(Population)、资源(Resource)、环境(Environment)问题，表现为这三者与发展(Development)相互协调的PRED关系问题。协调人地关系，本质上就是协调PRED关系。以经济为中心的PRED协调是可持续发展的子系统。

PRED协调首先是在PRE协调的基础上，并在PRE控制下的经济发展，是在不同经济地域间进行开放性的物能交换，从而实现不同经济地域间经济上协调的、可持续的发展。PRED协调包括两方面。其一，空间上的协调。每一个经济地域单元都是在特定的PRE条件控制下的区域内协调，从而实现本区域经济的可持续发展。要保证更高一级经济地域单元的可持续发展，必须使其受制于更大范围内高一级PRE条件，且使其所含的各次一级经济地域单元进行充分的物、能、信息的开放性流动。只有这样才能保证某一特定地域内PRE按可持续发展的要求进行重组，实现最佳配置。其二，时间纵向序列上的可持续性，这是实现可持续发展的最终要求。这一层面不仅要求在某一特定时序断面上实现最佳数量增长，更重要的是应保证经济在整个时序上都有量的增长，即实现发展这一最终目标。要实现这一目标，就不应把人的无限需求置于人地关系的中心，而应把人的无限智慧置于中心，因为 PRED 的协调最终依赖的是具有主观能动性的人类。

二、PRED 协调发展理论

PRED 协调发展理论是人地关系论的现代发展，其核心是以经济为中心的可持续的协调发展，它为人类活动所有经济领域的发展提供了理论依据。作为两大经济发展的地域空间，农村经济的发展较之城市经济来说，更能直接地体现出人地关系，农村经济地域的 PRED 协调显得更加重要。“民以食为天，食以地为本”，这种土地、资源、环境对农村经济的直接制约关系决定了农村经济的发展应该走可持续发展道路。然而，我国在农村经济的发展过程中走的是一条非可持续发展的道路，因而近年来暴露的问题越来越多，矛盾日益尖锐、复杂。这些问题已经构成了我国农村经济可持续发展的障碍，清醒地认识这些问题是十分必要的。

(1)农村人口问题日益尖锐、复杂。

农村人口问题是农村经济能否实现可持续发展的关键。农村人口的非合理增长必然导致环境和经济增长的双向恶化。同时从经济效果看，其必然导致劳动生产率低、农副产品商品率低、失业率高，使得农村人口的实际生活水平下降。中国的人口问题可以说主要是农村人口问题，就目前说，主要由三方面构成：①农村人口与农业资源日益尖锐的矛盾，主要表现为人增地减，环境承载状况日益恶化；②低素质的劳动力与科技含量日高的集约化农业、商品性农业、大农业发展的矛盾；③农村剩余劳动力日益增加与就业容量有限的矛盾。

农村人口问题中最严峻的是农村剩余劳动力问题。20 世纪 80 年代末期以来，我国农村剩余劳动力一直保持在 1.2 亿～1.5 亿之间，流动规模越来越大。我国农村人口大量涌现是在特定的历史条件下、特定的环境中产生的。简单地说，原因主要有以下几点：①劳动力增长的滞后效应。我国 20 世纪六七十年代两次生育高峰期时出生的人口到 20 世纪八九十年代后陆续成为劳动力。②耕地面积逐年缩减，耕地的劳动力总容量逐年减少，致使从耕地上释放出大量劳动力。③农业现代化水平的不断提高。农业机械化、水利化、化学化、生物化等生产力水平的提高，大大提高了劳动效率。④农业经营的比较效益日益降低，在比较效益的驱使下，农村游离出大量劳动力，游离于产业间，游离于地域间而成为“盲流”。从产业演替的客观规律这一高度看，这也是正常的。⑤我国农村第二、三产业发展迟缓，城市化水平和工业化水平又很低，造成非农业部门对农村剩余劳动力的吸纳十分有限。所有这些因素共同作用造成的农村剩余劳动力问题是农村PRED协调的最大障碍之一。

(2)农业生态环境日益恶化，农业生产的外部支撑条件每况愈下。

农业生产是自然再生产与人口再生产相结合，与非农业部门相比，更直接地受制于自然生态系统，体现人地最直接的接触关系。但长期以来，我国农业生产极少考虑环境因素。

农业生态环境是自然生态系统的组成部分。它是一个脆弱的生态系统，维系这一系统平衡的关键因子是植被。由于森林是一种无需技术、资金便可开发的现实资源，所以过去人们的短视行为给森林带来了灭顶之灾。西北地区在公元前330年时森林覆盖率在50%左右；至民国年间仅为3%左右，开山至顶、广种薄收、连年干旱，使其变成了地瘠民贫的贫困地区。广大的长江中下游丘陵区，毁林开垦更加严重。据中国科学院资料，20世纪四五十年代，我国水土流失面积为116万平方千米，到1978年增至150万平方千米，年流失泥沙约50亿吨。由于植被破坏而导致的农业生产环境恶化是全方位的，包括旱涝灾害频繁，水利设施毁损，土壤有机质流失，农作物虫、病害加剧等。如全国8万多水库和人工湖泊设计库容为4 000亿立方米，30年来淤积泥沙已达1 000亿立方米，减少了1/4的蓄水能力。这些问题的出现是以流域为基本单位的，上游出现的问题使全流域都难以幸免。考察一下中国农业发展历史，可以发现造成农村生态环境条件恶化的根源主要在于以下几方面：①人增地减导致的人地矛盾日益加剧。②农业内部部门结构畸形。长期以来，以粮食种植为压倒一切的首要任务，而林、牧、渔业一直是微不足道的。③农业发展方向被过度地、不适时地引向了“石油农业”，而我国传统的生物技术和人畜家肥、土杂肥等被视作落后的表现。然而事实证明，适合我国农业发展的方向只有生态农业。④农村生活能源紧缺，不仅不能使秸杆、稻草还田,反而出现乱砍滥伐的普遍现象。

(3)农业资源日益稀缺。

这一问题集中体现在土地资源、水资源、生物资源等的日益短缺。我国的人均水资源和耕地亩均水资源,分别仅为世界平均水平的1/4和1/2。近年来,华北、西北地区和东北南部地区缺水现象日益严重,需要跨流域调水和同流域内人为平衡配水的地区越来越多。黄河下游断流期越来越长,以致春耕春播无法进行,迫使上游大型水库拉闸放水以解燃眉之急;河西走廊由于缺水而不能农作的面积迅速扩大。近年,南方多雨地区缺水现象也时有发生。1993年全国570个城市中就有300多个城市不同程度地缺水,日缺水量达1 300万立方米。土地资源、生物资源的短缺同样十分严重。

上述三大问题是我国农村经济发展中长期未得到足够重视而造成的,同时也是谋求今后农村经济可持续发展遇到的最大问题。协调解决这些问题的关键在于人。要实现PRED协调,仅实现人与自然关系的协调是不够的,还必须解决人自身的问题,即实现人与人的协调。在农村经济发展中,这方面的问题主要体现在生产组织、产业结构、投资结构等方面。其中核心的问题是农业投入。长期以来,我国农村投入不足,而农业对社会的总贡献又超过了能承受的水平,这样必然造成农业积累不足,这是导致农业发展缺乏后劲的主要原因。我们仅从农村资本存量这一侧面即可看出这一问题的严重性。据农业部经管总站对27个省市区汇总的统计材料,农村经济体制改革前,农村大队和生产队二级共有的资产仅为1 037.82亿元。其中固定资产751.66亿元,流动资产286.16亿元。而我国1978年国营工业的固定资产原值为3 002亿元。造成这一问题的原因是我国在高度计划经济时代牺牲农业、发展工业的宏观产业政策。农业的超水平贡献实质上是通过长期的行业间的不平等贸易——工农产品价格剪刀差实现的。在改革开放前,国家财政分配给农业的支出平均每年只占总支出的10%左右,最低年份为1953年,竟只有5.9%。而同期农业创造的国民收入约为19 274亿元,年均639.8亿元。"一五"到"四五"期间,农村提供的国民收入占全社会国民收入年均高达45.1%。这种"少入多出"必将造成积累不足。不仅如此,工业部门中与农业相关的对前后向连锁部门的投资,在整个工业投资中所占比重亦很小,在

1978年以前仅占工业投资的6%左右。“一五”到“四五”期间，对服务于农业的工业部门投资，年均仅7.3亿元。农业投入不足还体现在农业科研、教育等“软投入”上。科技是推动农村经济可持续发展的根本动力，要摆脱目前农业徘徊不前的局面只能靠科技兴农。1963～1986年，国家用于农、林、水、气科技四项费用仅为23.7亿元，平均每年不到1亿元，这与我国这样一个农业大国的身份是极不相称的，与国际比较更是严重落后。以我国投入最高年份的1986年(2.7亿元)为例，农业科技费用仅占农业总产值的0.06%，而早在1965年，发达国家就已达到1.37%，发展中国家平均为0.55%。

综上所述，影响农业经济发展的PRED协调问题是多方面的，主要是人口、资源、环境与政府决策部门的联系与合作、农村经济可持续发展和投入。谋求农村发展的可持续发展道路，首先必须协调处理好这些问题。只有树立起全新的人地观，正视现实，采取积极、有效的措施，才能妥善解决这些问题。

三、新人地关系观背景下的乡村发展

针对上述问题，从PRED协调、可持续发展的要求出发，并结合我国正在进行社会主义市场经济建设的实际，笔者提出以下几点措施，以谋求农村经济的可持续发展。

(1)强化可持续发展意识，彻底改变经济增长方式，运用最有效的媒体大力进行宣传教育，应成为农村工作部门今后一段时期的主要任务。

科技界、经济界在实行可持续发展战略中，负有特殊、重要的历史使命，要加强科技界、经济界与政府决策部门的联系与合作。农村经济的可持续发展问题的研究，应成为今后科研的热点。其中尤其是地理界和经济界，应承担不可推卸的责任。县、乡两级干部应认真学习和研究可持续发展理论和《中国21世纪议程》(中国21世纪人口、环境与发展白皮书)，并将之应用到日常工作中，只有这样才能逐步提高全民的可持续发展意识。除此之外还必须加强以下各项工作：①严格控制人口，这是谋求可持续发展道路的基本前提。②合理开发资源、利用资源，促进农村经济朝集约化方向发展，彻底改变粗放经营、广种薄收、掠夺性经营的恶习。③推行适度的规模化经营，促进专业化生产的发展，提高经济效益、资源效益和环境效益。④积极调整产业结构。产业的空间布局必须与资源条件、环境条件相适应，产业部门比例必须与各地农业资源的配置情况相适应，产业发展目标必须与资源数量和环境状况相适应。大力发展乡镇企业，逐步实现剩余劳动力就地转移。

(2)调整投资方向和投资结构。

农业资金的投入必须配合产业结构调整，二者协调同步，在使用农业资金时，必须考虑到PRED的协调。尤其在农村经济综合规划、乡镇建设规划、土地利用规划、重大建设项目的论证等方面，应加强宏观调控，鲜明地体现出可持续发展这一主旨，并以此确定农业资金投资大方向和投资结构，在资金投向上应适当地向农业科研和教育及发展生态农业等领域倾斜。

(3)科教兴农落到实处。

加大资金投入，改革农业科研机构的运转机制，建立农业科研教育网络，重视科研成果的普及与推广，将科技服务放到农村服务业的首位，真正认识到科学教育是振兴农业的根本。中华人民共和国成立以来，我国农业曾经有过两次飞跃，第一次是中华人民共和国成立初期，由于彻底改变了生产关系，农民积极性大大提高；第二次是实行家庭联产承包责任制时期，由于解放了生产力，农业出现再次飞跃。除此之外，我国农业绝大部分时间始终处于停滞徘徊之中。20世纪90年代以来，农业发展明显表现出后继乏力。由此可见，仅靠改变土地所有制关系而释放出的潜能是有限的，并不能保证长期可持续发展。要进一步发挥出人的能动性，必须释放出人的智慧潜能，而不是单纯依靠体能。要明白，农村经济的第三次飞跃必须依靠农业科技。

(4)完善资源更新的经济补偿机制，加快立法。

要依法保护并合理开发土地、水、森林、草原、矿产和海洋等资源，完善自然资源有偿使用制度和价格体系。加强农田保护区的管理，严格控制非农用地规模，严惩恶意耕地抛荒行为。农村地方立法应以可持续发展为准绳，从而推进自然资源的资产化管理，加强资源的国家所有权管理。

第二章　乡村产业结构优化推进乡村振兴的途径

第一节　研究意义及研究回顾

一、理论意义及实践价值

农业经济是国民经济的重要组成部分，其基础性决定了农业的无可替代性。由于我国农业现代化起步较晚，农业经济发展水平较为落后，如今看来农业现代化成了“四个现代化”的最短板。为解决这一问题，中国共产党的十九大报告提出实施乡村振兴战略，坚持农业农村优先发展，按照产业兴旺、生态宜居、乡风文明、治理有效、生活富裕的总要求，建立健全城乡融合发展体制机制和政策体系，加快推进农业农村现代化。乡村产业结构优化是农业经济发展的核心战略。第二、三产业经济的高速增长是以稳定的农业经济为基础的，而合理的乡村产业结构则是农业经济持续稳定发展的保证，因此本章从乡村产业结构优化这一切入点来研究其推进乡村振兴的途径。

乡村振兴要求坚持农业农村优先发展，按照产业兴旺、生态宜居、乡风文明、治理有效、生活富裕的总要求，建立健全城乡融合发展体制机制和政策体系，加快推进农业农村现代化。乡村振兴的内涵与要求已十分明确，无须赘述，但究竟如何实施乡村振兴？实现乡村振兴有哪些途径？乡村振兴成果如何评价？目前，各个领域的学者都给出自身的理解和研究成果，本课题的研究也意图从乡村产业结构优化这一视角，探索其对乡村振兴推进的作用，丰富乡村振兴途径的研究，为乡村振兴提供新的思路，并通过对乡村产业结构优化影响乡村振兴程度的测度，进一步研究理解乡村产业结构优化理论，提高对实践问题的解决能力。

乡村振兴战略是新时期农村发展的宏观的指导性战略，要求实现的是乡村全面振兴，因此需要从多方面着手，通过多渠道实现乡村振兴目标。在我国，农业是农村最主要的产业，也是容纳农民劳动力最主要的产业，但农业属于弱质性产业，存在生产周期长、风险高、收入低、处于弱势地位等特点。目前中国正处于农业现代化的过渡时期，这一时期乡村产业结构与农业发展目标要求不相协调的问题较为明显。进行乡村产业结构优化，实现乡村产业结构的高级化、合理化和可持续化，对促进农业农村发展具有重大意义，是乡村振兴的重要影响因素。

二、研究回顾

1. 乡村产业结构优化的相关研究

西方经济学家威廉·配第根据17世纪英国的实际情况研究指出："随着经济的发展，产业中心会由有形财物的生产逐渐转向无形的服务性生产。"他还指出，通常工业比农业、商业比工业的利润要多得多，这导致了劳动力必然逐渐由农业流入工业，再逐渐由工业流入商业。英国经济学家科林·克拉克在威廉·配第的研究基础上，根据不同的收入水平，对劳动力在三大产业中的分布结构的变动趋势进行了研究，也得出了类似结论，即随着经济发展和人均国民收入水平的提高，劳动力转移会呈现出先从第一产业到第二产业，再到第三产业的演进趋势。美国经济学家霍利斯·钱纳里提出了一个标准结构，指出任何国家或地区经济发展都会规律性地经过六个阶段，该标准结构被众多经济学家用作衡量不同国家或地区经济成长的重要参照标准。

D·盖尔·约翰逊认为在世界范围内，美国最先开始有意识地进行农业产业结构调整，美国政府通过采取宏观调控和有力的政府干预引导农民调整农业结构，实现了由农业国向工业国的转变，以及后来农业的现代化。日本经济学家速水佑次郎在研究中提到，虽然20世纪60年代日本的农产品生产水平快速提高，国内农产品供应趋向饱和，但由于日本农村市场萎靡，交易水平远低于城市，因此日本政府为提升农村农产品生产效率，大力开展了农村产业结构的调整以缩小城乡差距，并以立法的方式将“提高农业生产率，进而缩小农业人口和非农业人口的收入差距”定位为政府进行农业产业结构调整的主要任务。托马斯·马丁认为，资本主义国家的农业产业结构调整的主要方法和手段是加快农村现代化建设、建立健全农业技术推广体系和农村专业合作组织。哈顿提出，随着农村经济的发展，劳动力需求将会大大减少，释放大量劳动力，迫使农村产业结构进行调整和升级。美国经济学家沃尔特·惠特曼·罗斯托的经济起飞理论指出了经济发展阶段主导产业的扩散效应，他的研究将人类社会的经济发展过程分为了六个阶段：①以农业为主导的传统社会阶段；②起飞准备阶段；③起飞阶段；④成熟阶段；⑤群众高消费阶段；⑥追求生活质量阶段。沃尔特·惠特曼·罗斯托认为，经济增长是产业结构不断变化、功能不断提高的结果，要根据每个经济发展阶段的特点进行农业产业结构的调整，综合考虑经济发展的基本要求，根据市场的消费需求来生产和提供具有较高附加值的农产品。

2. 乡村产业结构优化对农业经济影响的相关研究

20 世纪 80 年代，美国经济学家约翰·罗默等重新思考了新古典经济理论，认为经济增长是经济结构内部力量作用的结果，而不是外部力量的产物。他们提出，知识外溢、技术研究与开发、资本投入、劳动分工、专业化和垄断化等是影响经济增长的重要因素。约翰·罗默认为，资本和劳动力等要素投入的增加会带来短期的经济增长，而只有技术进步才能实现长期的经济增长；但通常情况下，资本、劳动力和技术是在一定的产业结构中有机组合，共同作用于经济的。由此可以看出，乡村产业结构优化不仅是农业经济发展作用的结果，同时也是农业经济增长的动力。

3. 国内关于乡村产业结构优化和乡村发展的关联性研究

我国学者对乡村产业结构优化从不同的领域和角度进行了不同程度的研究，涌现出许多有重要意义的研究成果，为我国农业发展实践积累了宝贵经验。

杨雍哲认为，新时期乡村产业结构的调整优化是农业进入新阶段的重要任务，可以有效增加农民收入。周开忠经过研究指出，乡村结构调整和优化，是为了遵循农业生产满足市场对农产品多样化和质量要求的客观规律，是农业产业数量与质量、速度与效益协调统一和健康发展的必然结果。李炳坤等学者认为，乡村产业结构调整是长期动态过程，调整过程中的影响因素是不断发生变化的。李楠等研究发现，由制度变迁推动的结构调整是我国农业产业经济增长的决定性因素。卢良恕的研究认为，农业产业结构调整可分为从高到低三个层次：农村产业结构调整、农业生产结构调整、农产品品种结构调整。刘丹等分析了以往农业结构调整中存在的问题，指出当前的农业产业结构调整应该在保证目标的前提下，做进一步升级。

张培刚提出，发展中国家的农业产业结构的调整和优化是农村经济发展的核心和关键。他指出，从发展的角度看，发展中国家的农业产值和劳动力就业虽占国民经济比重很大，但贫困人口却大多存在于农村，所以对发展中国家而言，农业及农村的工业化和现代化是经济发展的关键。他认为，农业产业结构作为经济增长结果的同时，更是未来经济增长的基础，其优化和调整对促进农业经济和社会经济发展至关重要。赵冬媛、闻世震从不同视角探索了乡村产业结构优化的新思路，主张乡村产业结构的调整方向要根据农业发展的新特点来确立，要充分考虑国内外市场发展的形势来发展农业，改变传统的农业增长方式，全面提升农业和农村整体经济质量及效益。汪浩和沈文星用协整检验与格兰杰因果关系检验对安徽省的乡村产业结构与经济发展的情况进行了研究，证实二者存在长期均衡关系，得出了乡村产业结构优化能够有力地提升该区域经济发展水平的结论。刘松颖等通过对西部多个省市区数据的研究得出了肯定的结论：合理的农业产业结构能够有效带动农民实现增加收入的目标。刘伯凡对重庆地区的相关数据进行了计量分析，也得出结论：乡村产业结构优化能提高农民的收入。

肖小虹的研究指出，在过去几十年经济快速发展的过程中，资源消耗和供给，以及生态环境的压力越来越大，这种模式不利于经济的健康发展，为了建设生态文明、形成能源资源节约型社会，乡村产业结构调整的生态战略是农业产业发展方式转变的必然选择。王勇琦认为乡村产业结构调整必须遵循环境保护原则，合理开发农业资源，使自然生态环境不受污染和破坏；并指出乡村产业结构调整应建立生态农业系统，走各产业综合发展道路，把发展农业与合理利用自然资源、改造和保护自然环境统一，达到既高效产出多样产品，又保证产品质量和改善美化生产、生活环境的目的。

4. 乡村产业结构优化指标体系的相关研究

李林杰认为乡村产业结构在广义上应包含纵向结构和横向结构，横向结构是指农、林、牧、渔业及其内部的组合比例和相互关系；纵向是指农产品生产、加工、流通之间的比例关系。他提出，乡村产业结构调整效果指标体系应包括：生产结构指标（产值结构和实物量结构）、投入结构指标（农业劳动力就业结构、农业生产用地使用结构、资产结构、科技投入结构）、结构变化指标（结构变化总值、结构变化平均值）。马成文等构建了乡村生产结构优化指标体系，该体系包括：反映农产品市场化程度指标、反映乡村生产结构变动趋势指标、反映乡村生产结构优化技术进步指标和反映农业生产结构优化效益指标等四项一级指标，以及十四项二级指标，对乡村结构优化状况做出了评价。杨小萍、刘媛媛在前人的研究基础上对乡村产业结构优化测度指标进行了重新归纳和总结，提出了包括反映调整效益指标、反映调整资源配置效应指标和反映调整农产品市场需求效应指标三项一级指标和十项二级指标的乡村生产结构优化测度指标体系。

国内学者关于乡村产业结构优化的相关研究成果，为后继研究者提供了研究基础，对于我国农业产业结构、农村发展、农村经济等问题的研究具有非常重要的参考意义和借鉴价值。

第二节　相关理论问题

一、乡村产业结构及优化

1. 乡村产业结构

不同类型的国家和处于不同发展阶段的国家的学者对乡村产业结构的理解和研究重点也不同。欧美、日本等国家有学者认为，乡村产业结构的实质就是“农场结构”，主张以农场作为研究对象。美国学者亨利·A·华莱士认为农村产业结构包括土地与农业劳动力、农场数量与规模、资本投入、农产品市场管理，以及农业政策和资源控制等要素。日本农业问题专家小仓武一提出的农业产业结构包括关于土地占有制、农场组织和市场组织的因素和条件。日本学者田岛俊雄指出农业结构调整不仅是品种结构的调整，更重要的是要素结构的调整，而且要素的调整更为重要。农业产业结构是一个具有多部门、多层次的复杂综合体。农业产业结构纵向可以按农村各产业部门的垂直所属关系划分（见表 2-1）；横向可以按农村经济部门的三类产业部门划分。

结合多方面参考资料，本文的农业产业结构是指在一定时期内、一定地域或地区范围中，一定的自然条件和社会经济条件下，农业各生产部门及其各生产项目所构成的特有的、整体的、比较稳定的结合方式，简单地说就是指农业内部产业部门和各部门内部的构成和比例关系。合理的农业产业结构是农业生产资源合理配置、农业生产力要素合理配置和开发利用的基础。优化农业产业结构是农业现代化的一个重大战略性问题。

表 2-1　农业产业结构分类

农业产业结构分类			
01 农业（种植业）	011 谷物种植	0111 稻谷种植	0112 小麦种植
	0113 玉米种植	0114 其他谷物种植	012 豆类、油料和薯类种植
	0121 豆类种植	0122 油料种植	0123 薯类种植
	013 棉、麻、糖、烟草种植	0131 棉花种植	0132 麻类种植
	0133 糖料种植	0134 烟草种植	014 蔬菜、食用菌及园艺作物种植
	0141 蔬菜种植	0142 食用菌种植	0143 花卉种植
	0144 其他园艺作物种植	015 水果种植	0151 仁果类和核果类水果种植
	0152 葡萄种植	0153 香蕉等亚热带水果种植	0154 其他水果种植
	016 坚果、含油果、香料和饮料作物种植	0161 坚果种植	0162 含油果种植
	0163 香料作物种植	0164 茶叶种植	0165 其他饮料作物种植
	017 中药材种植	018 其他农业	

续表

农业产业结构分类			
02 林业	021 林木育种和育苗	0211 林木育种	0212 林木育苗
	022 造林和更新	023 森林经营、管护和改培	024 木材和竹材采运
	0241 木材采运	0242 竹材采运	025 林产品采集
	0251 木竹材林产品采集	0252 非木竹材林产品采集	
03 畜牧业	031 牲畜饲养	0311 牛的饲养	0312 马的饲养
	0313 猪的饲养	0315 骆驼饲养	0319 其他牲畜饲养
	032 家禽饲养	0321 鸡的饲养	0322 鸭的饲养
	0323 鹅的饲养	0329 其他家禽饲养	033 狩猎和捕捉动物
	039 其他畜牧业		
04 渔业	041 水产养殖	0411 海水养殖	0412 内陆养殖
	042 水产捕捞	0421 海水捕捞	0422 内陆捕捞
05 农、林、牧、渔专业及辅助性活动	051 农业专业及辅助性活动	0511 种子种苗培育活动	0513 灌溉服务
	0512 农业机械服务	0514 农产品初加工服务	0515 农作物病虫害防治活动
	052 林业专业及辅助性活动	0519 其他农业专业及辅助性活动	0521 林业有害生物防治活动
	0522 森林防火活动	0523 林产品初级加工活动	053 畜牧专业及辅助性活动
	054 渔业专业及辅助性活动		

资料来源：国家统计局国民经济行业分类标准（GB/T4754－2017）

2. 乡村产业结构优化

目前相关领域学者的研究对乡村产业结构优化大致有如下几种表达方法：农业结构升级、乡村产业结构优化、农村产业结构调整、农业和农村经济结构调整。无论何种表述，其目的都是使农业产业结构合理化和高级化，使之与当前的市场需求相协调，以适应当前的农业发展状况和要求，推动农业现代化的演进进程。随着社会的发展，乡村产业结构优化的内涵是不断变化的，新世纪的乡村结构优化升级要求对农村产业结构进行全局性、战略性和根本性的全方位调整。

因此，本文研究的乡村产业结构优化是指通过对乡村结构的调整，满足社会不断增长的物质需求，实现农业内部产业的协调发展，并促使农业产业结构向合理化、高级化、可持续化方向演进，使国家或地区的农业资源得到最合理的配置，从而使农业产业结构的社会效益、经济效益、生态效益不断提高。

二、产业结构优化与升级相关理论

1.配第一克拉克定理

根据17世纪英国的实际情况，威廉·配第研究指出，通常工业比农业、商业比工业的利润要多很多，这导致了劳动力必然逐渐由农业流入工业，再逐渐由工业流入商业。科林·克拉克首先提出把国民经济划分为三个主要部门:第一产业、第二产业和第三产业。克拉克在配第的研究基础上，根据不同的收入水平，对劳动力在三大产业中的分布结构的变动趋势进行了研究，也得出了类似结论。他认为是各产业收入的相对差异导致了劳动力在产业之间转移，即随着经济发展和人均国民收入水平的提高，劳动力转移会呈现出先从第一产业到第二产业，再到第三产业的演进趋势。综上，这一发现被称之为配第一克拉克定理。

收入弹性差异和投资报酬差异(技术进步)是配第一克拉克定理的主要形成机制。收入弹性差异指第一产业(农业)产品的需求特性是当人民收入水平达到一定程度后，对农产品的需求将很难再随着人们收入增加而同步增加，即第一产业收入弹性会随着社会经济的发展出现下降，而第二产业收入弹性在第一产业收入弹性下降后却处于增长或平稳阶段，第三产业服务产品的收入弹性的增长或平稳又排在第二产业之后。所以随着经济的发展，国民收入和劳动力将依次从第一产业转向第二、三产业。投资报酬差异(技术进步)是指第一产业技术进步和第二产业技术进步之间存在很大差别，农业产品的自然属性、生产周期长、易受自然环境影响等特点，决定了农业生产技术的进步往往比工业要难得多，这导致农业生产的投资报酬在达到一定限度后，会出现“报酬递减”的情况。而工业和农业相比，技术进步要快得多，从而导致投资工业的报酬长期处于“报酬递增”阶段。农业产业内部劳动力也会因为收入弹性差异和投资报酬(技术进步)差异而向收入弹性大、报酬递增的生产部门转移，从而导致农业产业结构的变动。

2. 罗斯托成长阶段理论

美国经济学家沃尔特·惠特曼·罗斯托根据对西欧、北美的经济发展过程的研究，以主导产业交替为特征，将经济成长分为了六个阶段：①传统社会阶段，这一阶段主导产业是农业；②工农并举的起飞准备阶段；③起飞阶段，主导产业是工业、商业和服务业等；④成熟阶段，主导产业是新兴产业；⑤群众高消费阶段，主导产业是耐用品消费和服务业；⑥追求生活质量阶段，主导产业是提高生活质量的产业。农业作为基础性产业，其他产业的发展都是建立在农业的基础上的，总体来看农业是为更好地发展其他产业服务的。他指出，任何国家的经济发展，都只能按顺序从较低级阶段向较高级阶段发展，要立足于本国经济发展现状，不能超越阶段。主导产业理论为发展中国家国民经济的演进提供了方向和参考标准。

我国是农业大国。当下农业的主导产业地位虽然有所变化，但其仍然是最重要的基础产业，因此我们不但要进一步加强我国农业的优势，还要优化升级农业产业结构，形成农业产业发展的内生动力，实现农业健康、有效的发展。

3. 产业结构优化理论

产业结构优化主要是通过政府的产业调整政策，影响产业供给结构和需求结构，来实现产业资源的优化配置，推进产业结构的合理化、高级化和可持续化发展。产业结构优化是各产业部门经济技术联系、数量比例关系进一步协调，结构层次由低层次向高层次演进的过程。随着学者们对产业结构优化与经济增长的关系进行大量的实证研究，一部分人认为由于经济增长带来社会富裕，人们的需求随之提高，从而导致需求结构变动，而需求结构的改变必将引起产业结构的变动，因此经济增长会促进产业结构优化和调整。另一部分人则认为由于在产业结构不断优化调整的过程中，资源和劳动力的分配趋向更加合理，劳动生产力得到提高，其产业的利润也因之增加，从而促进了经济增长。还有一部分人认为，产业结构优化调整会促进经济的增长，但同时经济的增长也会反作用于产业结构，促进产业结构的优化，即产业结构优化和经济增长是相互作用的结果，两个过程同时进行。约翰·罗默等认为，资本、劳动和技术通常在一定的产业结构中组合共同作用于经济，因此在一定时期内，既定的资本、劳动和技术条件下，不同的农业产业结构产生的效益是不同的，对农业经济增长的贡献程度也不尽相同。

乡村产业结构优化指，为满足社会不断增长的物质需求，通过产业结构优化来实现农业内部产业的进一步协调发展，并促使农业产业结构向合理化、高级化、可持续化方向演进的过程。乡村产业结构的合理化指，农业内部产业之间运转更加协调，关联水平进一步提高，它要求在经济发展的一定阶段上，根据社会市场需求和当时资源状况来布局产业结构，使资源得到合理配置和有效利用。乡村产业结构高级化指，在遵循产业结构演化规律的基础上，随着科学技术的进步，资源利用水平和效益不断突破原有界限，通过技术的进步来推动农业产业结构向更高层次不断演进的趋势和过程。农业产业结构可持续化指，农业产业的能源消耗不断降低，农业对环境的污染不断减少，农业发展与自然的和谐程度不断提高的过程。

第三节　乡村产业结构优化推进乡村振兴的机制分析

一、乡村产业结构优化的影响因素

乡村产业结构是否合理是一个相对的、动态变化的概念，要立足于一定时期、一定区域的现实状况。产业结构的优化升级是在一定的自然资源和社会经济条件下，通过产业间的比例合理化和协调化，使其区域农业产业产出相对最大化。“相对的”合理是指，空间上的乡村产业结构的合理是相对于某一国家或某一地区的自然社会经济条件而言的；“动态的”合理是指，对于不同时期而言，与其相适应的乡村产业结构是不同的，评判标准是不断变化的。因此，乡村产业结构优化的影响因素是错综复杂的、多方面的，涉及多个领域的。它主要包括如下几个方面：

1. 自然资源状况和社会经济条件的影响

目前农业生产仍然是人们利用自然条件获得农产品的过程，这一过程必须在适宜的自然环境中进行，如种植业、林业离不开土壤，渔业养殖离不开水环境，牧业离不开草原等，而根据自然资源特点，宜农则农，宜渔则渔，宜牧则牧，宜林则林，是进行农业生产、调整农业产业结构过程中必须遵守的原则。自然资源禀赋是进行农业生产的基础条件，正是由于不同区域自然资源的多样性和差异性对农产品生产形成制约，才形成了最基本的农业产业结构。

社会经济条件主要是指社会经济制度，及在此基础上产生的经济规律和为经济制度服务的各项经济政策。具体体现为：生产资料所有制形式、国家发展农业的政策、消费水平和消费结构、农业生产水平和经营方式等。这些因素与农业各生产部门的投入，以及从事不同生产部门劳动者的经济利益密切相关。在一定社会经济条件下，只有经营得当、生产效益好和得到扶持的产业部门才能得到更好的发展，反之发展必将受到限制。乡村产业结构是社会经济条件发展到一定水平的结果，归根结底还是由生产力水平决定的。而乡村产业结构得到优化升级后也会反向作用到社会生产力的发展上。促进社会经济的发展，可以说乡村产业结构优化既是社会经济发展的结果，也是社会经济发展的内生动力。

2.农产品需求和农业技术进步的影响

人类的需求具有多样性。根据沃尔特·惠特曼·罗斯托经济起飞理论，人类在不同社会发展阶段会有不同的主导产业，即人们对产品的主要需求不同。人对农产品的需求除了满足基本生存外，还要消费肉、蛋、奶、蔬、油、糖等，这些需求需要不同的农业部门提供。人类的需求是不断变化的，这往往会引起农业部门产业结构的变化。因此，随着社会经济的发展和生活水平的提高，人们对农产品的需求也往往会随之改变，在这一过程中就必须进行乡村产业结构优化调整，以适应不断变化的市场需求。

农业技术进步主要是指用于农业生产的生产工具、生产技术、农用动力、农用物资、动植物品种，以及农产品加工技术、农艺技术、农产品储藏技术等方面的进步。农业生产活动中，农业部门的结构状况、自然资源的开发利用、物质能量转换效率都会受到农业技术水平的限制，农业技术进步是农业生产力水平提高的标志。因此农业技术进步是乡村产业结构优化升级的重要影响因素。

3. 产业融合的影响

和其他产业不同，农业生产过程是和动植物生长时间相关联的，人的劳动停止，在一定程度上并不影响动植物的继续生长。因此为了配合农产品的生长周期，农业生产过程会具有明显的季节性，这也导致了农业相较于其他产业生产周期过长。除此之外，这还导致了农村劳动力的季节性过剩和农业生产资料的闲置、劳动者收入不均衡、农业弱质性(易受气候、自然灾害等影响)、生产资金周转缓慢等问题。因此通过产业融合利用其他产业吸收剩余劳动力，改变传统农业家庭收入结构，带来外界的资金投入，改变传统农业生产模式，实行多种经营，将会有力地促进农业经济活力和影响农业产业结构优化状况。

二、乡村产业结构优化推进乡村振兴的机制

乡村振兴战略的实施旨在解决我国城乡发展不平衡、不充分这一迫切问题。由于我国当前农业和农村现状成了在全面建成小康社会进程中工业化、城镇化、信息化和农业现代化同步发展中的短板，因此中共十九大报告指出要从产业兴旺、生态宜居、乡风文明、治理有效、生活富裕五个方面实现乡村的全面振兴。乡村全面振兴最根本的是乡村经济的振兴，同时也要求生态、文化、教育、治理、科技、生活等方方面面的振兴，而各方面的振兴是以经济的振兴为基础的。产业兴旺和生活富裕的出发点和落脚点必然无法绕开乡村经济的发展，而生态宜居、乡风文明、治理有效三个方面也必然是以一定的经济基础为依托的。因此乡村经济发展是农业产业结构优化与乡村振兴的密切耦合点，产业兴旺和生活富裕两项目标与农业产业结构优化关联度最为密切，这就是本节研究的重要切入点。

1. 乡村产业结构优化推进乡村产业发展

近年来我国乡村产业虽得到了长足发展，但在乡村产业持续发展的过程中也出现了诸多问题，如产业经济效益不高、生产标准不规范、产品特色不明显、产业不兴旺等问题。大量分散化的生产者仍然是我国乡村生产经营的主体，小农经济仍然是主要的生产经营形式。这导致了生产形式的分散化，即

无法形成规模经济，难以产生规模效益。再加上生产加工技术相对落后、质量检测监控体系不完善，导致产品质量难以保障，产品质量参差不齐，难以产生品牌效应。要解决乡村产业的这些问题，实现乡村产业的兴旺，必须要充分了解当地自然资源禀赋和社会经济条件的基础。根据沃尔特·惠特曼·罗斯托的经济起飞理论，任何国家的经济发展，都要立足于本国经济发展现状，从较低级阶段向较高级阶段按顺序发展，不能超越阶段。在发展乡村产业时也同样要立足于当地的社会经济状况。在农村，农业始终是其他产业发展的基础，在根据不同地方的自然资源状况和社会经济条件进行农业产业结构优化时，基本要遵循宜农则农、宜渔则渔、宜牧则牧、宜林则林的原则。这样就决定了该区域乡村产业的基本业态，即乡村产业结构的优化升级带来的是乡村产业基础资源条件的优化，如选择适合当地条件的产业发展模式，或者结合不同特点发展具有自身特色的产业模式，形成具有品牌效应的特色产品，解决品牌效应不强的问题；根据当地的社会经济条件，如消费结构和消费水平、农业经营水平和经营方式、国家发展农业的政策和措施等，选择相适宜的乡村产业发展策略，避免同质化竞争问题等，有利于促进乡村产业的健康发展。

科技创新是乡村发展的第一生产力。近年来农业科技创新、农业现代化越来越受到重视，乡村产业技术生产水平大大提升，但是与发达国家相比，我国农业现代化程度仍然偏低，这主要是科技创新能力依然不足导致的。目前我国农业的科技成果转化率约为35%～55%，真正达到规模化的不到20%，相较之下，发达国家为75%～85%，发达国家的农业科技贡献率比我国高20%～30%。研究表明，当一个地区农业研究与开发支出大于农业产值的2%时，农业科技才可能有原始创新。2016年数据统计显示，我国农业研究与科技开发支出占农业产值的比重为0.25%，这说明农业科技创新投入严重不足。农业产业的高级化主要依赖于农业科技的进步，在遵循产业结构演化规律的基础上，通过技术的进步来推动乡村产业结构向更高层次不断演进的趋势和过程，故而乡村产业结构在农业科技创新方面的优化将同样有利于解决乡村产业现代化程度低、科技创新不足的问题，进而推进乡村产业兴旺。

2018年4月，习近平总书记在湖北考察时指出，要推动乡村产业振兴，紧紧围绕发展现代农业、农村一二三产业融合发展，构建乡村产业体系，实现产业兴旺。产业融合发展，有利于构建乡村产业体系，有利于培育农村新业态，有利于促进资源要素整合，形成集聚效应，它是实现乡村产业兴旺的主要抓手。如今我国乡村产业融合还处于起步阶段，这也意味着我国乡村的产业融合还存在相当大的发展空间。乡村的一二三产业融合意味着乡村资本、乡村人力资源等从第一产业到第二、三产业的转移和重组，要发展乡村产业就必须保证充足的生产要素供应。劳动力作为生产活动的主体，在发展乡村产业中至关重要。我国目前的情况是城市资本和人力资源向农村投资严重不足，甚至存在农村长期向城市单向输出劳动力资源的情况。这种情况下，乡村产业发展所需的资源，如劳动力主要还是来自乡村内部或者说大部分来自农业。而乡村产业结构优化可以加快对传统农业产业的改造，促进农业产业的高端化、细分化和高效化。乡村产业的优化升级将释放大量的传统农业劳动力，这些剩余的劳动力一方面成为乡村稳定发展重要影响因素，另一方面也成为第二、三产业的劳动力的主要来源，应得到妥善处理，如引导乡村产业结构优化过程中释放的劳动力资源转向其他产业，在吸收剩余劳动力的同时也促进了乡村第二、三产业发展和乡村一二三产业融合。所以农业产业结构优化不仅是农业产业发展的必然要求，也是乡村产业兴旺的动力来源。

2. 乡村产业结构优化推进农民生活富裕

根据产业结构优化理论，产业结构优化既是经济作用的结果，又是经济增长的动力。乡村产业结构的优化升级，在某种程度上将对农村经济发展产生重要影响。

前文提到乡村产业结构优化可以加快对传统农业的改造，促进农业产业的高端化、细分化和高效化，实现农业的现代化，所以应该在鼓励市场竞争的条件下，充分利用规模经济，避免过分竞争，产生规模效益。通过增加农户的人均耕地面积，逐步实现规模化经营，扩大专业化和机械化作业面积，使得农户的投入成本不断下降，从而实现土地产出效率的提高及农民综合收益的增加。在这种情况下从事现代化农业生产的劳动者将获得相比传统农业生产更多的利润，实现收入的增加。同时乡村产业结构优化会释放大量的农村劳动力，这些劳动力资源转向其他产业时并不仅仅是被动的，事实上，在乡村产业结构优化过程中，引导农民主动转向市场前景好、收益较高的第二、三产业，这不仅能使农村家庭中从事农业的劳动力获得更高的收入，还能使转向其他产业的劳动力也获得较高收益。这样不仅优化了农业结构，也改变了农村家庭的收入结构，使农村家庭有更多的收入来源，从而实现乡村的生活富裕。

3. 乡村产业结构优化推进乡村生态建设

乡村生态建设的主要内容为：①对乡村居民生活环境进行改造和升级，同时减少乡村环境的污染和破坏，使居民生活环境更环保、更舒适，使居民生活更方便；②提高生态农业生产水平，避免或减少对生态环境的污染和破坏，保证农产品的质量品质；③加强工业生产清洁设施建设，逐步降低乡村工业污染；④对被污染的江河湖泊、土壤进行治理，消除或降低污染程度；⑤对生态保护区、水源涵养区的生态功能保护和建设，发挥它们美化乡村的功能。乡村产业结构优化不仅要注重满足市场的需求、优化资源的配置和经济效益的提高，而且要兼顾生态环境的改善，实现现代农业由传统农业向生态农业转变和“生产要发展，生活要提高，生态要改善”的良性循环，这一点是符合乡村振兴中生态建设要求的。

目前我国乡村生态环境的破坏主要来自农业生产过程中大量使用化肥、农药等化学制品、乡村工业粗放式生产排放的污染物等对自然生态的污染，以及人类在聚居区域日常生活、产生的垃圾废物和污水对生活区域的生态污染。要推进乡村产业结构优化，一方面可以通过发展生态农业、休闲旅游农业和绿色农业等完善农业生产自身抗污染体系，通过对乡村产业的改造优化加大治污力度和减少污染排放，在保护农业资源环境的同时也增加了农民收入，实现生态保护、农业发展和农业增收的多赢局面；另一方面，乡村生态在生活垃圾处理、污水排放、土地整治和环境美化等方面的治理都依赖于乡村基础设施的建设。由于乡村面积大、聚居点分散等原因，乡村生态治理需要大量资金投入，不能仅仅依靠政府投入，要从根本上解决这一问题还要靠实现村民和村集体的财政富裕，通过村民的自发捐资和村集体组织的投入来改造乡村生态环境。所以加快乡村产业结构优化速度，提高农业综合生产能力和农业生产效益，实现集体经济和农民个体收入的增长，有利于推动乡村生态建设。

4. 乡村产业结构优化推进乡村文化建设

目前农村文化建设中，农民休闲娱乐形式单一、乡村文化创新不足等问题突出。很多农民都是以务农为主，大多数人并没有参与文化娱乐活动的时间。由于经费等多方面的原因，相当一部分农村基础文化设施建设不足，尤其是一些地处偏远的农村，文化设施几近于无，无法为村民提供专门的文化娱乐场所；部分农村地区虽然设有文化活动场地，但大多数都处于闲置状态，流于形式，并没有发挥其丰富村民文化娱乐生活的价值，这都影响了乡村文化建设质量。

为了实现乡村文化振兴，必须加强乡村与外界的联系和互动，加大对乡村文化建设的投入。根据配第一克拉克定理，由于收入弹性差异，随着社会经济的发展，农业收入弹性出现下降，国民收入和劳动力将从弹性收入较低的产业转向弹性收入更高的产业。乡村产业结构优化过程也遵守这一规律，随着乡村经济的发展，乡村经济收入和劳动力也将向收入弹性更高的产业部门（如服务业）转移。通过乡村产业结构优化，鼓励各地强化乡村一二三产业融合，依托特有的田园风情、山水风光和农村风貌等优势，结合当地特有的农时季节、特色风俗、节庆活动等元素，挖掘各自的农耕文化和民俗民风等文化资源，多元素发展休闲旅游农业，吸引外界人员参观旅游。通过与外界的交流和互动进一步发掘乡村丰富的文化，同时积极引导农民向弹性收入较高的部门转移，增加农民收入，不仅可以进一步加大对文化建设的投资，还有力地促进了乡村文化的发掘和建设，拓展了农业文化功能。

由于乡村振兴中福利建设和政治建设以政府为主导，涉及城乡二元结构和红利壁垒的破除，城乡基础设施建设，以及医疗卫生、教育、养老等公共服务建设等多个方面，与乡村产业结构优化相关性较弱，加之缺乏相关数据支撑，故在此不作为研究重心。

第四节　产业结构优化推进乡村振兴的测度分析：以宁波市为例

一、宁波市农业产业和乡村振兴战略实施现状

1. 宁波农业产业现状

宁波市地理环境优越，自然条件优厚，农业资源丰富，加之经济发达，具有发展现代农业的良好基础。当前宁波市以“稳定供应链、食品安全、增加收入”为宗旨，以现代农业园区和电子商务创业园为平台，推进农业耕种面积适度规模化、管理创新化，进一步促进农业现代化建设，实现了农业生产、农业出口和农民收入的持续增长。随着宁波市现代农业的发展，先进的农业机械和农业投入的加大，农业机械化水平大幅提升，大量农村劳动力得到释放；同时随着城市工业和商业的快速发展，农村剩余劳动力被吸收，宁波的农业生产力水平得到很大提高，如图 2-1 所示。

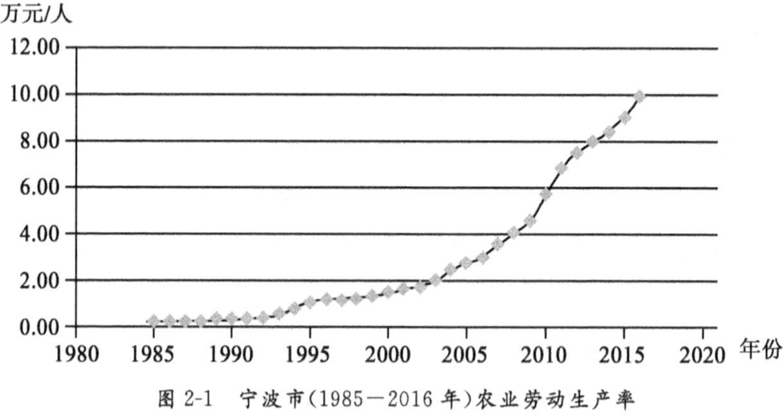

图 2-1　宁波市（1985—2016 年）农业劳动生产率

如表 2-2 所示，2016 年宁波市农林牧渔业总产值为 474.73 亿元，相比上一年增长了 6.13%。其中农业产值为 227.61 亿元，增长 5.75%；林业产值 14.08 亿元，增长 6.34%；牧业产值 47.67 亿元，下降 3.05%；渔业产值

176.75 亿元，增长 8.75%；农林牧渔服务业产值 8.62 亿元，增长 20.55%。

表 2-2　宁波(2003—2016 年)农业各部门产值情况　单位：亿元

年份	总产值	农业	林业	牧业	渔业	服务业
2003	173.75	77.42	5.03	26.03	63.1	2.17
2004	193.13	86.94	5.01	29.61	69.18	2.39
2005	207.4	91.14	5.31	32.93	75.31	2.71
2006	207.93	97.14	6.01	32.2	68.97	3.6
2007	236.96	107.22	6.77	46.27	72.67	4.02
2008	262.44	119.31	7.32	48.29	83.27	4.25
2009	286.78	134.64	8.85	47.87	90.82	4.6
2010	339.59	167.51	9.83	51.74	105.62	4.89
2011	397.93	191.64	10.86	62.54	127.68	5.21
2012	419.18	201.19	11.43	64.7	136.73	5.76
2013	428.72	202.28	11.64	60.54	148.29	5.96
2014	432.48	209.51	12.51	53.33	150.71	6.42
2015	447.32	215.24	13.24	49.17	162.53	7.15
2016	474.73	227.61	14.08	47.67	176.75	8.62

如图 2-2 所示，2003—2016 年宁波市农业部门中农业(种植业)占比为 44%～48%，占主导地位，有小幅度上升，总体波动稳定；其次为渔业，占 30%～37%，波动明显，有增大趋势；再次为牧业，占 19%～10%，波动明显，且占比下降趋势明显；林业和服务业占比最小，均低于 5%，其中林业占比稳定，波动较小，服务业占比最小但逐年增加，呈明显的增加趋势。

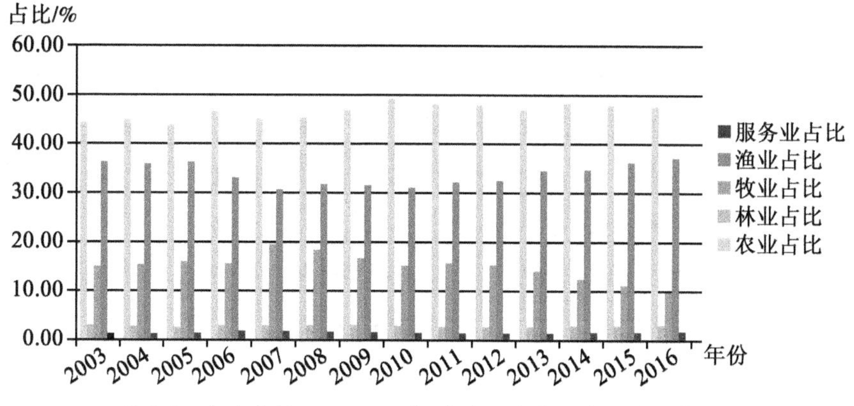

图 2-2　宁波市(2003—2016 年)年农业各部门产值占比情况

2. 宁波乡村振兴战略实施现状

近年来宁波市坚持城乡一体共同发展理念，统筹协调，根据乡村振兴三年行动计划，列出了近年乡村振兴主要任务清单，全面实施乡村振兴战略，通过加快土地、资金、技术、人才等资源要素向农村流动和优化配置，加大乡村振兴的要素支撑，为宁波乡村振兴建设打下良好基础。

(1)产业兴旺方面。宁波慈溪市规划占地 1.2 万亩都市农业生态园，建设精品水果产业园、蔬菜瓜果产业园、花卉产业园、农业创业实践园和民俗文化园；专门开辟 1 000 亩土地建设大学生农业众创园，打造特色农场。慈溪现代农业产业园入选国家 11 个现代农业产业园之一。2016 年坎墩果蔬特色农业强镇入选浙江省首批“一区一镇”创建名单。宁波市 2017 年粮食播种面积达 199.6 万亩，蔬菜 135.1 万亩，粮食总产量 82.4 万吨。全市亿元以上的农业(种植业和畜牧业)全产业链 15 条，链上企业数量 126 家，带动农户 40.7 万户。2017 年新增省级现代农业产业园区 4 个，建成多彩农业美丽田园示范基地 20 个、省级特色农业强镇 6 个、省级骨干农业龙头企业新增 9 家、市级示范性农民专业合作社和家庭农场 45 家。宁波市 2017 年劳均农林牧渔增加值为 63 183 元，居全省第一。

宁波市积极发展乡村旅游业、休闲农渔业，培育“农业＋”“民宿＋”等新业态，强化农村一二三产业融合，民宿经济收入增长 25%以上。2017 年宁波市休闲农业和乡村旅游接待游客达 5 100 万人次，营业收入 50 亿元，增长 22%。宁波市鼓励各地依托特有的田园风情、山水风光和农村风貌等优势，结合节庆活动、农时季节等元素，挖掘各自的农耕文化和民俗民风等人文资源，多元素发展休闲旅游农业，拓展了农业功能，增加了农民收入。其中 4A 级景区鄞州湾底村、奉化滕头村是成功的典型。截至 2017 年，全市已建成以农家乐为特色的休闲农业特色村共 190 个，展现了较好的发展前景。

(2)生活富裕方面。宁波市努力提高农村基础设施条件，目前供水、供电、通信、广播电视宽带、互联网、等级公路、公共交通已实现建制村全覆盖。截至 2017 年底，宁波农村饮水安全覆盖率达到 99%。农村区域已建成 4G 基站 1 099 个，光网能力达到 276 万纤，在省内处于领先。宁波市探索创新村级集体经济发展方式,全面消除集体经济收入 20 万元以下的村。按照精准脱贫要求加大帮扶力度,低收入农户收入增长 10%以上。如图 2-3 所示,2016 年全市农村居民人均可支配收入 28 572 元,农村居民和低收入农户人均可支配收入连续多年位居全省前列,城乡居民收入比 2016 年达到 1.8∶1。城乡低保、养老、医疗衔接并轨,公共服务不断向广大农村延伸,累计建设农村社区服务中心 2 203 个。

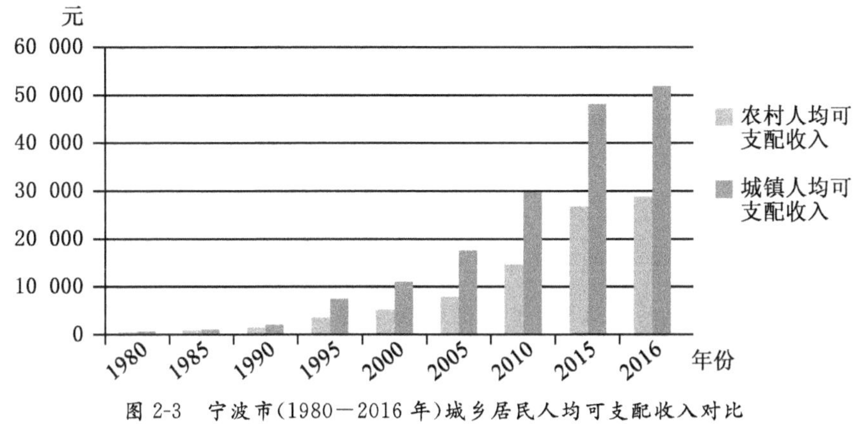

图 2-3 宁波市(1980—2016 年)城乡居民人均可支配收入对比

(3)生态宜居方面。宁波市近年来实施“提升农村品质,建设美丽乡村”三年行动计划,2014 年开始投入资金 73 亿元用于农村生活污水治理,累计治理村庄 2 139 个。目前,宁波全市 1 025 个建制村启动生活垃圾分类。2017 年全市共投入“百千工程”资金 15.5 亿元,村庄整治已覆盖全部 2 447 个行政村。农村生活垃圾分类处理行政村覆盖率达到 40%。截至 2017 年,宁波市完成创建省级美丽乡村示范县 1 个、美丽乡村示范乡镇 11 个、特色精品村 31 个,完成创建国家级美丽宜居示范村 3 个、省级历史文化村落保护利用重点村 3 个。

(4)乡风文明方面。宁波市不断加强农村精神文明建设,约定婚丧新规,推动移风易俗,制定家风家训,传承乡村文化,促进形成淳朴、文明的良好乡风。例如象山县关头村村民自发制定的“文明婚丧约定书”,约定收送礼金不超过 1 000 元,酒席最高标准 800 元,不喝单瓶 50 元以上的白酒,等等。目前,宁波市已打造环境洁美、生态优美、生活甜美、乡风和美的文明示范线 23

条、示范村 187 个、文化礼堂 1 000 座，覆盖率超 40%。

(5)治理有效方面。美丽乡村美在山水，美在人文，更美在治理，美在制度。宁波不断完善农村基层治理体系，以“红色党建”引领“绿色发展”，不断提升治理品质，持续增强法治理念；全面推行“村民说事”和村级小微权力清单制度，创新村民自治机制；深入开展农村法治宣传教育和民主法治示范村创建活动，强化道德教化，发挥村规民约自律作用，提升乡村德治水平，积累了如“民主法治示范村”“村级权力清单三十六条”等创新经验。

二、乡村产业结构优化与乡村振兴测度指标体系

1. 乡村产业结构优化测度指标体系的构建

乡村产业结构的形成和发展受诸多错综复杂的因素影响，对于如何测度和评价乡村产业结构优化，不同的研究学者提出了不同的见解。马成文认为应该从反映农产品市场化程度的指标、反映乡村生产结构优化技术进步的指标、反映乡村生产结构变动趋势的指标、反映乡村生产结构优化效益的指标等几个方面进行测度。袁璋认为可以从对农业资源的开发利用状况、保持和改善生态环境的状况、满足社会需求的程度、经济效益的高低、农业各部门协调发展等五个方面进行判断。杨小萍、刘媛媛等人的研究本着精简性原则，提出从反映乡村产业结构调整效益的指标、反映乡村产业结构调整资源配置效益的指标、反映乡村产业结构调整和农产品市场需求效益的指标这三大方面进行测度。尽管不同研究者的研究思路不同，但乡村产业结构影响因素的总体内容相对固定，所以大多数不同体系下的二级测度指标大同小异。

为方便研究乡村产业结构优化对乡村振兴的影响机制，本节本着精简性、全面性、可行性原则，结合相关资料采用德菲尔法选取测度指标，构建乡村产业结构优化测度指标体系（见表 2-3）。

表 2-3　乡村产业结构调整效果测度指标体系

分类	具体指标
反映调整效益的指标	农业总产值年增长率(%)
	农业增加值增长率(%)
	农村居民家庭人均经营性纯收入(元)
反映调整资源配置效益的指标	土地复种指数(%)
	农村就业人员中从事非农产业劳动力占比(%)
	农业投资中外商直接投资占比(%)
	农业科技进步贡献率(%)
反映调整农产品市场需求效益的指标	农产品生产价格指数与乡村生产资料价格指数比(%)
	农产品商品率(%)
	农产品优质率(%)
	农产品出口依存度(%)

2. 乡村振兴战略主要指标体系

2018 年 9 月 26 日，中共中央、国务院发布了《国家乡村振兴战略规划(2018—2022 年)》，从农村基建重点、民生领域、多元资金投入等方面对实施乡村振兴战略第一个五年工作做出具体部署，这是指导各地区、各部门分类有序推进乡村振兴的重要依据(见表 2-4)。

表 2-4　乡村振兴战略规划主要指标体系

分类	主要指标
产业兴旺	粮食综合生产能力(亿吨)
	农业科技进步贡献率(%)
	农业劳动生产率(万元/人)
	农产品加工产值与农业总产值比(%)
	休闲农业和乡村旅游接待人次(亿人次)
生态宜居	畜禽粪污综合利用率(%)
	村庄绿化覆盖率(%)
	对生活垃圾进行处理的村占比(%)
	农村卫生厕所普及率(%)

续表

分类	主要指标
乡风文明	村综合性文化服务中心覆盖率(%)
	县级及以上文明村和乡镇占比(%)
	农村义务教育学校专任教师本科以上学历比例(%)
	农村居民教育文化娱乐支出占比(%)
治理有效	村庄规划管理覆盖率(%)
	建有综合服务站的村占比(%)
	村党组织书记兼任村委员会主任的村占比(%)
	有村规民约的村占比(%)
	集体经济强村比重(%)
生活富裕	农村居民恩格尔系数(%)
	城乡居民收入比
	农村自来水普及率(%)
	具备条件的建制村通硬化路比例(%)

3.解释变量和被解释变量的选择

由于乡村产业结构优化与乡村振兴都是包含多种因素的复杂综合体，无法用单一的具体指标数据量化其成果，故必须建立科学的评价指标体系来进行综合评价。通过对相关资料和研究成果进行分析，前文已建立了农业产业结构优化测度指标体系，在与《国家乡村振兴战略规划(2018—2022年)》中的乡村振兴战略规划主要指标体系进行对比分析后，发现两个指标体系中的部分指标联系密切。对这一部分对应指标的计量关系分析是本节进行定量分析和数据收集的主要依据。如图2-4所示，由于本节研究的内容为乡村产业结构优化推进乡村振兴的途径研究，故将乡村产业结构优化测度指标视为解释变量，乡村振兴战略规划指标视为被解释变量，以此为参考，作为本节进行乡村产业结构优化推进乡村振兴途径总结和实证分析的根本依据。

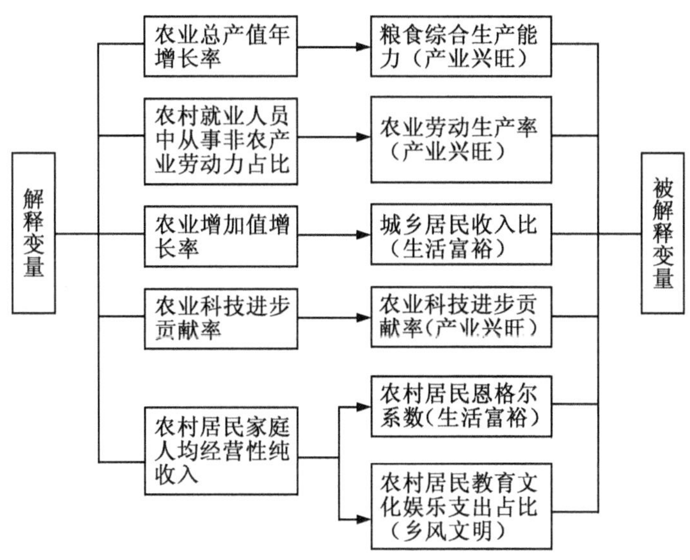

图 2-4　解释变量与被解释变量对应示意图

三、宁波市乡村产业结构优化对乡村振兴推进程度的测度

1.模型的构建及数据的采集和处理

由于现实中的时间序列多为非平稳的，若直接进行回归分析会出现“伪回归”现象，影响研究结果，因此在考察反映宁波市乡村产业结构变化对乡村振兴影响的长期协整基础上，进行协整分析时，需要对时间序列的平稳性进行检验。本文回归分析具体步骤如图 2-5 所示。

(1)模型的建立。协整检验常用恩格尔一格兰杰协整检验(以下简称 EG 协整检验)或约翰森协整检验。其中 EG 协整检验一般适用于两个变量之间的协整，多个变量之间的协整一般用约翰森协整检验。本节为多组两个变量之间的检验，故采用 EG 协整检验。本节通过建立协整回归模型来检验乡村产业结构优化和乡村振兴的长期均衡关系，这种长期均衡关系是通过不断调整短期波动来维持的，故需要引入误差修正模型作为补充。

协整回归模型如下：

$$\mathrm{Ln}y_t = b_0 + b_1 \ln x_t + \varepsilon_t \tag{4-1}$$

其中 $\ln x_t$ 为解释变量，x_t 表示选取的乡村产业结构优化测度相关指标，

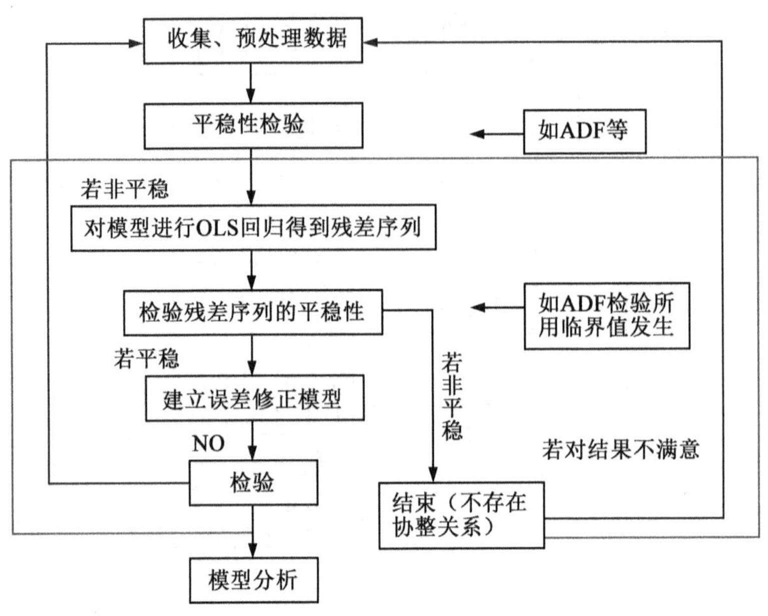

图 2-5 EG 协整检验流程

$\mathrm{Ln}y_t$ 为被解释变量，其中 y_t 代表选取的乡村振兴相关指标，ε_t 为随机误差量。

误差修正模型如下：

$$\Delta \mathrm{Ln}y_t = \beta_0 + \beta_1 \Delta \ln x_t - \lambda \mathrm{ecm} + \varepsilon_t \tag{4-2}$$

其中 ecm 表示误差修正项，β_0 为常数项，β_1、λ 为参数项，ε_t 为随机误差量。

(2)数据的选择和说明。数据主要来源于 2001—2017 年的《宁波统计年鉴》《宁波政府工作报告》及宁波市统计局。本文选择 eviews 7.0 版作为分析工具进行 EG 协整分析、回归分析、格兰杰因果检验。为方便检验，各指标数据分别表示如下：农业总产值年增长率(ZC)、粮食综合生产能力(LS)、农村就业人员中从事非农产业劳动力占比(JS)、农业劳动生产率(LD)、农业增加值增长率(XJ)、城乡居民收入比(CJ)、农村居民家庭人均经营性纯收入(NJ)、农村居民恩格尔系数(NG)和农村居民教育文化娱乐支出占比(JY)。

本文分别对宁波市历年农业总产值年增长率与粮食综合生产能力(%)(见表 2-5)、农村就业人员中从事非农产业劳动力占比与农业劳动生产率(见表 2-6)、农村居民家庭人均经营性纯收入和农村居民恩格尔系数(见表 2-7)时间序列数据进行分析。为确保研究准确性和科学性，防止各变量及数值变动剧烈，故将各组数据的对数作为变量展开研究，并记为 LNZC、LNLS、LN-JS、LNLD、LNXJ、LNCJ、LNNJ、LNNG、LNJY（对数处理不会影响数据的性质），然后进行 ADF 检验。

表 2-5　宁波市（1978—2016 年）农业总产值年增长率与粮食综合生产能力数据

年份	乡村生产总值增长率（%）	粮食综合生产能力（万吨）	年份	乡村生产总值增长率（%）	粮食综合生产能力（万吨）
1978	19.80	180.51	1998	5.10	180.39
1979	6.40	196.63	1999	8.10	173.67
1980	2.30	171.60	2000	3.30	132.51
1981	−5.20	153.88	2001	5.00	112.17
1982	30.60	191.11	2002	3.80	94.89
1983	6.20	166.30	2003	3.60	75.61
1984	13.80	213.70	2004	5.00	83.73
1985	0.50	188.52	2005	1.90	80.12
1986	4.80	188.65	2006	4.80	81.30
1987	3.40	185.23	2007	5.40	74.77
1988	−4.00	189.98	2008	4.10	88.42
1989	−3.90	183.84	2009	3.80	86.32
1990	4.60	189.06	2010	3.70	87.13
1991	10.30	205.63	2011	3.80	90.14
1992	−2.50	181.62	2012	1.00	86.57
1993	10.30	175.44	2013	−1.50	81.25
1994	7.00	172.51	2014	2.00	74.15
1995	14.00	172.61	2015	1.70	79.05
1996	8.70	190.30	2016	1.30	80.45
1997	−6.30	173.73			

表 2-6 宁波市(1985—2016 年)农村就业人员中从事非农产业劳动力占比与农业劳动生产率数据

年份	农村就业人员中从事非农产业劳动力占比(%)	农业劳动生产率(万元/人)	年份	农村就业人员中从事非农产业劳动力占比(%)	农业劳动生产率(万元/人)
1985	43.90	0.17	2001	64.04	1.63
1986	45.82	0.19	2002	65.83	1.77
1987	46.78	0.22	2003	70.02	2.00
1988	46.93	0.27	2004	74.42	2.47
1989	45.09	0.30	2005	76.83	2.76
1990	43.99	0.29	2006	78.45	3.01
1991	44.69	0.32	2007	79.37	3.62
1992	45.79	0.36	2008	79.00	4.09
1993	49.45	0.53	2009	79.52	4.60
1994	51.81	0.76	2010	80.68	5.74
1995	55.07	1.06	2011	80.99	6.83
1996	55.82	1.21	2012	81.17	7.58
1997	57.56	1.17	2013	82.92	8.05
1998	57.65	1.24	2014	83.23	8.46
1999	58.93	1.35	2015	83.48	9.06
2000	61.22	1.49	2016	83.96	9.98

表 2-7 宁波市(2000—2016 年)农村居民家庭人均经营性纯收入和农村居民恩格尔系数数据

年份	农村居民家庭人均经营性纯收入(元)	恩格尔系数(%)	农村教育文化娱乐支出占比(%)
2000	5 069	45.23	15.09
2001	5 362	43.60	13.65
2002	5 764	39.50	14.73
2003	6 221	40.10	14.15

续表

年份	农村居民家庭人均经营性纯收入(元)	恩格尔系数(%)	农村教育文化娱乐支出占比(%)
2004	7 018	38.70	12.21
2005	7 810	36.59	10.73
2006	8 847	36.59	10.73
2007	10 051	36.04	10.73
2008	11 450	36.77	9.97
2009	12 641	34.87	9.85
2010	14 261	36.38	9.76
2011	16 518	36.31	9.76
2012	18 475	34.84	9.28
2013	20 534	26.32	5.05
2014	24 283	25.53	6.04
2015	26 496	27.55	7.61
2016	28 572	29.89	8.27

2.各组变量数据的平稳性检验

ADF 检验方法原理为原假设为序列存在单位根,即非平稳,对时间序列数据检验时,在给定的置信水平(1%,5%,10%)条件下,当得到的统计量显著小于置信度的临界统计值时,则说明是拒绝原假设的,即为平稳,反之则为非平稳。ADF 检验模型如下:

模型 1 $\Delta y_t - \delta y_t - 1 + \sum_{j=1}^{p} \lambda_j \Delta y_{t-j} + \mu_t$

模型 2 $\Delta y_t = \alpha + \delta y_{t-1} + \sum_{j=1}^{p} \lambda_j \Delta y_{t-j} + \mu_t$

模型 3 $\Delta y_t - \alpha + \beta_t + \delta y_{t-1} + \sum_{j=1}^{p} \lambda_j \Delta y_{t-j} + \mu_t$

t 为时间变量,表示序列随时间变化的某种趋势。先从模型 3 开始检验,然后是模型 2,最后是模型 1,直到检验结果为拒绝原假设即可停止检验,反之则继续检验直到模型 1 为止。其中任一模型检测结果拒绝原假设即可认为时间序列平稳。各组数据检验结果如表 2-8 所示。

表 2-8　各组变量数据检验结果

变量	ADF 值	检验类型 (c,t,k) 临界值	临界值 10% 显著水平	临界值 5% 显著水平	P 值 0.05 标准	结论
LNZC	−2.756 879	$(c,t,9)$	−2.610 263	−2.943 427	0.0 744	不平稳
DLNZC	−11.192 730	$(c,t,9)$	−2.610 263	−2.943 427	0.0 000	平稳
LNLS	−0.588 246	$(c,t,9)$	−2.609 066	−2.941 145	0.8 615	不平稳
DLNLS	−7.135 478	$(c,t,9)$	−2.610 253	−2.934 427	0.0 000	平稳
LNJS	−0.034 550	$(c,t,7)$	−2.621 007	−2.963 972	0.9 478	不平稳
DLNJS	−1.980 037	$(c,t,7)$	−1.610 211	−1.952 473	0.0 471	平稳
LNLD	−0.781 147	$(c,t,7)$	−2.625 121	−2.971 853	0.8 090	不平稳
DLNLD	−3.613 550	$(c,t,7)$	−2.622 989	−2.967 767	0.0 117	平稳
LNCJ	−1.400 593	$(c,t,9)$	−2.612 874	−2.948 404	0.5 708	不平稳
DLNCJ	−7.722 491	$(c,t,9)$	−2.612 874	−2.948 404	0.0 000	平稳
LNNJ	−0.913 879	$(c,t,3)$	−2.701 103	−3.119 910	0.7 494	不平稳
DLNNJ	−4.354 009	$(c,t,3)$	−2.701 103	−3.119 910	0.0 060	平稳
LNNG	−1.404 422	$(c,t,3)$	−2.673 459	−3.065 585	0.5 537	不平稳
DLNNG	−3.370 794	$(c,t,3)$	−2.701 103	−3.119 910	0.0 327	平稳
LNJY	−1.547 970	$(c,t,3)$	−2.673 459	−3.065 585	0.4 846	不平稳
DLNJY	−3.738 458	$(c,t,3)$	−2.701 103	−3.119 910	0.0 174	平稳

注：(c,t,k)中的 c 为单位根检验方程带的常数项，t 为时间趋势项，k 为滞后阶数

以 LNZC 为例，序列 LNZC 在有常数项、时间趋势项且滞后阶数的情况下，ADF 值大于 5%显著性水平下的临界值，P 值大于 0.05，不能拒绝原假设，即序列是不平稳的；而 LNZC 的一阶差分序列 DLNZC 的 ADF 值小于 5%的显著性水平下临界值，P 值小于 0.05，拒绝原假设，即该序列是平稳的。由上表可以得出其他各组变量皆为一阶单整；符合协整检验要求。

3. 协整检验和误差修正模型

(1)协整检验。非平稳时间序列的线性组合如果平稳，则这种组合反映了变量之间存在长期稳定的比例关系，这种关系称为协整关系。如果时间序列具有相同的单整阶数，且某种线性组合（协整向量）使得组合时间序列的单

整阶数降低，则称这些时间序列之间存在显著的协整关系。在单位根检验结果分析中可得知 LNZC、LNLS、LNJS、LNLD、LNXJ、LNCJ、LNNJ、LNNG、LNJY 都是一阶单整，因此可以进行 LNZC 与 LNLS，LNJS 与 LNLD，LNXJ 与 LNCJ，LNNJ 与 LNNG、LNJY 之间的 EG 协整检验，为方便研究，本节直接使用 EViews 中的 EG 检验方法，检验各组变量数据之间是否存在长期的均衡关系。得到各组变量的长期均衡方程如下：

$$L(4\text{-}1):L\ LNLS=4.5\,432+0.2\,289\ LNZC+\varepsilon_t \tag{4-1}$$

$$L(4\text{-}2):L\ LNLD=3.6\,183+0.3\,559\ LNJS+\varepsilon_t \tag{4-2}$$

$$L(4\text{-}3):L\ LNCJ=2.5\,923+(-)0.1\,262\ LNXJ+\varepsilon_t \tag{4-3}$$

$$L(4\text{-}4):L\ LNNG=1.2\,100+(-)0.2\,412LNNJ+\varepsilon_t \tag{4-4}$$

$$L(4\text{-}5):L\ LNJY=1.8\,866\,417+(-)0.4\,443LNNJ+\varepsilon_t \tag{4-5}$$

保存残差序列，并对残差序列进行 ADF 检验，检验其平稳性结果如表 2-9 所示。

表 2-9 各组变量残差序列的 ADF 检验结果

分组	变量	ADF 值	检验类型 (c,t,k) 临界值	临界值 5% 显著水平	P 值 0.05 标准	结论
L 5—1	ε	−5.878 236	(c,0,9)	−1.611 469	0.0 000	平稳
L 5—2	ε	−2.396 090	(c,0,9)	−1.952 473	0.0 235	平稳
L 5—3	ε	−4.829 172	(c,0,9)	−1.949 856	0.0 067	平稳
L 5—4	ε	−3.104 057	(c,0,3)	−1.968 430	0.0 049	平稳
L 5—5	ε	−3.968 488	(c,0,3)	−1.966 270	0.0 016	平稳

(2)误差修正模型。协整检验结果表明宁波市历年农业总产值年增长率与粮食综合生产能力、农村就业人员中从事非农产业劳动力占比与农业劳动生产率、农业增加值增长率与城乡居民收入比、农村居民家庭人均经营性纯收入与农村居民恩格尔系数和农村居民教育文化娱乐支出占比之间存在某种长期均衡关系，即意味着存在误差修正模型，因此对其短期关系做进一步研究，在协整分析基础上建立误差修正模型。结果如下：

L4－1：$DLy=0.0\,079DLx-0.1\,531DLy(-1)-0.0\,026ecm(-1)$

L4－2：$DLy=-0.1\,329DLx-0.0\,228DLy(-1)-0.0\,892ecm(-1)$

L4－3：$DLy=0.0\,621DLx+0.0\,316DLy(-1)-0.0\,763ecm(-1)$

L4－4：$DLy=0.3\,876DLx-0.0\,719DLy(-1)-0.5\,873ecm(-1)$

L4－5：$DLy=-1.4\,612DLx+0.1\,084DLy(-1)-0.8\,992ecm(-1)$

[其中 ecm(－1)为序列中残差项的滞后一期]

各组 ecm(－1)修正系数符号均为负，符合反向修正机制。由上述检验结果可知各组残差 εt 是平稳的时间序列，存在协整关系，可以反映各组变量之间存在某种长期均衡关系，构建的模型是合理的，具有经济意义。

4. 格兰杰因果检验

格兰杰因果检验的原理是：若变量 X 是引起 Y 变化的原因，则在回归中加入 X 的滞后期能显著改进对 Y 的预测。格兰杰因果关系检验是统计意义上的“格兰杰因果性”，其检验结论只是一种预测，并不是真正意义上的因果关系，但这并不妨碍其参考价值。在回归模型中，某些变量之间不一定存在因果关系却显著相关，前面我们已经通过回归分析发现各组变量之间存在长期稳定的均衡关系，因此开展变量之间因果关系的检验是有意义和必要性的。对各组变量进行格兰杰因果检验结果如表 2-10 所示。

表 2-10　各组变量格兰杰因果检验结果

<table>
<tr><th>分组</th><th>原假设</th><th>F</th><th>P</th><th>结论</th></tr>
<tr><td rowspan="2">L(5－1)6</td><td>LNZC Does dot Granger Cause LNLS</td><td>2.44 102</td><td>0.0 619</td><td rowspan="10">宁波市农业产业结构优化是宁波市乡村振兴的格兰杰原因，宁波市乡村振兴不是宁波市农业产业结构优化的格兰杰原因（就本节研究的各组指标而言）</td></tr>
<tr><td>LNLS Does dot Granger Cause LNZC</td><td>1.07 661</td><td>0.4 091</td></tr>
<tr><td rowspan="2">L(5－2)1</td><td>LNJS Does dot Granger Cause LNLD</td><td>2.92 913</td><td>0.0 981</td></tr>
<tr><td>LNLD Does dot Granger Cause LNJS</td><td>0.11 264</td><td>0.7 397</td></tr>
<tr><td rowspan="2">L(5－3)3</td><td>LNXJ Does dot Granger Cause LNCJ</td><td>3.15 352</td><td>0.0 651</td></tr>
<tr><td>LNCJ Does dot Granger Cause LNXJ</td><td>0.21 423</td><td>0.8 701</td></tr>
<tr><td rowspan="2">L(5－4)2</td><td>LNGJ Does dot Granger Cause LNNG</td><td>3.19 850</td><td>0.0 844</td></tr>
<tr><td>LNNG Does dot Granger Cause LNGJ</td><td>1.63 407</td><td>0.2 432</td></tr>
<tr><td rowspan="2">L(5－5)2</td><td>LNNJ Does dot Granger Cause LNJY</td><td>5.19 421</td><td>0.0 284</td></tr>
<tr><td>LNJY Does dot Granger Cause LNNJ</td><td>5.54 871</td><td>0.2 039</td></tr>
</table>

由表 2-10 可知，在 10%的置信水平下，宁波市农业产业结构优化各项指标（农业总产值年增长率、农村就业人员中从事非农业劳动力占比、农业增加值增长率、农村居民家庭人均经营性纯收入）分别是宁波市乡村振兴各项指标（粮食综合生产能力、农业劳动生产率、城乡居民收入比、农村居民恩格尔系数、农村居民教育文化娱乐支出）的格兰杰原因；宁波市乡村振兴各项指标不是乡村产业结构优化各项指标的格兰杰原因。故可得出结论，宁波市乡村产业结构优化对乡村振兴具有明显的推动作用（就本节研究的各组指标而言）。

5. 测度结果

从协整回归方程来看，乡村产业结构优化的指标与乡村振兴指标存在长期均衡关系，且从格兰杰因果检验结果来看，乡村产业结构优化是乡村振兴的格兰杰原因（就本节研究的各组指标而言），因此，可以认为农业产业结构优化有效地推动了乡村振兴。其中对产业兴旺推动程度最大，具体表现为农业总产值年增长率增加 1 个单位，粮食综合生产能力随之增加 0.2 289 个单位；农村就业人员中从事非农产业劳动力占比增加 1 个单位，农业劳动生产率随之上升 0.3 559 个单位。推动生活富裕程度次之，具体表现为农业增加值增长率增加 1 个单位，城乡居民收入比下降 0.1 262 个单位；农村居民家庭人均经营性纯收入增加 1 个单位，农村居民恩格尔系数随之下降 0.2 412 个单位。然后是推动乡风文明建设，农村居民家庭人均经营性纯收入增加 1 个单位，农村居民教育文化娱乐支出占比下降 0.4 443 个单位。（由于生态宜居和治理有效缺乏相关数据研究，故本节未能涉及）

四、宁波市乡村产业结构优化推动乡村振兴的途径

1. 乡村产业结构优化推动宁波市乡村产业兴旺

宁波市大力支持农业发展，积极进行乡村产业结构优化。通过新增多个省级现代农业产业园区，建设多彩农业美丽田园示范基地、省级特色农业强镇等措施，2017 年实现宁波市劳均农林牧渔增加值 63 183 元，居全省第一。该市使农业产业产值增长的同时，也保证了粮食的综合生产能力。宁波市还

积极发展乡村旅游业、休闲农渔业，培育“农业＋”“民宿＋”等新业态，为农村就业人员创造了更多的非农就业机会，使2017年民宿经济收入增长25％以上，解决农村就业问题的同时更发展了乡村产业。

协整检验结果显示，宁波市农业总产值年增长率和粮食综合生产能力、农村就业人员中从事非农产业劳动力占比和农业劳动生产率具有长期协整关系，农业总产值年增长率每增加1个单位，粮食综合生产能力随之增加0.2 289个单位；而农村就业人员中从事非农产业劳动力占比下降1个单位，农业劳动生产率随之上升0.3 559个单位。格兰杰因果检验结果表明，宁波市农业总产值年增长率是粮食综合生产能力的格兰杰原因，粮食综合生产能力不是农业总产值年增长率的格兰杰原因；宁波市农村就业人员中从事非农产业劳动力占比是农业劳动生产率的格兰杰原因，宁波市农业劳动生产率不是农村就业人员中从事非农产业劳动力占比的格兰杰原因。本节选取的宁波市乡村产业结构优化的农业总产值年增长率、农村就业人员中从事非农产业劳动力占比两个指标，分别可以有效地对宁波市粮食综合生产能力、农村就业人员中从事非农产业劳动力占比两个产业兴旺的指标产生影响，且具有因果关系，即宁波市乡村产业结构的优化升级积极推动了宁波市乡村产业的发展和兴旺。

2.乡村产业结构优化推动宁波市农民生活富裕

宁波市探索创新村级集体经济发展方式，全面消除了集体经济收入20万元以下的村。按照精准脱贫要求，通过农联合乡村服务组织，加大帮扶力度，积极推广优良种植品种和高附加值农产品的生产，实现了农业高附加值收入，使低收入农户收入增长10％以上。2017年全宁波市农村居民人均可支配收入28 572元，城乡居民收入比2017年达到1.8∶1，农村居民和低收入农户人均可支配收入连续多年在全省处于领先水平，有效地实现了农民生活富裕。

本节选取了农业增加值增长率和农村居民家庭人均经营性纯收入两个产业结构优化指标，对城乡居民收入比和农村居民恩格尔系数两个生活富裕主要指标进行了分析。根据协整检验结果，宁波市农业增加值增长率和城乡居民收入比、农村居民家庭人均经营性纯收入和农村居民恩格尔系数具有长期协整关系。农业增加值增长率增加1个单位，城乡居民收入比下降0.1 262

个单位；农村居民家庭人均经营性纯收入增加 1 个单位，农村居民恩格尔系数随之下降 0.2 412 个单位。且宁波市农业增加值增长率是城乡居民收入比的格兰杰原因，城乡居民收入比不是农业增加值增长率的格兰杰原因；农村居民家庭人均经营性纯收入是农村居民恩格尔系数的格兰杰原因，宁波市农村居民恩格尔系数不是农村居民家庭人均经营性纯收入的格兰杰原因。这两项产业结构优化指标明显影响了两项生活富裕主要指标，且具有因果关系，即宁波市乡村产业结构的优化升级积极推动了宁波市农村居民的收入增长和生活富裕。

3.乡村产业结构优化推动宁波市乡村乡风文明

本节选取了农村居民教育文化娱乐支出占比这一乡风文明主要指标与农村居民家庭人均经营性纯收入进行分析，结果表明它们同样存在长期协整关系。农村居民家庭人均经营性纯收入增加 1 个单位，农村居民教育文化娱乐支出占比下降 0.4 443 个单位，且宁波市农村居民家庭人均经营性纯收入是农村居民教育文化娱乐支出占比的格兰杰原因，宁波市农村居民教育文化娱乐支出占比不是农村居民家庭人均经营性纯收入的格兰杰原因。若从宁波市农村居民教育文化娱乐支出额数据来看，2000－2016 年，宁波市农村居民教育文化娱乐支出额呈现出明显上涨。通过数据分析可以确定，农村居民家庭人均经营性纯收入与农村居民教育文化娱乐支出额的因果关系更能反映农业产业结构优化对乡风文明的推动作用，但其增长幅度远小于宁波市农村居民家庭人均经营性纯收入增长幅度，从而造成宁波市农村居民教育文化娱乐支出占比逐年下降的现象，这也正是宁波市乡村振兴实施过程中实现乡风文明需要注意的方面。

第五节　乡村产业结构优化推进乡村振兴的途径

一、通过优化农业夯实乡村产业兴旺基础

我国人口基数巨大，且人均耕地资源相对稀缺，随着我国总人口的增长，

城镇化的不断推进，以及居民消费结构的不断升级，直接和间接的粮食需求将越来越大，因此保障国家粮食安全成为农业产业最重要的责任，农业（种植业）的稳定发展更是乡村产业兴旺的基础。乡村产业结构优化的过程必然是以国家粮食安全得到保障为前提的。乡村振兴战略中产业兴旺所要求的粮食综合生产能力这一量化指标，也充分体现了乡村振兴战略对农业保障粮食安全这一要求。乡村振兴的目的是不断提高农民在社会主义建设中的参与度和受益面，发展农村产业，彻底解决农民就业问题，使农民生活富裕、安居乐业，共享社会主义建设成果。但农业（粮食种植）生产效益相对较低，且易受外界因素影响，属于弱质性产业，所以优化农业产业，提高其生产效益，对乡村产业的基础至关重要。农业（种植业）是农村最基本的产业，也是从事劳动者最多的产业，我国应通过对农业（种植业）结构进行调整，优化乡村产业结构，使传统乡村生产从劳动密集型转向技术密集型，粗放生产型转向能源节约型，分散化生产转向规模化生产，提高乡村生产效率和效益，保证农业（种植业）的稳定发展，帮助增加农民收益，优化乡村劳动力结构，为乡村产业发展提供坚实基础。

二、通过优化农村劳动力结构促进乡村产业兴旺

通过乡村产业结构优化实现乡村劳动力资源合理配置，促进乡村产业振兴。农业劳动力资源调整是乡村产业结构优化的重要内容之一，劳动力要素是产业发展的关键要素，要实现乡村振兴战略中的产业兴旺，农村劳动力要素是关键之一。在乡村产业结构优化过程中，对农业劳动力资源的调整将极大地影响乡村产业发展。这一过程中释放的大量劳动力若不能妥善消化，将成为严重的社会问题，也将成为乡村振兴的阻碍。解决这一问题的途径就是通过乡村产业结构优化，根据现阶段社会经济状况和市场需求，合理调整农业劳动力资源配置，在保证市场需求的条件下，积极引导劳动力资源向有利于乡村产业振兴的部门流动；发展乡村第二、三产业，吸纳剩余劳动力，促使农业剩余劳动力通过就业培训和再教育等方式适应其他产业，在达到优化劳动力资源结构目的的同时，也进一步促进乡村产业的兴旺，积极促进乡村振

兴战略的实施和进程。

三、通过农业科技转化促进乡村产业发展

在乡村产业结构优化过程中通过农业科技振兴促进乡村振兴。无论是乡村产业结构优化还是乡村振兴战略的实施,都离不开科技创新的支撑。在居民消费结构升级背景下,要求乡村产业结构要与农产品消费结构相适应,要求发挥科技创新驱动农业供给侧结构性改革的作用。为解决部分农产品供求结构性失衡的问题,要通过加强农业科技创新支持力度,采用农业科技提升农产品品质,使之与消费结构升级需求相适应。要通过农业科技创新引领农业转型升级,解决农业质量效益与产业兴旺发展不适应的问题。在农业产业结构优化过程中,通过提高农业科技转化成果效率,不仅能对农产品产业结构和农产品质量结构进行调整,同时也有利于为乡村振兴战略的实施提供强有力的科技支撑。

四、通过三产融合促进产业振兴和增加农民收入

通过乡村产业结构优化实现乡村一二三产业合理配置和有机融合,促进乡村振兴。在社会经济发展和农业现代化进程中,乡村产业结构的内容和内涵是不断变化和发展的。单纯地从事乡村生产已不能满足农民群体对经济效益的追求,越来越多的农民群体在从事农业的同时也从事着第二、三产业,乡村一二三产业融合是乡村产业发展的趋势。如今的乡村产业结构优化并不仅仅局限于大农业内各产业部门的结构调整。随着乡村一二三产业的融合,农业产业与其他产业的联系越来越密切。在农业产业结构优化过程中,注重和促进各产业合理配置、协调发展,进一步推动乡村中附加值较高产业和龙头产业的发展(如推动农产品加工业和乡村旅游业的发展),将有力促进乡村产业振兴;同时可以利用第二、三产业吸收剩余劳动力,改变传统农业家庭收入结构,带来外界的资金投入,从而增加农业家庭的收入来源,实现村民生活富裕,助力乡村振兴。

五、通过优化农民就业结构促进农民收入增加

农民收入的增加既是生活富裕关键，也是农民群体对乡村振兴成果的最直观的体验，因此乡村振兴最核心的任务就是增加农民收入。由于收入弹性差异和投资报酬差异，随着经济的发展，国民收入和劳动力将依次从第一产业转向第二、三产业。乡村产业结构优化过程中也遵循这一规律。随着乡村经济的发展，乡村经济收入和劳动力也将向收入弹性更高的产业部门（如服务业）转移。乡村产业结构的形成和发展过程，受自然资源、市场状况、政府行为、社会需求、技术水平、生产力水平等条件的制约。因此，在一定时期和一定条件下，农民会首先考虑自身利益，选择对自己有利的乡村产业结构，采取相应的生产经营模式，进行生产和向社会提供农业产品。所以在乡村产业结构优化过程中，要依据这一规律，积极引导农民群体转向弹性收入较高和附加值较高的产业部门，使农民获得更高的经济收入，从而促进乡村振兴。

六、通过发展生态农业促进乡村生态保护

乡村振兴战略中乡村生态问题是重点之一。提高绿色乡村生产水平，减少生态环境的污染和破坏，保证农产品安全质量及加强工业生产清洁设施建设，逐步降低乡村工业污染，加大对被污染的江河湖泊、土壤的治理力度，降低污染程度等是乡村生态宜居的重要内容。乡村产业结构的可持续化要求乡村产业的能源消耗不断降低，农业对环境的污染不断减少，农业发展与自然和谐程度不断提高。要实现乡村产业结构的可持续化，就需要大力发展生态农业产业，通过建立环境友好型和资源节约型的生态农业体系，以实现资源、环境与乡村生产的良性循环。在乡村产业结构优化中，可以将原生态的自然环境作为一种特有资本和优势加以保护，使之成为当地的创收来源，积极发展生态农业产业、绿色产业和农村生态旅游业，促进农业产业向高标准、高质量、低污染、低能耗、可持续方向发展。通过发展生态农业产业，探索循环生态模式，提高资源利用率和能源转换率，构建乡村生产在空间上、时序

上、资源上高效利用的立体结构，实现生态与经济的互动融合和相互促进。这样不仅能够加快农业产业的转型升级、增加农民附加收入，同时也能有利于乡村生态环境的建设和保护，促进乡村生态振兴。

第六节　政策建议

乡村产业结构优化是农业产业发展的重要战略目标，对乡村产业发展和农村经济具有重要影响，关系到广大农民的切身利益。为了促使乡村产业结构优化更好地推进乡村振兴战略，建议从以下五个方面着手。

一、发挥好政府的宏观调控作用，加强对农民生活富裕的保障

总体来说，乡村产业结构优化虽然会对农村经济和农民收入产生积极影响，但也可能产生消极的影响。农业（种植业）是乡村产业基础中的基础，为保障国家粮食安全和满足市场需求，农业（种植业）必须得到保障。为此，我国制定了严格的耕地保护制度，这无疑限制了农村土地用途，也在一定程度上限制了农村的发展和农民的经济收入。因此，为了在保障国家粮食安全的同时能更好地振兴乡村，必须发挥好政府的宏观调控作用，消除乡村产业结构优化的负面影响，以增加农民收入，加强对农民的基本保障。政府应积极进行农业推广，引导农民种植优良农产品品种，这样既能提高综合粮食生产能力，又能增加农民收入。由于农业生产受自然影响因素较大，具有高风险的特点，故应建立和完善农业保险体系和金融体系，降低农民从事农业的风险。此外还应出台相应的补贴政策，完善农产品价格保护机制，以保障农民收入，积极引导农业结构调整方向。

二、加大政策支持，为产业振兴提供良好的政策环境

乡村三产融合发展是加快转变农业发展方式、增加农民收入来源、构建现代农业产业体系的重要措施，是探索中国特色农业现代化道路的必然要

求。家庭联产承包责任制在一定的时期内积极促进了我国农业发展，但由于破碎化、小规模化经营的特点，其对农村产业发展也产生了一定的限制。由于规模小、基数大，农户个体力量相对较弱，常常处于不利地位，难以产生合力形成规模效益，同时也存在农业资本利用率低、标准化生产水平低等问题。这显然不利于乡村产业发展和三产融合进程。为了更好地实现乡村振兴，必须加强对乡村产业发展的支持力度，提供有利的政策环境来支持三产融合。如借鉴其他地区成功的农村合作组织建设案例(如农和联等)，加强农村服务制度和服务组织建设，完善联合机制，为分散农户提供合作平台和交流平台，形成协作合力；完善乡村基础设施建设，突破乡村发展要素的限制，通过出台土地政策促进土地经营流转盘活土地要素，通过资金帮扶政策打消农户和企业的顾虑，通过税收、财政和金融支持政策吸引龙头企业或其他组织进驻，带动乡村发展。

三、重视乡村人才培养，为农业科技创新注入活力

乡村人才振兴是乡村振兴的关键。农村劳动力资源素质的高低将直接影响乡村振兴战略实施的效果，是决定和衡量乡村振兴成效的重要因素。农民是农村经济活动的主体和主要劳动力来源，不管是在乡村产业结构优化还是在乡村振兴战略中，农民既是参与者也是受益者，因此加强农村劳动力资源建设和农民素质培养，提高农民群体的科学文化水平，优化农村劳动力资源结构，是推进乡村振兴的迫切要求。由于我国现状是农村一直单方面地为城市输送人才，农村教育资源短缺，课程设置模式趋向城市，造成了最终留在农村的劳动力缺乏适应农村生产的知识和技能，为此应加大对农村地区的教育投资力度和促进农村教育制度改革。如在农村教育过程中及时进行分流，大力发展职业教育，注重对青年劳动力的实践性和技术性教学，以适应乡村产业结构优化升级的需要，建立和完善农村剩余劳动力向城市转移机制。非农业收入越来越成为农村家庭的重要收入来源，政府政策应逐步打破城乡二元结构，为农村劳动力提供医疗、卫生、住房、社保等制度保障，创造城乡劳动力公平竞争环境；同时应加大人才引进力度，实行工业反哺农业、城市带动乡

村，出台相关政策增大对高端人才的吸引力，吸引更多创新型和专业型人才为乡村振兴助力。

四、建立完善乡村文化消费市场，加强乡村文化建设

目前城乡文化发展还存在着一定的差距，乡村的文化活动匮乏，文化消费水平有限，乡村居民文化消费支出和财政投入远低于城市，文化设施缺乏，难以发挥乡村文化建设的作用等问题急需解决。因此为了更好地进行乡村文化建设，首先需要解决的是乡村文化资金的投入问题。一方面，政府要加大乡村文化建设专项资金的投入；另一方面，仅仅依靠政府投入是无源之水，要重视开拓社会资金来源渠道，建立多元化的乡村文化筹资渠道，形成由投入到创收到再投入的健康循环机制，做活乡村文化市场，从根本上解决乡村公共文化服务建设的财政问题。除此之外，还应当适当引导乡村教育文化娱乐消费，在充分了解农民群众的实际文化需求的基础上，以农民群众的文化需求为导向并合理引导，建立与健全乡村文化消费市场，根据市场需求，为当地的居民提供更有质量、更符合当地居民需求的文化服务。同时应注意加强文化管理干部的队伍建设，为乡村文化建设提供专业的管理和指导人员，保证乡村文化活动的内容和质量。

五、依托乡村产业，探索多元化投入机制治理乡村生态

乡村生态治理要依靠政府完善农村环保政策法规和标准体系，健全完善农村生态保护管理机制，但与此同时不能仅仅依靠政府和社会公共资源的投入，还要努力探索多元化的投入机制。通过农业产业化、规模化和发展循环经济来达到保护农村环境的目的。产业化、规模化可以发挥效益规模优势，消除传统小作坊式的低效经济生产。效益的增加可以加大治污投入，同时，规范化生产可以减少污染排放，实现增收和治污的双层目标。此外，大力发展乡村生态旅游业，充分挖掘农村自然景观、田园风光、山水资源和乡村本土特色文化，发展各具特色的休闲农业与乡村旅游业，形成以特色文化和生态农业为支撑的“农家乐”、休闲采摘为基础的乡村休闲文化旅游业发展格局。

将原生态的环境作为一种无形的资本，鼓励农民发展生态农业和绿色农业，发展生态景区，积极拓展绿色空间。通过加强对乡村生态治理政绩考核，鼓励外部企业和经济组织对乡村生态旅游投资，加大对企业治污的管理力度，宣传增强村民的生态保护意识等，形成政府、企业、村民多元投入、共同治理的乡村生态治理体系。

第三章　乡村产业融合推动乡村振兴的机制与途径

第一节　产业融合的基本理论问题

乡村产业融合发展主要是将先进的技术、科学的制度、全新的运营模式运用到乡村产业中来，构建起一个农业与第二、三产业融合发展的现代产业体系，最终实现农业增效、农民增收和农村繁荣。实施推进乡村产业融合发展有利于优化乡村产业结构、延长农业产业链、拓宽农民增收渠道，从而为乡村振兴战略目标的实现提供必要的经济基础。

乡村产业融合已成为当前推动我国乡村经济发展的重要而有效的产业振兴模式，是实现乡村振兴战略的重要途径。我国乡村一二三产业融合发展战略提出时间比较短，发展不充分，总体上看还处于起步阶段。这主要体现在，融合程度低、层次浅，农业的生产体系、经营体系不完善，新型经营主体带动能力弱，农村多以旅游观光为主，农业多功能性挖掘不够。

一、研究成果梳理

1. 国外研究现状

产业融合是在信息技术革命扩散与推动下出现的一种经济现象。国外关于产业融合思想最早起源于美国学者内森·罗森伯格(1963)，他在对美国机械工具产业发展的研究过程中，将功能与性质完全不相关的产业因采用通用技术而独立化的过程称之为“技术融合”。1987 年，美国麻省理工学院教授尼古拉·内格罗蓬特对计算机、印刷、广播三个产业之间的技术融合进行了模块化描述。他用三个圆分别表示计算机、印刷、广播，并认为这三个产业在交叉之处增长最快，所创效益最大，从此学术界对产业融合给予了高度重视并进行了正式研究。国外学者主要从技术、产品、企业这三个角度进行产业融合的研究。关于产业融合的研究，最早起源于技术融合研究，当不同的产业因采用某一种或多种共同的技术之后，明显地改变其之前产品、竞争、价值创造过程本质时，便意味着发生了技术融合。还有一些学者从产品的角度分析产业融合的内涵，即通过数字技术使原本各自独立的产品发生整合的过程。

由于特殊的地理环境、政治环境等因素，国外关于乡村产业融合的研究并不多，但是对于农业产业化的问题却有许多观点，因此我们可以从农业产业化这一视角来观察国外关于乡村产业融合问题的研究。最早对农业产业化进行研究的是哈佛大学教授乔治·戴维斯，他在1957年提出了"农业整合化"的概念，其基本内涵就是乡村生产、加工、销售的有机结合。随着农业产业化的不断发展，不同学者从不同的角度对农业产业化做了相应的研究，其中最受学术界认可的是罗斯·里尔登和大卫·巴雷特的观点，两人(2000)认为在农业产业化过程中农业企业上下游之间协作会更加紧密，同时农业部门的产品结构、市场结构等也会发生相应的改变。史密斯·伊顿(2001)通过对不同案例的分析，总结出订单农业的发展主要取决于以下几个因素：一是农民可以借助企业进行农产品销售，但是，企业应当具有一定的销售渠道；二是交易合同应当合理，企业具有盈利能力；三是政府应当在政策、基础设施建设等方面为订单农业的发展提供支持和服务。国外关于农村产业融合问题最具代表性的研究是日本今村奈良臣教授1996年提出了"六次产业"的概念。其基本含义是"鼓励农民从事多种经营获得更多收益。其中多种经营既指第一产业的农业种植，也指第二产业的农业加工，以及与农业相关的服务业"。六次产业打破了一二三产业之间的界限，模糊了一二三产业之间的边界，体现了产业融合。

2.国内研究现状

(1)关于乡村一二三产业融合发展理论方面的研究。李志和王东阳(2017)

从产业整合的本质角度分析了乡村产业融合发展的内涵。他们认为产业融合的本质是内化交易成本。乡村一二三产业融合发展的最终目标也是降低成本，增加农业收入。因此，乡村一二三产业的融合可以归纳为：以发展农业多功能性为核心，通过农业产业链的垂直延伸和横向发展来内化交易成本，并且不断产生新业态、新模式的过程。冯伟(2016)等通过对乡村、产业融合和融合发展三个概念的分析，总结出乡村一二三产业融合的内涵，即以延伸农业产业链作为手段，将先进的科学技术、经营理念融入传统农业，使传统乡村生产经营方式得到改善，农业多功能性得到发挥，农业价值链显著提升，最终实现增加农民收入的目标。在对乡村一二三产业融合的内涵进行科学界定的基础上，通过综合评价，该研究提出了乡村一二三产业融合评价指标体系。这个指标体系对于分析和评价我国乡村产业融合发展具有一定的借鉴意义。马晓河(2015)指出，乡村一二三产业的融合是以农业为基础，依靠各种要素的跨境重组，实现农业功能拓展、产业链延伸，让农民参与第二、三产业，分享增值效益，最终实现农业现代化、城乡一体化、农民增收的目标。通过不同学者对乡村一二三产业融合的研究，我们可以总结出：乡村一二三产业融合主要是通过农业多功能性的发挥来延长农业产业链，提升农业价值链，最终增加农民收入，实现农村产业兴旺、基层治理有效、农民富裕。

(2)关于乡村一二三产业融合现状的研究。李玉磊、李华(2016)指出我国农产品加工业发展迅速，是引领农村产业融合的主力军。同时，营销模式和农村物流的不断发展，加速了乡村一二三产业的融合。虽然乡村的产业融合发展很快，但仍存在许多问题。例如，农产品加工业的发展水平低，推动乡村产业融合的能力有限；产业融合方式单一，农村物流水平发展落后，无法满足乡村产业融合的需要。张驰、沈建新(2017)以日本和中国台湾为对象展开了研究。20 世纪 90 年代，日本学者今村奈良臣首次提出“六次产业化发展理念”之后，日本政府成立了专门发展农村经济的机构，不断完善相关的金融服务体系。2010 年，日本政府颁布了《六次产业化——地产地销法》，通过农产品在生产地加工销售的方式极大地增加了农民的收益。2013 年，我国台湾地区实施了“乐活农业，黄金十年”的法案，通过发展农产品精深加工、建立特色农产品公司、建立多功能园区等措施，促进了农村产业融合，拓宽了农业价值空间，增加了农民收入。

(3)关于乡村一二三产业融合模式的研究。目前我国学者在分析乡村一二三产业融合模式时主要从产业链、主体两个维度展开。例如从融合主体角度来看，王乐君(2017)将融合模式分为农业生产者向后延伸型、龙头企业引领型、企业集群性、农业产业化联合体型等不同模式。从产业链角度来看，国家发展改革委员会将融合模式总结为链条延伸型、技术渗透型、多元复合型等多种类型，并要求各个地区应当因地制宜地采取不同模式。除以上两个主要研究角度外，王颜齐、李玉琴(2018)从贫困地区的角度出发，以黑龙江六个县为例，在分析这六个县现状的基础上，提出了贫困地区在产业融合模式上的选择依据和标准。

(4)关于乡村一二三产业融合机制的研究。关于乡村一二三产业融合发展机制的研究国内相关研究比较少。梁立华(2016)从动力机制方面对乡村一二三产业融合发展进行研究，他认为推动乡村一二三产业融合的动力机制可以有两个：一是降低交易，二是创新。其中，降低交易成本是核心动力，创新是关键动力。吴进等(2016)认为乡村产业融合的微观主体由农户、龙头企业、合作社、行业协会等组成，各主体之间通过某种机制组成经济联合体，按照利益联结的紧密程度，可以划分为合作制、股份制、股份合作制和合同制。

(5)关于乡村一二三产业融合面临困境的研究。由于我国乡村经济发展相对落后，基础设施不完善，以及乡村一二三产业融合概念在我国提出较晚，人们对其认识不清等多种原因，我国乡村产业融合在发展过程中面临困境。王乐君等(2017)从乡村产业融合所面临的体制机制障碍方面进行分析，认为当前我国乡村产业融合所面临的体制机制障碍包括：产业联结机制尚不健全，土地、金融政策环境存在约束，农业电子商务盈利机制不成熟等。苏毅清等(2016)在对我国乡村产业融合所体现的现状特点进行分析后，总结出目前我国农业与其他相关产业融合上存在的问题：由于人们对产业融合概念、产业公地培育、农业多功能性等认识不足，造成各个产业之间只是简单的内部分工，并未形成不同产业间的更高层次的分工；没有共同的技术基础就很难形成公共平台，并进行融合；横向融合开展不充分；很多地区并未将增加农民收入作为农村产业的最终目标。

(6)关于乡村一二三产业融合路径的研究。乡村一二三产业融合发展以新技术、新模式、新业态为表征，以技术融合和体制机制创新为动力，以乡村产业链延伸、农业产业功能性充分发挥为结果。目前关于乡村一二三产业融合路径的研究主要从构建全产业链、培育新型农业经营主体、完善相关服务这三个维度进行。姜长云(2016)在总结国内外经验的基础上指出：我国当前乡村一二三产业融合发展可以通过顺向、逆向两种方式融合发展，延伸农业产业链，以及发挥农业多功能性。吕岩威(2017)以山东凤祥、鲁花等企业为例，指出乡村一二三产业融合发展除了延长农业产业链之外，还要重视工商资本、龙头企业的引领作用，以及利用农村电商为乡村经济注入活力。类似的，郝华勇(2018)从延伸农业产业链、培育多元融合主体，以及完善融合服务等多个方面进行分析，提出了相关路径。关于乡村三产融合的路径众多，在实际生活中，一个地区对于路径的选择往往是多种路径的交叉重组。

(7)关于乡村一二三产业融合政策保障的研究。目前关于乡村三产融合政策保障的研究较少，基本上都是从全局出发，提出的一些相关建议。总的来说，可以概括为：第一，在优先发展农业的基础上，调整和完善支持第二、三产业的政策；第二，所制定的相关政策要有利于促进乡村一二三产业融合发展，同时相关政策要有可操作性；第三，经济是基础，三产融合资金要进行整合。

3.基本结论

乡村振兴是我国在特定的时代背景下所提出的战略，国外关于乡村振兴与产业融合的研究比较少。从国内研究状况来看，自乡村一二三产业融合发展提出以来，不同学者以经济学、社会学、地理学为依托，从不同视角对农村三产融合进行了研究，从研究成果来看主要集中于对乡村三产融合的内涵、现状、问题，以及融合模式与路径等方面的研究。由于乡村振兴战略提出的时间比较晚，目前关于以乡村振兴战略为背景进行乡村一二三产融合的研究少之又少。当前我国乡村振兴蓬勃发展，乡村三产融合发展是推进乡村振兴的重要举措。为了更好地指导乡村振兴发展，关于乡村一二三产业融合发展推进乡村振兴的相关研究仍然面临着巨大的挑战。

二、基本理论问题

1. 乡村产业融合的内涵

随着经济的发展，传统农业的种植、养殖成本越来越高，农产品收益不断减少，农民收入增长乏力。因此，单纯依靠传统农业难以满足农民收入的可持续性增长。供给侧结构性改革要求以市场需求为导向，增加农产品有效供给，然而，传统乡村生产往往以生产为导向，只注重农产品的产量，而忽视了农产品的质量，结果导致产品滞销而市场供应不足。当然，造成市场供给不足除了农产品的质量因素之外还有其他原因。例如，随着中国城市化步伐的加快，人们的生活水平有了很大的提高，人们已不再仅仅满足于物质需求，而向物质和精神需求同步转变。正是在这种背景下，我国提出了乡村产业融合发展战略。

从范围上来看，乡村产业融合以乡村为空间，以农业为主要对象；从主体上来看，乡村产业融合必须以农民为主体，只有农民参与其中才能算真正意义上的乡村产业融合；从目的上来看，乡村产业融合是为了增加农民收入，实现农民富裕。技术创新是乡村产业融合的第一驱动力，以生物技术、信息技术为代表的新技术不断向传统农业中渗透，改变了传统农业的生产经营方式，推动着传统农业向现代化农业转变。农业多功能性是乡村产业融合的推动力。目前关于乡村一二三产业融合，学术界还未形成统一概念。在借鉴原有研究基础上，本文认为，乡村一二三产业融合是以农业为基本依托，以农民为主体，通过技术创新、产业联动、产业集聚等方式，将资本、技术及资源要素进行跨界优化配置，使农业与生产、加工销售、休闲旅游等其他关联产业有机地整合在一起，形成农村新业态，拓宽农民增收渠道，构建现代农业产业体系，加快转变农业发展方式，达到一二三产业的全面融合发展，进而实现农业强、农村美、农民富的目标（见图 3-1）。

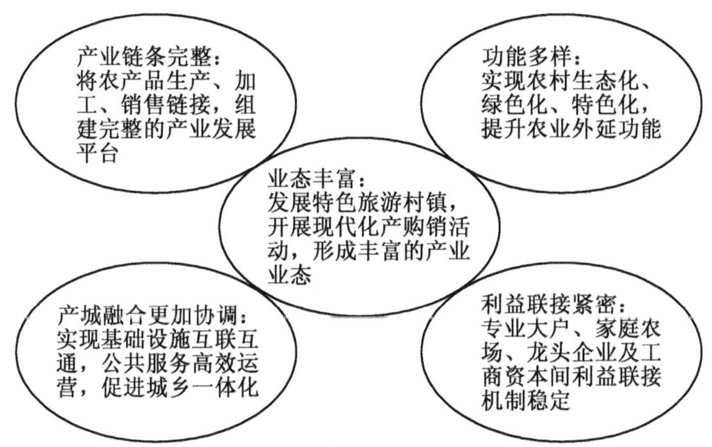

图 3-1　乡村一二三产业融合目标

2. 产业融合推动乡村振兴

乡村是一个综合并且复杂的对象，它具有自然、社会、经济等多种特征，同时还具有生活、文化等多重功能。在经济发展中，乡村与城镇共同发展、相依相存。乡村是决定我国现代化水平的一个重要因素。

我国的乡村振兴是全面的乡村振兴，通过乡村振兴战略的实施最终实现乡村振兴这个目标，即产业兴旺、生态宜居、乡风文明、治理有效、生活富裕。其中，产业兴旺是乡村振兴的经济基础，生态宜居是乡村振兴的环境基础，乡风文明是乡村振兴的文化基础，治理有效是乡村振兴的社会基础，生活富裕是乡村振兴的最终目标。

如图 3-2 所示，产业兴旺就是以农业供给侧结构性改革为主线，构建一个完善的适合农村农业发展的产业体系、生产体系和经营体系，进一步推进农村产业发展；生态宜居就是始终践行“绿水青山就是金山银山”的理念，统筹治理山水林田湖草，加快转变生产生活方式，推动乡村生态振兴；乡风文明就是要继承优秀的传统文化，培育良好的社会风气，建设文明的乡村，推动乡村文化振兴；治理有效就是加强基层党组织建设，将自治、德治、法治相结合，通过“三治结合”来对乡村进行治理，打造一个充满活力、和谐有序的善治乡村；生活富裕就是加快补齐农村民生短板，提高农民收入，增加农民的获得感、幸福感、安全感。

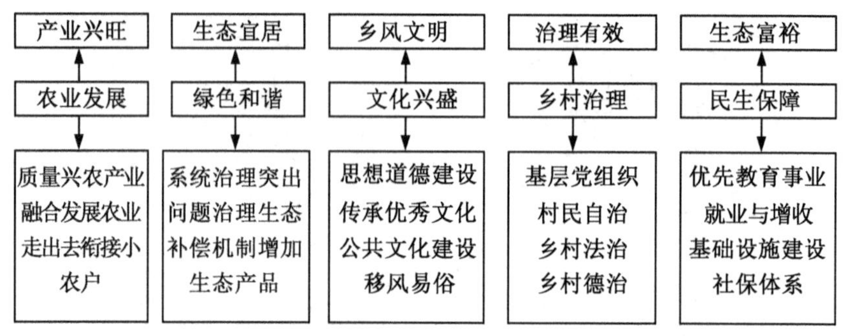

图 3-2　乡村振兴的五大目标和总体要求

3. 产业融合理论

马克思在其《资本论》中曾说:“分工在一定条件下趋于收敛,出现分工基础上的结合生产。”这可以看作是产业融合思想的发端。学术界关于产业融合思想的研究最早可以追溯到 1963 年美国学者内森·罗森伯格关于美国机械工具产业的研究。他在《机械工具产业的技术进步》一书中指出,当类似的机械工具在不同的产业或行业中得到广泛应用时,将会出现一个新兴的、独立的机械工具产业。他把这个过程称为技术融合。至此,学术界开始了关于产业融合的研究。所谓产业融合,简单地说,就是不同产业或同一产业内的不同行业相互交叉渗透,最终产生新的产业和新的业态的过程。在这个过程中,可能伴随着传统产业的升级或消失。值得注意的是,不同产业或同一产业中的不同行业在交叉、渗透的过程中必须相互作用,相互融合,呈现出新的产业属性。否则,它只能被称为不同产业或者同一产业的不同行业之间的简单劳动分工,而不能称之为产业融合。在产业融合的过程中,技术创新和管制放松是不同产业得以融合的两个重要动因。技术创新改变了原有产业的生产、服务等技术路线,为不同产业的融合提供了技术支撑。同时,技术创新也不断改变着人们的需求特征,促进了消费的升级,这就为产业融合提供了市场空间。从产业融合方式来看,主要分为三种类型:高新技术渗透型融合、产业间的延伸融合、产业内部的重组融合。

传统的乡村生产方式既无法提高农民收入也无法满足人们多样化的消费需求。乡村产业势必要进行融合。物流、生物、通信等高新技术的发展为乡村产业的融合提供了可能。国家政策的大力支持为乡村三产融合提供了良好的政策环境。乡村一二三产业之间通过高新技术渗透、产业间的延伸、产业内部重组等方式将出现休闲农业、观光农业、创意农业等新业态，农产品冷链物流、农业电商等新的经营模式。乡村产业融合将实现农业产业结构优化、产业链延伸、价值链提升，为农民提供多元化的增收渠道，实现乡村振兴。

4.农业产业链理论

所谓农业产业链即指和农业初级产品生产有关的产业网络结构。其中，既包括产前的信息指导、产品规划、种苗、饲养，也包括产中的技术指导、田间管理、包装、保鲜，以及产后的渠道规划、网点布局、冷链流通等，其事实上是多种农产品链所共同构成的集合。国内关于农业产业链问题的研究最早产生于20世纪90年代，由华南热带农业大学（现海南大学）傅国华提出。通过实验，他证明了农业产业链的构建可以推动农业产业优化，提高经济效益。从乡村一二三产业融合的角度看，农业产业链运作模式主要包括龙头企业带动型、中介组织带动型、专业市场经营组织型、科技单位带动型。农业产业链的构建将形成三大效应：一是有利于促进农业产业结构调整，提高农产品附加值；二是农业产业链的延伸将会衍生出一些涉农的生产加工和服务部门，从而为农民提供更多的就业岗位；三是农业产业链的构建会提供市场需求的相关信息，并将其准确、快速地传递给农户，有效地解决了供需结构性矛盾，降低农产品价格风险。

在乡村一二三产业融合过程中通过延长农业产业链，将乡村生产、加工、销售整合为一个整体，能够让农民更多地分享农产品增值收益。此外通过建立多种利益联结方式，例如“企业＋农户”“企业＋基地＋农户”等，能实现利益共享，农民增收。

5.产业集群理论

产业集群理论是20世纪90年代由美国学者迈克尔·波特正式提出。所谓产业集群就是指某一行业内的竞争性企业，以及与这个行业相关联的企业、机构聚集在特定区域的现象。迈克尔·波特认为，产业集群竞争优势的形成主要有三个原因——产业集群能够提高集群内企业的生产效率，提高企业的持续创新能力，降低企业进入的风险，从而促进企业的产生和发展。根据国际经合组织（OECD）的定义，农业产业集群是指由于某种需要，使一组在地理位置上相互邻近，以乡村生产和销售为对象的企业分散在乡村生产基地的有机整体。其中不仅包括生产农产品的农户，而且包括各种农产品收购、加工、运输的企业，以及各种服务性机构等。从某种程度上来说，产业集群是一定地域环境的产物，从根本上反映着所处地段所具有的特定的自然、文化、社会、经济等诸多的地域环境因素。不同地区有着不同的资源禀赋，有着不同的历史文化，结合本地区的特点发展农业产业集群是必然选择。

乡村产业在融合过程中形成农业产业集群，这可以降低农业经营主体之间的时间成本、交易成本，提高生产效率与经营收益，促进农民增收。同时，农业产业集群的形成能够促进乡村产业振兴。由于农业产业集群具有地方根植性，故产业集群是一定地域经济基础的产物，也是一定区域的文化底蕴基础上的产物，依据本地区的社会、经济和人文环境特点培育农业产业集群是必然选择。因此，农业产业集群的建设能够促进乡村特色文化发展，繁荣乡村文化。

三、乡村产业融合现状分析

1. 乡村产业融合现状

首先，因地制宜探索出多种融合发展模式。随着乡村一二三产业融合不断深入发展，各个地区根据当地实际情况，因地制宜探索出了多种产业融合的发展方式。总体上分为五种类型：种养结合型、链条延伸型、功能拓展型、技术渗透型、多元复合型。种养结合型是将具有一定关联的种植业与养殖业联系在一起，形成紧密协作、循环发展的经营方式，能拓宽农业增收空间；链条延伸型以生产、加工、销售为关键环节，以其中某一或某些环节为基础，通过一定的方式向产前产后延伸，来拉长农业产业链，提高农产品附加值；功能拓展型以本地绿色生态资源为依托，推进农旅文融合，培育新业态，提升农业价值；技术渗透型将云计算、物联网等现代信息技术运用到传统农业中，促使传统农业转型升级，并且催生出新的产业业态，实现农产品线上线下交易与农业信息深度融合；多元复合型以龙头企业或产业链核心企业为依托，通过发挥当地的资源、技术、资金等优势，形成农业产业集群，打造出一个融合生产加工、科技研发、物流储存、金融服务、生态旅游、养生休闲于一体的复合型农业综合体。

其次，培育出多种乡村产业融合主体。经过近几年的蓬勃发展，新型乡村产业融合主体初具规模。在乡村产业融合中，新型乡村产业融合主体主要包括种养大户、家庭农场、农民合作社、农业龙头企业这四种类型。种养大户以种养业为主，以自有土地为基础，通过租用村内其他村民的土地等多种土地流转方式来扩大种植规模。种养大户多以“订单”方式组织生产，这样就避免了盲目生产，使其所生产的产品能够符合市场需求。种养大户将农村内分散的土地集中起来经营，这样可以实现规模化、集约化经营。当然，目前我国金融机构还没有针对种养大户金融需求的信贷产品和信贷管理办法，种养大户的资金实力较弱，经营风险很高。家庭农场以家庭成员为主要劳动力，采用集约化、规模化、商品化的农业经营方式，并且所获得的农业收入是支撑其家庭生活的主要经济来源。随着消费结构不断升级，人们对产品精细化需求与日俱增，而家庭农场规模相对较大，经济实力相对较强，而且家庭农场内部分工明细，与市场联系紧密，能够顺利地将产品推向市场，初步实现农产品精细化。但是，家庭农场内部基础设施简陋，粗放式经营管理较为普遍，缺乏规范化管理。农民合作社是指在家庭承包经营基础上，与乡村生产相关的经营者、利用者，通过资源联合、民主管理的方式组成的互助型经济组织。农业龙头企业是指以企业经营方式为主，通过各种利益联结机制与农户联合，使乡村生产、加工、销售有机结合，从而为社会提供农业产品或者相关农业服务的经济组织。

最后，形成日趋紧密的利益联结机制。完善的利益联结机制是促进乡村一二三产业融合向更高水平发展的重要基础。随着乡村一二三产业融合的不断深入发展，相关经营主体之间逐步形成日趋紧密的利益联结机制。其中以订单合同型、股份合作型、技术资本服务型、反租倒包再就业型为主。订单合同型是指企业与农民签订合同，农民根据合同为企业提供原材料，企业根据合同规定的价格、数量和质量购买农民的原材料，形成订单农业关系。这就降低了农产品价格波动给农民带来的风险，同时，它还确保了公司能够获得稳定和优质的原料供应。股份合作型是指农民以土地、资金、劳务等资产入股企业，或者企业以资金、技术等入股农民合作社所形成的一种股份（合作)型利益联结机制。在股份合作制中,企业与农户之间形成一种“你中有我,我中有你”的利益关系,农民通过股份可以获得更可靠的利润收入,参与企业收益的二次分配。技术资本服务型是指农民依托龙头企业,按照企业的要求开展乡村生产,企业根据生产需要为农民提供资金支持和技术指导,农民为企业提供优质农业原料。反租倒包再就业型是指企业通过租赁的形式将农村分散的土地集中起来,并对其进行规划布局,然后将规划布局好的土地承包给生产经营者,农民通过自有土地出租获取租金,经营者通过土地开发利用获取利润,同时还可以吸收部分转让土地的农民再就业,拓宽他们的收入渠道,实现互惠互利。

2.乡村产业融合助推乡村振兴

习近平总书记在中国共产党的十九大报告中首次提出“实施乡村振兴战略”,这是党中央对“三农”工作做出的一项全新战略部署,是农业农村发展到新阶段的新要求,也是决胜全面建成小康社会的一项重要任务。我们要通过乡村振兴战略的实施,最终实现“产业兴旺、生态宜居、乡风文明、治理有效、生活富裕”。

在国家农业农村部举办的关于乡村产业融合助推乡村振兴的发布会上,农业农村部提出必须把乡村产业融合作为推动乡村振兴的根本途径。从农业资源方面来看,我国农村地区生态环境日益恶化,资源约束不断加强,部分地区土地由于长期使用化肥、农药,重金属污染严重,土地质量持续下降,粗放式的农业发展道路难以为继,必须转变农业发展方式。从农民收入方面来看,农业种植成本越来越高,而农民一直处在农业价值链的最低端,他们几乎无法通过农业最初级的种养产业来增加家庭收入、实现生活富裕,故必须转变农业发展方式,调整农村产业结构,延长农业价值链。通过乡村一二三产业融合,能充分发挥第二、三产业的带动作用,拓展农业发展空间,促进乡村产业振兴。通过乡村一二三产业融合,能提高农业产业科技水平和创新能力,发展高效生态的现代农业,拓展农业多功能性,促进农业可持续发展,实现乡村生态宜居。同时,通过乡村一二三产业融合,将会衍生出除核心产业之外的一些支持产业、配套产业等,从而有利于扩大乡村产业规模,带动辐射区范围内农民就业,促进农民增收致富。

第二节　乡村产业融合推动乡村振兴机制研究

一、乡村产业融合的产业连锁机制

三产融合将推动乡村产业全面振兴。产业连锁效应原理证明主导产业的兴旺将产生产业连锁作用，推动前向产业、后向产业和旁侧产业的繁荣和发展。通过乡村产业融合，乡村产业结构将形成以主导产业为核心、基础产业为辅助、战略性产业为创新源的乡村产业体系。乡村产业融合发展的产业连锁机制主要体现在以下三个方面。

1.乡村产业结构优化升级

基于价值链构建的农村产业融合，不仅促进了农业的发展壮大，提高了农业现代化产业化水平，同时也促进了乡村第二、三产业的发展。通过深入挖掘农业农村的生态景观、休闲观光、文化体验、健康养老等多种功能和多重价值，推动乡村资源全域化整合、多元化增值，促进乡村一二三产业协调发展，实现农村资源优化配置，推进农村产业结构合理化和高级化发展。三产融合联通了农副产品的消费市场和生产者。只有市场需求的农副产品才是适合生产的农产品。随着乡村一二三产业的不断融合，出现了大量的龙头企业、农村合作社等新型农业经营主体。与农民相比，企业更能准确地把握市场上消费者的需求。因此，随着三产融合的不断深入发展，通过“公司＋农户”“公司＋生产基地＋农户”“公司＋合作社＋农户”等形式，在完善农民与企业的利益联结机制的同时，企业能够快速将市场上消费者的需求信息传递给农户，农户根据消费者的需求进行农产品种养加工，推动了农业供给侧结构性改革，倒逼乡村产业结构的优化升级。

2.发展壮大特色产业

农村主导产业的优化升级可使农村有限的自然资源、劳动力等用于发展少数的特色产业，从而使这些产业快速发展壮大。根据当地的自然、生态、文化等特点，通过对这些资源充分挖掘，可培育开发具有地方特色的产业，实现“一镇一业、一村一品”的农业特色优化发展道路。比如，在景点众多的地区将有限资源、劳动力等用于发展旅游产业，在具有农业特色的地方则可以将有限的资源用于发展民风淳朴的农家乐等，实现特色发展，走精品化、特色化发展路线。同时，随着三产融合的不断深入发展，农业产业的空间组织模式将彻底改变。

3. 形成农业产业集群

农业产业集群是一种具有资源依赖性、区域空间性、产业集聚性、组织合作性、优势互补性的农业有机群落。产业集群的形成需要经历三个阶段，即产业集聚阶段、产业链形成阶段和产业集群阶段。乡村产业融合是在乡村一二三产业集聚的基础上，进一步有机融合形成价值链，并在价值链基础上，通过在特定地理空间上的集聚，逐步融合管理、研发、金融等产业，形成农业产业集群。农业产业集群，既是乡村一二三产业融合的必然结果，也是乡村一二三产业融合的要求。同时，农业产业集群的发展壮大又反过来进一步促进乡村产业融合规模的扩大与乡村产业融合进度的加快。乡村一二三产业融合强调在注重农业基础地位的前提下完成三大产业的深度融合发展，实现农业由单纯的农作物生产向“农产品＋”流通及服务等领域拓展和延伸。随着农业产业集群的不断壮大，一二三产业之间联系更加密切，互联网等高新技术不断融入农业中，通过线上线下、虚拟实体有机结合等多种途径，催生了共享农业、创意农业、个人定制、农商直销等大量新业态，彻底地改变了传统的农业产业业态。同时，三产融合也深刻地改变了农业的空间组织形态，农业新型业态的空间组织形态不断发展壮大又会反过来推动农业产业的发展，如三产融合的田园综合体、现代农业产业园、特色小镇、共享农庄等。这些产业的农业空间组织形态的发展壮大，反过来推动农业产业基础的进一步夯实和农业产业现代化水平的进一步提高，实现乡村产业的全面振兴，进而推动了乡村全面振兴（见图 3-3）。

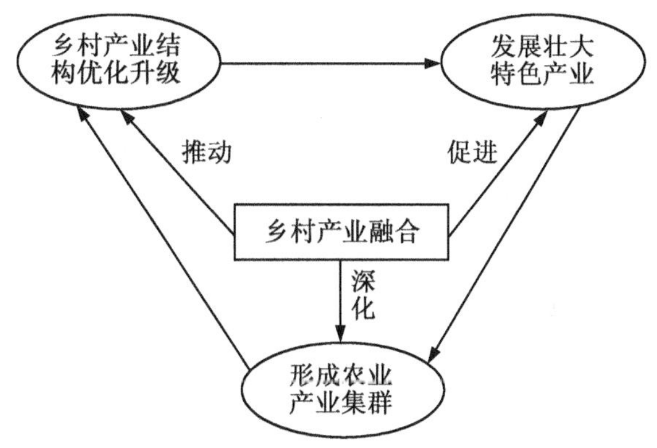

图 3-3　乡村产业融合推动产业全面升级机制

二、乡村产业融合的生态人居环境优化机制

通过乡村产业融合可以有效地治理和防止乡村生态环境恶化，为乡村生态人居环境的治理提供基础和保障，乡村环境的破坏多是由生态的破坏所致。而生态的破坏多是由不合理的产业结构和污染产业导致的。通过乡村产业融合优化农村产业，必然对农村人居环境的改善产生积极的影响，可以推动乡村生态振兴，建设一个生活环境整洁优美、生态系统稳定、人与自然和谐共处的美丽乡村。乡村产业融合推动乡村人居环境优化的机制主要体现在促进农村产业绿色发展、推动乡村人居环境改善、加强乡村生态环境的保护与修复等三个方面。

1. 促进农村产业绿色发展

在农村，农副产品加工业及其他农村工业大多集中在村庄内和乡村集镇，“村村点火，户户冒烟”是农村低、小、散加工业的生动体现。这种以破坏环境为代价的生产方式既无法使农村产业可持续发展，同时也破坏了当地的生态环境及人居环境。乡村产业融合是把绿色作为其融合发展的基本要求，在融合发展过程中要求农村的主导产业是对自然环境友好的产业，着力推进农村农业可持续发展，牢固树立节约、集约、循环利用的资源观。通过绿色加工、综合利用，实现节能降耗、环境友好，形成“资源—加工—产品—资源”的循环农业。中国传统农业多是“黑色农业”，这种经营方式往往高度依赖大型农机具、化肥、农药，其结果是造成很多恶果，例如水土流失、土壤断层和水体污染等。而随着农业与第二、三产业的融合，一些“绿色技术”不断地运用到农业中来，促使主要依赖化肥、农药进行种养的传统农业向以绿色技术为保障进行种养的生态农业转变，从而实现农村乡村生产清洁化、废弃物资源化、产业模式生态化，促进农业绿色发展。

2. 推动农村人居环境改善

农村人居环境改善就是对通过对农村垃圾、生活污水等一系列的人居环境进行整治，使得农村人居环境质量有所提升，村容村貌得到改善。随着农业与第二、三产业的融合，绿色发展理念不断深入人心，先进的生产生活方式不断地渗透到村民的生产生活中去。由于受先进生产生活方式的影响，村民们在农作物的种植、畜禽的饲养过程中，或处理生活中所产生的废弃物，如农村畜禽粪污、厕所粪污、麦秸等时，通常会自觉地进行无害化处理及资源化利用，改变曾经的垃圾随处乱丢乱扔的现象。当然，这一切离不开先进的科技作为其技术支撑。长期以来，农业农村基础设施建设对农村经济社会发展产生了巨大的直接效应和间接效应，是推动农业农村发展的动力引擎。公共基础设施的完善在促进乡村经济发展的同时也提升了村容村貌，改善了人居环境。而一切公共基础设施的建设都离不开必要的经济基础。随着乡村一二三产业的融合发展，乡村产业得到振兴，农民收入必然会不断提高，当地政府的公共支出能力得到加强，农村基础设施建设也有了经济支撑。例如，目前农村很多地方所进行的村庄道路、入户道路、村庄公共照明设施建设，在促进农村发展的同时也解决了村内道路泥泞、村民出行不便等问题，美化了村容村貌，改善了农村人居环境。而这些基础设施的建设必定要依靠当地的经济实力。农村产业融合发展，提高了农业经济效益，促进了村集体经济发展壮大，这是提升当地基础设施建设水平的重要经济条件。

3. 加强乡村生态环境的保护和恢复

发展旅游、康养、体育、设施农业等是促进乡村经济发展的一个行之有效的途径。在乡村一二三产业融合中，各个地区依靠当地的乡村风光、历史文化资源发展生态旅游、生态种养、农事体验、健康养老等产业，通过对农村山水林田湖草等自然资源的利用，将生态效益转化为经济效益，实现生态效益与经济效益相统一。在乡村一二三产业融合过程中，尽量减少对当地的自然景观的大量改造，在保持其特有的风貌基础上进行保护和利用。这不仅可以打造乡村生态产业链，进一步盘活森林、草原、湿地等自然资源，发挥自然资源的多重效益，还有利于乡村生态环境的保护与恢复（见图 3-4）。

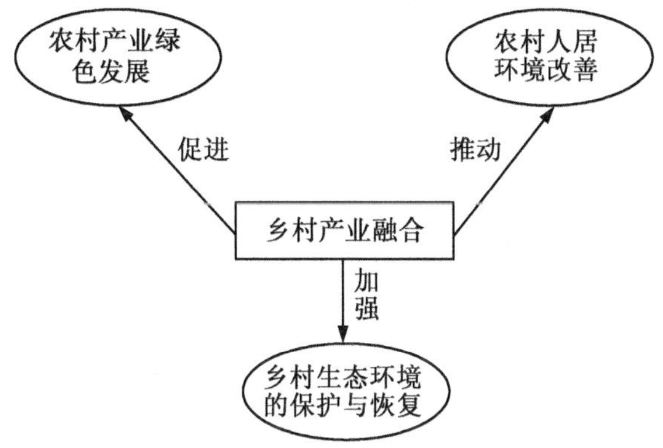

图 3-4　农村人居环境的生态优化机制

三、乡村产业融合的基层治理优化机制

治理有效就是创新农村社会治理方式，强化党建引领，夯实基层政权，建设一个和谐有序的社会。随着乡村产业融合，乡村产业组织将大量涌现，并发挥越来越好的作用。新型的产业组织关系将塑造出新型的治理关系，进一步形成良好的治理环境和人际关系，从而为构建一个高效的、有执行力的农村基层治理架构提供条件。乡村产业融合的基层治理优化机制主要体现在以下三个方面。

1. 强化党建引领

经过近几年我国乡村一二三产业融合发展，我国的新型农业经营主体初具规模，其中以种养大户、家庭农场、农业龙头企业、农民专业合作社为主。以农民专业合作社为例，由于合作社中人口众多且文化素质水平偏低，事务繁杂，为了对合作社进行合理有效的管理，促进合作社持续发展，合作社中一些具有党员身份且文化素质相对较高的农民通过成立党支部，来加强对合作社中农民的管理教育，不断地提高农民的科学文化素养和道德品质。随着农民文化素养、道德品质的提高，他们在遵守合作社相关规定的基础上也会自觉地遵守当地的村规民约，维护公序良俗，实现法治、自治、德治“三治”结合，改变了以往无序混乱的局面，体现了党建引领作用。同时，由于党支部扎根群众，合作社内的事情村民都是十分了解的，这就提高了村民的知情权、参与权，实现了村民的自我教育、自我管理，促进了社会的有效治理。

2.夯实基层政权

发展壮大村级集体经济，是促进农村产业良性发展，提高农民收入的重要方式，也是支撑农村公共基础设施建设，提升基层党组织凝聚力和战斗力的有效途径。目前，我国很多村通过引导农民挖掘集体土地、房屋、设施等资源和资产潜力，依法通过股份制、合作制、股份合作制、租赁等形式参与到农村旅游、体育、康养、农事体验等产业中，积极推进乡村产业融合发展。在此过程中村集体经济将会不断发展壮大，随着村级集体经济的发展，村政府就有了一个稳定的经济基础，领导能力、组织能力、社会号召能力就会大大增强。同时，村级集体经济的发展壮大又会倒逼村“两委”班子进行改革，创新基层管理体制机制。由于保守和小农意识根深蒂固，村“两委”班子中通常存在“靠山吃山，靠水吃水，没山没水吃救济”的陈旧观念，并且村“两委”班子缺乏资产管理经营意识，在村级资金、固定资产投资使用上没有很好的制度，存在很大的随意性。而随着村级集体经济的不断发展壮大，为了更好地管理发展集体经济，村“两委”班子必须在思想观念、管理方式上做出改变，提升管理水平。

3.吸引乡村治理人才

治国经邦，人才为急。乡村精英是乡村社会发展不容忽视的重要力量，作为村民自治的主体，乡村精英是推动乡村社会民主发展及新农村建设的中流砥柱。改革开放以来，随着城市化不断地发展，城市中存在着大量的就业机会，有着完善的公共基础设施及良好的公共服务。由于受城乡二元结构的影响，农村在基础设施建设和公共服务能力建设及其他众多方面都明显滞后于城市，越来越多的乡村劳动力被城市吸引，向外流动，造成乡村社会后备精英紧缺，甚至出现空心村现象。发展乡村经济，留住乡村精英，吸引城市精英，成为乡村治理有效的关键。通过乡村一二三产业融合，乡村产业得到全面振兴，乡村就业岗位增多，公共基础设施完善，生活环境得到改善。乡村将成为未来中国经济发展新的增长点。在此种情况下,越来越多的乡村人才必定回归农村,乡村有效治理就有了人才的保障(图 3-5)。

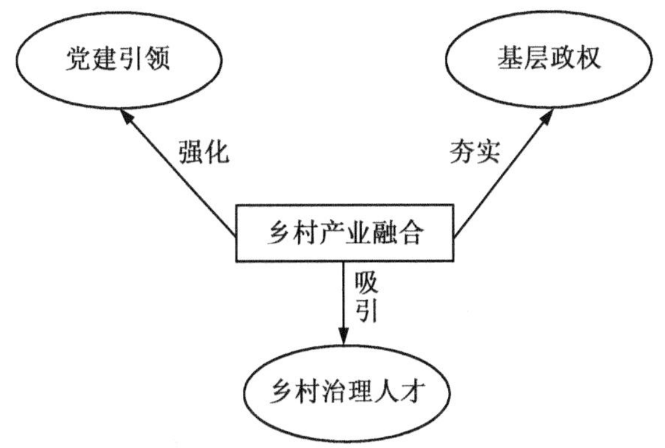

图 3-5　乡村产业融合的基层治理优化机制

四、乡村产业融合的乡村文化振兴机制

乡村文化振兴就是要求继承优秀的传统文化,培育良好的社会风气,建设文明的乡村,推动乡村文化产业兴旺。乡村产业融合推动乡村文化振兴的机制主要体现在发展特色文化产业、重塑乡村文化生态、丰富乡村文化生活、提高农民科学文化素质等方面。

1. 发展特色文化产业、重塑乡村文化生态

随着乡村一二三产业的融合,休闲农业与乡村旅游业得到了快速的发展,吸引了许多城市人口前往乡村去欣赏天蓝、地绿、水净、安居、乐业的美丽休闲乡村(镇),观赏当地种植的一些农作物,如水稻、小麦、油菜等,学习、体验乡村生活。由于城市人口大量涌入乡村,在促进乡村经济发展的同时也加强了乡村人口与城市人口的交流,为乡村带来了先进的生产、生活方式,拓宽了村民的视野,改变了村民落后的思维方式。城市文明潜移默化地影响着乡村居民。随着乡村产业融合的不断发展,国家也出台了相关文件。文件中要求,在农村旅游业的开发过程中,要维护古镇、古村落、古民居等历史风貌,避免大拆大建,在保持乡村原有建筑风貌和村落格局的同时,把民族民间文化元素融入乡村建设中。鼓励发展具有历史文化记忆和地域民族特色的美丽

村庄。这项政策会促使很多农村地区在发展当地的旅游业时都深入挖掘当地特色文化符号，盘活地方和民族特色文化资源。这样一来，许多传统节日文化用品和武术、戏曲、舞龙、舞狮、锣鼓等民间艺术、民俗表演得以重新出现在游客的视野中，推动文化、旅游与其他产业深度融合。在保持乡村原有建筑风貌的基础上融入民族民间文化，盘活当地特色文化，能极大地促进乡村特色文化产业的发展，保护和利用乡村传统文化，重塑乡村文化生态。

2.丰富乡村文化生活

丰富乡村文化生活就是要加强乡村文化公共服务体系建设，增加乡村优秀文化供给，为广大农民提供优质的精神食粮。针对推动乡村公共文化服务体系建设，中共中央国务院印发的《乡村振兴战略规划》有所要求，就是要完善农村新闻出版广播电视公共服务覆盖体系，实施公共数字文化工程，推进文化基础设施建设，例如建设文化广场、居民健身区、文化风貌墙，提升村落文化氛围，丰富广大群众的精神文化娱乐活动。健全的公共文化基础设施和良好的文化服务体系都离不开当地的经济实力。乡村一二三产业融合的发展延长了农业产业链和价值链，优化了乡村产业结构，带动了乡村产业的发展，增加了村民收入，同时随着村级集体经济的发展，当地政府的公共支出能力显著增强，这就为完善公共文化基础设施提供了必要的经济基础。乡村群众性文化活动的开展，农村文化市场的活跃繁荣，其主体必当是村民。根据马斯洛需求理论，生理需求是人的第一需求，只有第一需求得到满足之后人们才有更多的时间和精力去追求更高的需求。对于村民来说，只有衣食住行得到保障，生活富裕了，他们才会去追求更高的精神生活。而乡村产业融合发展将会提高农产品附加值，增加农民收入，实现农民生活富裕。只有村民富裕了，群众性文体活动的开展才会得到村民的积极参与，活跃繁荣农村文化市场才会成为现实。

3.提高农民科学文化素养

随着乡村产业的融合发展，“龙头企业＋农户”“互联网＋农业电商”等新型乡村生产模式不断产生，大量先进的农业科技、现代化管理理念将会被引入到乡村生产的各个领域。由于乡村生产的客观环境发生了改变，为了适应这种外在环境的改变，许多农民自觉地学习科学文化知识，积极地参与到农民科技教育培训中心、农业职业院校、农技推广服务机构、农业科研院所等关于新时代新型农民的教育培训机构中去。通过自我学习及培训机构的教育，农民既掌握了实用技术，同时也提高了自身的科学文化素养(见图 3-6)。

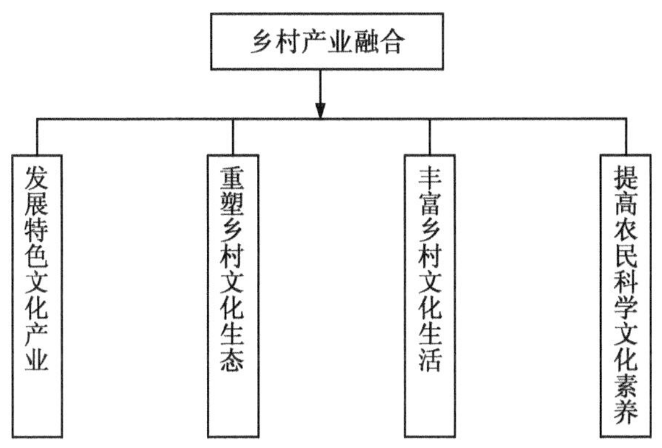

图 3-6　乡村产业融合推动文化振兴机制

五、乡村产业融合促进农民生活富裕的机制

生活富裕就是要让农民有持续稳定的收入来源，经济宽裕，衣食无忧，同时能够获得较多的基本公共服务，生活便利，实现共同富裕，提高农民的富裕感、幸福感。乡村产业融合发展必将提高农民的农副产品收益，优化乡村产业结构，延长农业产业链，完善乡村基础设施，从而让农民增收致富。乡村产业融合的增收致富机制主要体现在以下三个方面。

1. 拓宽农民增收渠道

在新的经济形势下，农民要增收，最重要的一点就是打破城乡二元经济结构，发展新产业、新业态。随着乡村一二三产业融合发展，将会出现农产品加工业、农村电商、乡村旅游、休闲农业、精品农业等一批新产业、新业态。这些产业的发展优化了乡村产业结构，延长了农业产业链，为农民带来了更高的农业附加值。农业与第二、三产业的深度融合，极大促进了农村旅游业的发展，有些地区通过对农村丧失居住功能的空置房宅基地拆旧复垦，再利用交易平台进行交易，将交易所得费用用于发展乡村旅游等非农产业，这就充分激活了农村资源要素，提高了农民的财产性收入。而且随着第二、三产业的发展，将会出现许多就业岗位，这就在一定程度上解决了部分农民的就业问题，增加了当地农民的工资性收入。乡村产业融合拓宽了农民收入渠道，促进了农民增收致富。

2. 夯实经济基础，完善基础设施建设

加强农村基础设施建设，补齐基础设施短板，良好的经济基础是重点。可以发展农村农产品加工业，延长农业产业链，增加农产品附加值，发展乡村旅游、乡村养老、乡村养生等绿色康养产业优化农村产业结构，提升农业产业价值链，从而提高当地农民收入，增强农村经济实力，为建立完善的农村基础设施打下坚实的经济基础。

3. 提高农村公共服务水平

随着乡村产业融合的发展，农业附加值大幅提高，农业经营的经济效益也大幅提高，农村里村民的消费能力及村级集体经济实力都得到大幅提升，这样村民的公共服务需求也随之提高，公共服务的供给能力也大幅提高。一旦农村经济实力增强，就有了资金投入养老、保险、医疗、信息网络建设、农村电商支持体系建设等公共服务中去，从而提高农村公共服务水平。同时，乡村产业融合发展也促进了城乡产业统筹发展，而城乡一体化水平的提高能有效促进城市公共服务向周边乡村覆盖，城市基础设施向周边乡村延伸，从而大幅度提高农村公共服务水平（见图 3-7）。

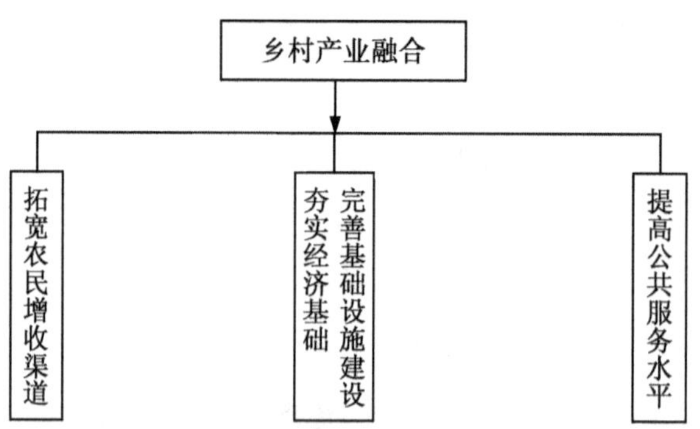

图 3-7　乡村产业融合促进村民生活富裕机制

第三节　乡村产业融合推动乡村振兴的途径

我国幅员辽阔，各地乡村情况千差万别，全国各地在探索乡村振兴途径过程中，因地制宜地创造出了许多发展模式与路径。总体来看，具有普遍推广价值的成功途径主要有田园综合体建设、特色小镇建设、现代农业园区建设等三个重要途径。

一、田园综合体建设

田园综合体是一种农村综合发展模式，是集现代农业、休闲农业、田园社区于一体的新型乡村产业融合载体。2017 年 2 月 5 日，田园综合体作为一种新型的农村发展增长空间和乡村产业融合模式被写进中央一号文件，文件中提出要支持有条件的乡村以农民合作社为依托，以农民为主体，建立起集循环农业、创意农业、农事体验于一体的田园综合体。田园综合体建设顺应了农业供给侧结构性改革，通过农业与第二、三产业的融合发展，在促进乡村旅游发展的同时也带动了乡村其他产业的全面发展。田园综合体的建设在促进乡村振兴方面主要表现为优化乡村产业结构和业态、改善乡村人居环境、保护传承乡村文化、提供多元化增收途径等四个方面。

1.优化乡村产业结构和业态

田园综合体建设中通过一二三产业交互渗透、高度融合，形成“核心产业＋支持产业＋配套产业＋衍生产业”的多元化产业格局。核心产业，指以特色农产品和农业园区为载体的休闲农业。支持产业，指以金融服务、技术研发、农产品精深加工为主的、能够为核心产业提供技术支持与服务的产业。配套产业，是指由于核心产业和支持产业的发展而逐步产生的餐饮、娱乐、培训等能够为园区发展提供配套设施与公共服务的企业群体。衍生产业就是通过对特色农产品和文化创意成果进行深加工所形成的产业，比如创意集市、手工坊等。通过多元化产业格局的构建，能推动乡村产业结构的优化升级，提升农业产业价值链。以无锡的田园东方为例，其作为国内首个田园综合体，集“农林、旅游、度假、文化、居住”等于一体。田园东方通过对其公司原有的生态、景观、苗木、田园、文旅等七大业务板块的资源与优势进行整合，形成了以水蜜桃生产示范园、有机农场示范园、休闲农业观光示范区等为核心产业，果品加工、综合管理服务中心为支持产业，物流园区为配套产业的多元化产业发展格局。通过对当地资源进行深化和优化的双重提升，优化了当地的产业发展格局，促进了农业与第二、三产业尤其是旅游产业的深度融合，大力发展农产品加工和农村新兴服务业，促进了乡村产业的振兴，为农民持续稳定增收提供了坚实的农村产业支撑。

2.改善乡村人居环境

田园综合体在建设过程中坚持绿色发展理念，追求“看得见山、望得到水、记得住乡愁”的生产生活方式。从田园综合体的建设内容可知，田园综合体在产业内容上是集循环农业、创意农业、农事体验于一体的。田园综合体在建设与运营过程中注重利用生态环保技术发展循环农业，极大地促进了农业资源的节约化与乡村生产残余的再利用化，加强了农业环境综合整治，构建了乡村生态体系屏障。各种基础设施建设是启动田园综合体的先决条件。缺乏现代化的交通、通讯、物流、人流、信息流，这个地方就无法与外界取得正常的沟通，乡村的旅游产业就无法吸引外界人员，就无法取得经济效益，无法带动乡村发展。因此，为了发挥田园综合体的经济效益，完善乡村基础设施就显得十分必要。建设基础设施在为外界游客提供便利的同时，也改善了农村居民的生活环境。同时，田园综合体在建设过程中比较注重对原乡环境的保护，在保护的基础上进行升级，推动乡村绿色发展。同样以田园东方为例，田园东方在项目选址过程中，设计者首先进入村庄，对村庄历史进行深入调研，在实地考察的基础上选取了十座老房子给予修缮和保护，同时也保留了村庄内的池塘与原生树木，在最大程度上保留了村庄的自然形态，避免了大拆大建。同时，在保护的基础上，田园东方又将城市的经济要素与文化要素向乡村空间渗透，促进乡村原生环境的提档升级。

3.保护传承乡村文化

农业是田园综合体的基础性产业，田园综合体是在发扬和传承农耕文化的基础上建立起来的，是集农业产业、文化产业、旅游产业于一体的产业综合体。农耕文化在田园综合体建设与运营中得到了有效开发。农耕文化是田园综合体的核心资源，其实体内容十分丰富，既包括农作物品种、乡村生产工具，也包括与农业相关的农业文学作品与农业艺术品。按种类分，则包括农耕文化、饮食文化、节庆文化等。在田园综合体的运营过程中，不同地区的农村根据当地的实际情况致力于当地乡村文化的发掘、保护和传承，同时也在保护传承的基础上进行创新，以新的创意加持，不断延续，形成自己的文化魅力。例如著名的田园综合体——田园东方，不仅注重当地产业的发展以获取经济利益，还注重当地的文化传承，彰显地域特色。其利用无锡市阳山镇悠久的桃文化，大力开展“蜜桃点花”“蜜桃梦工厂”等项目，打造“隐居桃源”等与桃文化相关的民宿，此外，还积极开展乡村集市如“拾房清境”文化集市，建设华德福教育基地、地桃文化博物馆、阳山火山地质文化展示厅等众多乡村文化型项目。通过这些乡村文化活动的开展，既展示了当地的文化，同时也是对当地文化的继承和弘扬，极大促进了当地乡村文化的繁荣。

4.提供多元化增收途径

田园综合体是以政府主导、公司主体、农民参与的综合性运营模式。一个田园综合体的建设需要周边广大农民的参与，同时也为农民增收提供了可靠途径。一是土地流转的收益。在建设田园综合体过程中，需要塑造“生态、田园、乡土”的田园风光，为此需要进行大范围的景观建设、绿化建设。土地集中连片是基础，农民在进行零散的土地流转时可以获得收益。二是劳动报酬。土地流转后，农民可以进入田园综合体内上班，从事植保、种植等各种农事活动，以及餐饮、环卫等服务性工作，从而获得劳动收益。三是农民的土地流转后，公司实行大面积的统一种植，如观赏性的花卉、绿植、具有观花建制的农作物等，农民从而获得转产补贴。四是村集体资产增益。田园综合体通常有村集体参与，以股权分红的途径获得村集体收益，从而可以壮大村集体经济，使村集体资产增益。例如前文所提及的国内首个田园综合体——田园东方。田园东方在运营过程中，为当地农民提供了许多就业岗位，带动了许多农民从事休闲农业，据相关统计，从业休闲农业的农民人均年收入达3.3万元。同时，通过对农村集体建设用地的盘活，充分利用村庄内的荒地，以入股、联营等方式提高村集体经济。为农户提供平台，实现农田、民房、手工技

艺等的价值增收，多途径增加农民收入。（见图 3-8）

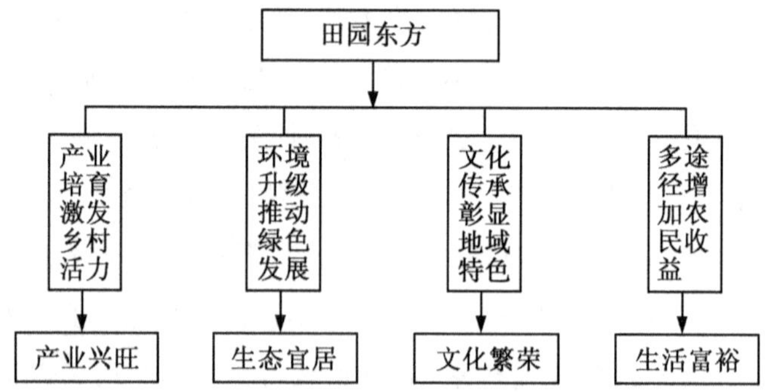

图 3-8　田园东方建设促进乡村振兴的路径

二、特色小镇建设

特色小镇是一个经济概念，"创新、协调、绿色、开放、共享"是特色小镇的发展理念，特色小镇在建设过程中必须要有特色产业作为支撑，具有独特的风情、风格与风貌，它融合产业、文化、旅游和社区功能于一体。

1. 产业融合是特色小镇发展的产业要求

"特色"是特色小镇在建设与运营过程中的关键，只有精准定位该地区的特色，特色小镇才能持续不断地发展，实现"一镇一韵、一镇一品、一镇一特色"。从产业角度看，特色小镇可分为农业类、加工制造类、高科技类、金融服务类、休闲旅游类等。其中农业型特色小镇紧紧围绕"农"字做文章，依托当地独特的资源禀赋，通过细分市场、差异化定位，以特色产业为基础，加快发展绿色农业、特色种养、休闲旅游农业，使乡村的农业、工业、旅游、文创等产业融合发展。通过农业与第二、三产业的融合发展，优化乡村产业布局，延长农业产业链，提升农业附加值。值得注意的是特色小镇的特色需要通过特色产业来支撑和彰显，而特色产业不可能一成不变，需要不断推陈出新，在发展绿色农业、特色种养等产业过程中，要积极开发新产品，加大科技投入，促进产业结构升级，提高产业技术水平。完善的基础设施是特色小镇城市功能的前提，也是产业集聚的条件。因此特色小镇在建设与运营过程中非常重视水电、交通、通信等基础设施建设，这就为农业的特色产业发展和转型提供了必要的技术支持和资金支持，加快农业产业转型升级。

位于浙江省磐安县新城区的江南药镇是一个典型的以特色产业为支撑，通过乡村一二三产业融合发展而形成的一个特色小镇。磐安是著名的中国药材之乡，浙八味中的五味地道药材盛产于此，同时盛产香榧、香菇等特色农作物。该地区依托浙八味药材市场，深化中草药产业链，以一产中药材种植、种苗培育为基础，大力发展中药材精深加工、中药材切片包装、大棚制作加工、营养基肥生产等第二产业。第二产业的发展也带动了运输物流业、电商、金融保险服务、养生游、生活性服务业等第三产业的发展。目前，江南药镇已基本实现乡村一二三产业的深度融合，推动了传统产业的转型升级。

2.传承乡村文化基因是特色小镇的文化功能

中国的农业文明有着深厚的文化底蕴。乡村在发展的同时也保留着大量具有当地特色的传统习俗、礼仪、建筑等，是人们寻根回忆、寄托乡愁的精神家园。与城市同质化的发展相比，乡村独特的文化韵味显得更加弥足珍贵，因此延续乡村文化脉络，保护乡村文化生态，具有十分重要的意义。特色小镇在发展过程中以特色产业作为经济发展的基础，同时也十分注重文化元素的注入和文化气质的彰显。通过对乡村古建筑群落、乡村习俗、人文资源等特色文化基因的挖掘，既彰显了小镇的特色也传承了乡村文化，这与乡村振兴要求的文化振兴相一致。当前我国特色小镇在发展过程中存在很多问题，其中一个问题就是，很多特色小镇未从自身条件出发，盲目地进行同质化发展。为了解决这一突出问题，现在许多特色小镇在发展过程中都比较注重利用乡村特色文化元素对小镇进行打造。通过对当地特色文化的创造性转化、创新性发展，让广大村民通过特色小镇“文化＋”的发展模式获得更多利益，同时也增强了当地村民的文化认同感，进而更加自觉地对当地特色文化进行传承与保护。

3.发挥增长极效应是特色小镇的区域经济功能

增长并非同时出现在所有地方，它往往会首先出现在某一个点上，然后通过不同渠道向不同地区扩散，最终带动辐射范围内的所有区域发展。从区域经济学中增长极理论可知，一个区域要想实现经济“面”的发展，需要“点”的突破作为引领。特色小镇基础设施完善，在产业素质、要素集聚等方面均具有比较优势，自然会发生集聚效应，资本、技术、人才不断向小镇集聚，促进小镇不断发展。当小镇的承载力趋于饱和时，会发生空间溢出效应，不断地向小镇周边输出人才、物力、财力，从而带动周围乡村和小城镇的经济发展。同时，特色小镇特色产业的发展会吸纳周边乡村的劳动力转移和就地就业，让更多农民参与第二、三产业，开辟多元收入渠道，促进农民增收和生活富裕。例如前文所提及的江南药镇。江南药镇在建设与运营过程中，极大促进了辐射区内基础设施的完善，推动了周边区域农民增收（见图 3-9）。据相关资料统计，截至2017 年，随着药镇的建设，药镇及周边的新渥、深泽、冷水等地公交通车比例达100%，医疗站点、老年活动中心、文化礼堂等公共服务设施建设比率达 100%，乡村道路总里程达 83.82 千米，农民人均药材产业收入达 5.4 万元，涉药农家乐、民宿等收入为 1 700 万元。

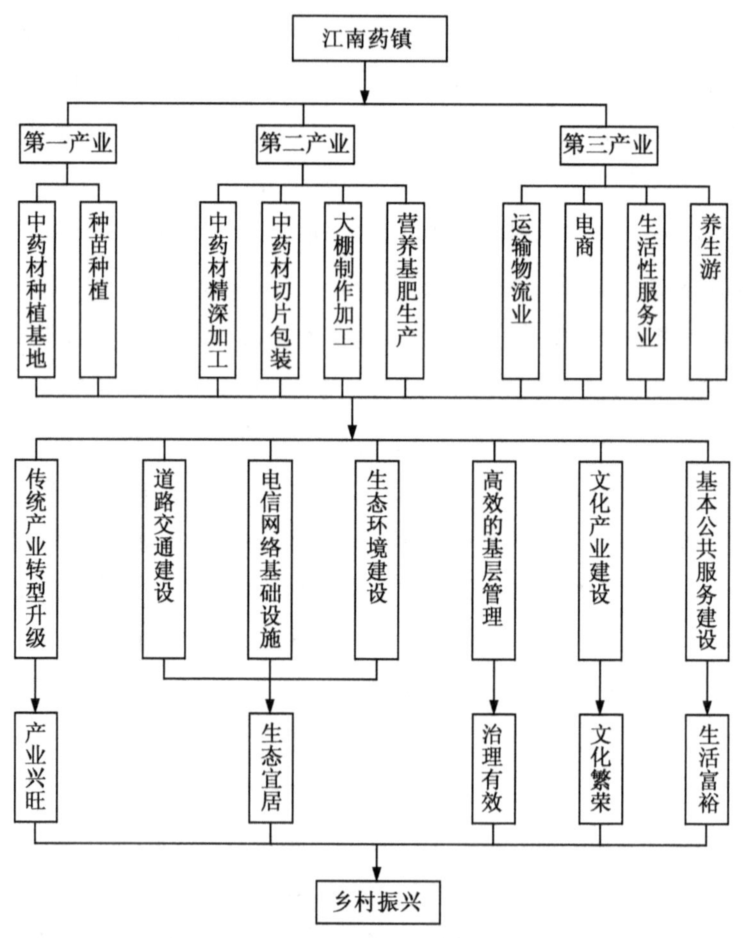

图 3-9　江南药镇促进乡村振兴的路径

三、现代农业园区建设

现代农业园区一个重要的特点是技术密集，通过采用科学技术、先进的管理方式来改造农业，以促进区域农业结构调整和产业升级。现代农业园区具有一定的超前性、示范性、综合性等特征。

1.现代农业园区建设提高了乡村产业融合水平

在乡村振兴的背景下，现代农业园区建设以带动农民富裕为目标。农业是其基础性产业，在发展农业的基础上，将乡村生产与观光旅游、休闲度假、田园风光、民俗文化传承等相结合，拓展了农业特色化、多元化和综合化功能，推动建设三产融合、产销一体、产业链条完整的现代农业体系，引导农业产业园区不断转变发展方式，加快传统农业向现代农业转型，优化农业产业结构。通过现代农业与乡村旅游融合发展，走出了一条“以农促旅、以旅兴农”的乡村振兴、绿色发展之路。现代农业园区以技术密集为主要特点，以科技开发、示范、辐射和推广为主要内容。现代农业园区的建设为当地及辐射区范围内的乡村带来了先进的生物工程技术、设施栽培技术、节水灌溉技术、集约化种养技术、农副产品深加工技术及计算机管理与信息技术，提高了农业的现代化水平。以黑龙江省五常市现代农业产业园区为例，在五常市现代农业园区建设过程中，园区积极采用高新技术来改善园区农业发展。通过生物技术、物联网技术及计算机管理与信息技术的引进，园区实现了智能化催苗、自动化监测、精准化作业、数字化管理、智能化决策、信息化服务。这一举措提高了水稻产量、品质和效益，使得五常大米闻名全国；实现了农业与第三产业的融合，促进了五常水稻产业发展。并且，五常市现代农业园区在发展水稻产业的同时还大力发展休闲旅游业，建立了欧帝风情度假村、田美小镇等50多个休闲旅游园区，形成了集水稻种植、娱乐观光于一体的现代农业园区，推动了五常市农村产业融合和产业振兴。

2.“三生”融合的建设目标促进生态宜居

现代农业园区在运营过程中始终坚持生产为基，优化生态生活环境。着重突出生产、生活、生态“三生”融合，按照“一控二减三基本”的要求，推广农牧结合、稻鱼共生、农业废弃物综合利用等生态循环模式，实现主体小循环、产业中循环、园区大循环。现代农业园区的建设以土地集中连片为基础，为此很多地区在人居环境差的地方，会在尊重当地村民意愿的情况下实行整村改造提升工程，置换出土地用于发展高效农业，这既提高了土地利用率也改善了村容村貌。基础设施健全是现代农业园区良好发展所不可或缺的条件。园区在建设过程中会对周边的道路、水利、通信等基础设施进行修建，在为园区发展提供便利的同时也改善了乡村的人居环境。例如，五常市现代农业产业园区在建设与运营过程中积极推进当地方条田改造、渠系硬化、道路修整、村屯美化等活动，致力于建设一个环境优美、基础设施完善的产业园区。道路修整与村屯美化改善了乡村的村容村貌，促进了乡村生态宜居。

3.城乡一体化的建设理念促进农民增收致富

便捷的交通是现代农业产业园区得以持续发展的前提，所以现代农业园区在建设的过程中基本都会对区域的交通进行布局和规划，只有城乡道路通畅了才能更为便捷地将农村产品输送出去。特别是对于农民来说，原先的农产品交易受交通条件限制，贸易范围比较小，现在交通条件改善了，将会扩大他们的贸易范围，乡村旅游业的发展也成为可能。现代农业园区的发展可以将涉农工业和农产品加工业从城市向乡村转移，优化乡村产业布局，加强乡村与城市的协作。同时随着现代农业园区的建设与运营，将会产生农产品加工业、乡村旅游、物流、电商等第二、三产业，这些岗位的空缺为周边的农民提供了就业平台，可以解决部分农民的就业问题。同时，由于现代农业园区的建设，城市中的一些资本、资源等要素将会不断地向农村融合。同样以五常市现代农业园区为例，由于五常市现代农业园区的建设，很多城市企业走进乡村与农民合作，主要以“企业＋农户”“企业＋基地”“企业＋合作社”“合作社＋企业”这四种合作模式为主。据相关资料统计，城市企业与农村农民的合作，极大地提高了当地非园区合作的普通村民收入，使园区内农民的人均收入高于当地非园区合作的普通农民平均水平30.2％（见图3-10）。

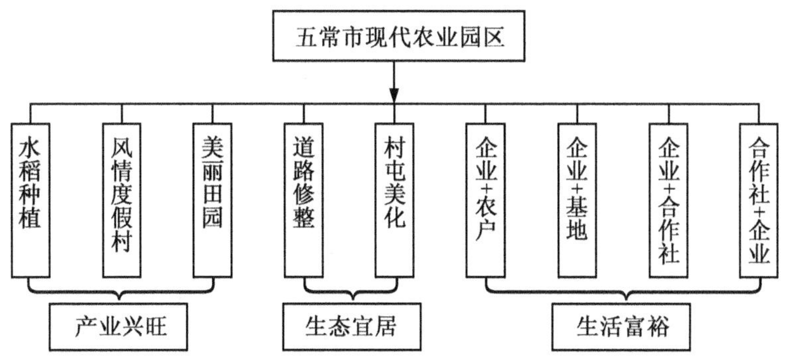

图 3-10　五常市现代农业产业园区促进乡村振兴建设

第四节　案例分析：舟山北部现代农业园区建设

舟山北部现代农业园区创建于 2017 年，主要由马岙街道全域组成，位于舟山本岛北部，是舟山境内农业用地集中连片规模最大的农业主体功能区块。“全国海岛型先进现代农业园区”是园区建设的总体目标。按照“规划布局美、产业融合深、主体活力强、绿色体系全、质量品牌优、农科结合紧、综合效益好”的要求，园区被建设成为“全域产业化”“全域生态化”和“全域景区化”的先进现代农业产业区，也成为推动农业转型升级的大平台、展示现代农业形象的大窗口、市民生态休闲的大花园，成为集生产、生活、生态等多功能于一体的现代农业产业园。

一、舟山北部现代农业园区产业融合水平

1. 测算方法选择

目前国内外学者关于产业融合度的计算方法主要包括赫芬达尔一赫希曼指数（以下简称 HHI）法、专利系数法、灰色关联分析法、投入产出比法、熵指数、NEGOPY 网络分析法等，其中较为成熟的方法有 HHI 法、专利系数法和灰色关联分析法。考虑到各种方法的优缺点及获取数据的可能性，本文将选择 HHI 法。HHI 法又称赫芬达尔指数法，是一种测量产业集中

度的综合指数。它是指某一企业收入占整个市场总收入百分比的平方和。目前国内外学者多用这一方法来测算产业融合度(见表3-1)。其中HHI数值代表融合系数，HHI数值在0.2～0.36、0.36～0.52、0.52～0.68、0.68～0.84、0.84～1.00之间，代表融合程度的大小，数值越小，融合程度越高。计算公式如下：

$$HHI = \sum_{i=1}^{N}(X_i/X)^2 = \sum_{t}^{N} = 1S_i^2$$

式中：X——市场的总规模；

Xi——i企业的规模；

$Si=Xi/X$——第i个企业的市场占有率；

n——该产业内的企业数。

表3-1　产业融合度

融合度	区间
0.2～0.36	高
0.36～0.52	中高
0.52～0.68	中
0.68～0.84	中低
0.84～1.00	低

2.数据来源及说明

为了测算舟山北部现代农业园区一二三产业融合度，笔者将采用HHI法进行测算。在测算中所运用的数据均来源于《舟山北部省级现代农业园区建设方案(2017－2019)》《马岙重点农业乡镇建设规划》及《马岙统计年鉴》。根据HHI法，本文将以Xi表示舟山北部现代农业园区某产业的投资额，X表示舟山北部现代农业园区的投资总额，HHI表示舟山北部现代农业园区的融合度。舟山北部现代农业园区建设项目分为农业种养类项目、农产品加工和流通类项目、休闲农业类项目、美丽乡村建设项目。根据项目具体内容，本文将种养类归为第一产业，农产品加工和流通类归为第二产业,休闲农业类项目及美丽乡村建设归为第三产业。

3. 现代农业园区产业融合水平测算

马岙素有"海岛第一村"的美誉,是舟山市实施乡村振兴战略以来涌现出的乡村振兴典型。目前,马岙已经成为舟山市乃至浙江省乡村振兴特别是海岛乡村振兴的一个标杆。如表 3-2 所示,舟山北部现代农业产业园区的建设更是推动了马岙的产业发展,为马岙村民营造了环境优美的生活家园,同时也促进了马岙村民的生活富裕。如表 3-3 所示,通过计算得出舟山北部现代农业产业园区的产业融合度为 0.4,按照相关指标可以判断出该区产业融合度处于中高度水平,舟山北部现代农业园区在推动马岙乡村全面振兴方面产生了极大的推动作用,舟山北部现代农业园区建设已经成为舟山市推动乡村振兴的典范。

表 3-2　舟山北部现代农业园区投资预算　　单位:万元

产业	项目名称	投资额
第一产业	果蔬无土栽培技术开发	2 400
	热带水果园基地	2 300
	美丽生态牧场建设	3 000
	舟山黄牛种群保护基地	2 100
	普陀鹅耳枥培育保护基地	2 500
小计		12 300
第二产业	渔农产品精深加工及产品流通集聚区	30 730
	舟山冷链物流基地建设(冷库)项目二期工程	8 000
	金针食品风味鱼制品技改项目	3 300
小计		42 030

续表

产业	项目名称	投资额
第三产业	果蔬采摘园基地	600
	田园景观色块及观光平台建设	600
	农业科研基地	5 000
	舟山市渔业研究院	4 000
	千年稻香谷基地	3 300
	开心农场建设	600
	安全放心农业及农产品品牌培育建设	600
	马岙盐场区块水系调整	4 000
	游客服务基地	1 000
	两条景观农业轴带	2 000
	博物馆改造提升	600
	花田马岙骑行道建设项目	800
小计		23 100

数据来源：《舟山北部省级现代农业园区建设方案(2017—2019)》

表 3-3　舟山北部现代农业园区一二三产业融合度　　单位：万元

产业	投资额	投资总额	HHI
第一产业	12 300	77 430	0.40
第二产业	42 030		
第三产业	23 100		

数据来源：《舟山北部省级现代农业园区建设方案(2017—2019)》

二、舟山北部现代农业园区与马岙乡村振兴

马岙在现代农业园区建设中主要包括农业种养类项目 5 项、农产品加工和流通类项目 3 项、休闲农业类项目 8 项、美丽乡村建设项目 4 项。具体情况如表 3-4 所示。

表 3-4 舟山北部现代农业园区投资项目

<table>
<tr><th>项目类别</th><th>农业种养类项目(5 项)</th><th>农产品加工和流通类项目(3 项)</th><th>休闲农业类项目(8 项)</th><th>美丽乡村建设项目(4 项)</th></tr>
<tr><td rowspan="8">项目建设内容</td><td>果蔬无土栽培技术开发</td><td>渔农产品精深加工及产品流通集聚区</td><td>果蔬采摘园基地</td><td>游客服务基地</td></tr>
<tr><td>热带水果园基地</td><td>舟山冷链物流基地建设(冷库)项目二期工程</td><td>田园景观色块及观光平台建设</td><td>两条景观农业轴带</td></tr>
<tr><td>美丽生态牧场建设</td><td rowspan="6">金针食品风味鱼制品技改项目</td><td>农业科研基地</td><td>博物馆改造提升</td></tr>
<tr><td>舟山黄牛种群保护基地</td><td>舟山市渔业研究院</td><td rowspan="5">花田马岙骑行道建设项目</td></tr>
<tr><td rowspan="4">普陀鹅耳枥培育保护基地</td><td>千年稻香谷基地</td></tr>
<tr><td>开心农场建设</td></tr>
<tr><td>安全放心农业及农产品品牌培育建设</td></tr>
<tr><td>马岙盐场区块水系调整</td></tr>
</table>

1. 现代农业园区建设推进马岙产业振兴

通过热带果园基地、美丽生态牧场,渔农产品精深加工及产品流通集聚区等项目的建设,马岙实现主导产业关键环节如灌溉、耕作、加工的机械化,核心区块农业物联网实现全应用,实现马岙农业现代化、标准化。同时,通过果蔬采摘基地、开心农场、千年稻香谷基地等一二三产业的融合,实现特色发展,走精品化、特色化发展模式,做到“一村一品、一产一业”,促进马岙产业结构优化升级。

据定海区人民政府相关部门统计,园区在创建过程中充分发挥马岙资源与产业优势,以农旅融合为突破口,强化乡村一二三产业联动发展,实现绿色发展、可持续发展。在创建期内,重点发展 2 个主导产业和 2 条以主导产业为基础的融生产、加工、销售为一体的年产值 1 亿元以上的农业全产业链。创建期内新增市级农业龙头企业 1 个、农业合作社 4 个、家庭农场 5 家。渔农产品精深加工及产品流通集聚区实现年经济总产出 300 亿元,新集聚企业 30 家以上。同时将面向整个创建基地的现代农业园区人才，为他们提供后勤保障机制和良好的工作环境，集聚量化人才，培育电商物流，智慧农业等创客 50 人。通过现代农业园区运营，马岙主导产业亩均产出比全定海区高出 20%以上。

2.现代农业园区建设营造生态宜居的理想家园

舟山北部现代农业园区在建设过程中积极推进一二三产业融合发展，大力发展休闲农业等“三产”项目，如果蔬采摘园基地、田园景观色块及观光平台建设、农业科研基地、千年稻香谷基地、开心农场建设、安全放心农业及农产品品牌培育建设等。这些产业都是生态环保的、对自然环境友好的产业。这些项目实现了生产清洁化、废弃物资源化、产业模式生态化，从而促进马岙地区农业绿色的发展。美丽乡村建设项目如两条景观农业轴带、博物馆改造提升、花田马岙骑行道建设等项目的实施，在促进马岙地区经济发展的同时加强了当地基础公共设施的建设，提升了当地的村容村貌，改善了人居环境。

通过全面建立生态循环农业体系，综合运用农作物病虫害绿色防控技术、节水灌溉技术、设施农业技术、物联网技术、测土配方技术、作物秸秆综合利用技术、生态化养殖技术等，采取无公害、绿色标准化生产技术，使农产品检测合格率达 98%以上，良种覆盖率达到 100%。最大限度地控制农业面源污染，土壤清洁率达到 90%以上，畜禽排泄物资源化利用率达 98%以上，节约集约利用资源，高效节水灌溉面积占种植业面积达 60%以上，园区内村庄垃圾减量处理全覆盖，最大程度保护农业生态环境安全，实现了开发利用与生态保护的平衡发展，为舟山深化“绿水青山就是金山银山”行动、打造中国美丽乡村升级版、进一步深入推进生态文明建设发挥重要示范作用。

3.现代农业园区建设促进马岙农民生活富裕

舟山北部现代农业园区积极发展新产业新业态，打破城乡二元经济结构，推动乡村一二三产业融合发展。通过热带水果园基地、渔农产品精深加工及产品流通集聚区等项目鼓励和引导新型农业经营主体，延长农业产业链，对农产品进行深加工，把农业附加值留在马岙农村内部。并且通过田园景观色块及观光平台、千年稻香谷基地、两条景观农业轴带、花田马岙骑行道建设等项目，优化马岙产业结构，提升马岙农业产业价值链，充分激活马岙农村资源要素,提高农民财产性收入,拓宽了农民收入渠道,促进了农民致富增收。同时也增强了马岙农村经济实力,为建立完善的农村基础设施打下坚实的经济基础。

通过舟山北部现代农业园区的创建,大力发展循环农业、休闲农业,创意农业,有效地拓展农业功能,提升产业价值链,培育农业新的增长点,促进农业增效、农民增收、农村增绿。预计通过舟山北部现代农业园区的创建将实现农业增加值年均增长 4.5%,农村居民人均纯收入年均增长 10%以上,农村人均收入达到 32 000 元左右,新增就业岗位约 6 000 个。现代农业园的建设将带动当地农户就业达 400 人,并带动 100 户农户参与民宿项目,促进农民增收致富。

第五节 主要结论及政策建议

一、主要结论

1. 乡村产业融合是推动乡村振兴的一条重要途径

乡村产业融合发展提高了农产品附加值,优化了乡村产业结构,促进了农村产业转型升级,在一定程度上实现了乡村产业的兴旺。同时,乡村产业融合也促进了乡村产业绿色发展,改善了人居环境,弘扬了优秀的传统文化,拓宽了农民的增收渠道。乡村产业融合发展是推动乡村振兴的一条重要途径。

2. 乡村产业融合推动乡村振兴具有理论和实践支撑

乡村产业融合实现乡村振兴具有强有力的理论支持。例如产业融合理论、乡村产业链理论、产业集群理论等,这些理论高度证明了乡村产业融合可以推动乡村振兴。国内外的实践也证明,乡村产业融合度越高的地区,生态环境越良好,乡村基层治理越有效,文化市场越繁荣,人民生活越富裕。

3. 乡村产业融合推动乡村振兴的主要机制

乡村产业融合推动乡村振兴主要有五种机制：乡村产业融合的产业连锁机制、乡村产业融合的生态人居环境优化机制、乡村产业融合的基层优化机制、乡村产业融合的乡村文化振兴机制、乡村产业融合促进农民生活富裕的机制。

4. 乡村产业融合推动乡村振兴的主要途径

乡村产业融合推动乡村振兴具有多种多样的途径，虽然途径多种多样，但是，通过实践证明具有推广价值的途径主要为田园综合体建设、特色小镇建设、现代农业园区建设等。

二、政策建议

1. 创造有利于乡村产业融合发展的环境

农业产业集群建设是促进乡村产业融合的最佳路径，只有农村产业集聚、企业集中，才有可能实现乡村产业融合发展。因此乡村各地政府应当优化当地经济发展环境，制定相应的优惠政策，吸引大量企业入驻乡村地区。同时，还应当完善企业周边的基础设施建设，努力为企业提供一个便利的生产环境。

2. 切实做好有利于农村产业融合的土地流转工作

乡村产业集聚、企业集中都需要集中连片的土地，田园综合体、特色小镇、现代农业园区的建设也需要大量集中连片的土地。所以，各地相关部门应当切实做好土地流转工作。在保障农民利益的前提下，探索多种土地流转形式。各级相关部门要在土地流转中起主导和保障作用，规范土地流转程序。不断提高土地流转收益，激发农民参与土地流转的积极性，促使农民主动参与土地流转工作。

3. 加大政府对乡村产业融合的引导和财政支持

乡村产业融合是推进乡村振兴的有效方式。乡村各地的政府都应当对乡村产业融合予以重视，建立相应的领导班子，引导乡村产业融合发展，同时，加大财政支持力度，统筹安排涉农资金投入，鼓励社会资本参与，建立多元化的农村产业融合资金投入格局，促进乡村产业融合发展。

4. 因地制宜推进多种乡村产业融合平台建设

田园综合体在发展过程中比较偏向于农家生活，特色小镇比较偏向于小镇生活，现代农业园区以技术密集为主要特点，以促进区域农业结构调整和产业升级为目标。三者各有侧重点，不同地区在选择通过乡村产业融合发展推进乡村振兴的途径时，应当根据当地的资源禀赋进行适当的选择。同时，加大创新力度，在田园综合体、特色小镇、现代农业园区建设的基础上，探索出多种有利于促进乡村产业融合实现乡村振兴的途径。

第四章　农村城镇化与乡村振兴

第一节　学术研究背景

当前我国经济社会发展正面临着重大机遇，经济增长已经开始进入新常态，社会发展构架也不断地升级与优化。我国虽然进行了长时间的“三农”工作，也取得了一些成效，但在工作过程中仍存在许多短板，出现了一些新问题：第一，农村人才的大量外流导致众多的乡村空心化严重；第二，乡村文化的凋敝致使我们急需振兴乡村精神；第三，乡村生产收益持续增加十分困难。因而党的十八大与十九大分别提出了新型城镇化与乡村振兴两大重要战略，旨在解决当前我国农业农村存在的突出问题，为振兴乡村经济、社会、文化、生态提出了重要的路径与手段。故本章将两者结合起来进行深入研究，旨在找到当前和今后一段时期，在进行新型城镇化的进程中，推动乡村振兴战略并肩发展的重要方法，并提出指导乡村持续、健康、稳定发展的途径。

乡村振兴与新型城镇化不但不存在内在矛盾，而且还是相辅相成、互相促进的。乡村振兴战略往往在城镇化发展越完善的地区越容易实施，效果也更为显著。同样，乡村经济越发达，建设越完善，其新型城镇化实现进程往往也会越快。当下我国正面临城乡协调发展的新机遇，在持续、稳步推进新型城镇化的同时也要顺应乡村振兴的发展需求，推动乡村振兴战略。新型城镇化的推进可以将更加广阔的市场提供给乡村，可以完善现行的乡村建设机制，为乡村公共服务、生活居住等方面提供相应的保障，其他方面本章之后会一一提及，这里不再赘述。以上诸点均为乡村振兴提供了发展方向，也意味着对新型城镇化推动乡村振兴的途径进行研究顺应了当前热点，并且有助于为我国乡村发展指明方向。因而，本章以此为题，以期找到我国在推行新型城镇化的过程中带动乡村振兴战略实施的重要手段。

乡村振兴战略是中国共产党对过去提出的重要农村战略的系统总结和升华，其顺应国情变化，赋予了乡村发展以健全乡村治理体系、实现农村现代化、促进城乡融合发展等新内涵。本章以此为背景，通过与新型城镇化及乡村振兴政策理论相结合，进一步拓展了乡村振兴战略理论研究的基础，将新型城镇化的"四化同步""五位一体"与乡村振兴的"乡村产业振兴""乡村人才振兴""乡村文化振兴""乡村生态振兴"和"乡村组织振兴"统筹考虑。故本章在建立新型城镇化推动乡村振兴途径评价指标体系时，选择了经济、社会、生活、生态四个方面的内容，使得所建的指标体系能覆盖新型城镇化与乡村振兴协调发展的各个层面，并与我国乡村发展政策走向接轨，从而具有长效的理论应用价值。

国家推行乡村振兴战略的根本目的就是消除乡村现存矛盾，推动乡村经济持续发展，而新型城镇化本质上是以小城镇、新型乡村社区与城市协调发展为内涵的城镇化。新型城镇化与乡村振兴各个方面来说都是相互促进的纽带关系。乡村振兴与新型城镇化也有共同的目标，那就是城乡协调发展。乡村振兴离不开新型城镇化的促进与推动，城市与乡村从来就是一体的，并不存在任何矛盾，两者的经济发展是互利共赢的。故对新型城镇化推动乡村振兴的途径进行分析评价，能从深层次了解农村发展存在的具体问题，有针对性地理解我国乡村振兴战略的推进。

一、国外研究

1. 基于城镇化与区域发展的研究

最具有代表性是中心地理论，该理论由德国的城市地理学家瓦尔特克·里斯塔勒(1933)提出，他在对德国南方城市与乡村进行深入而细致的调研后，总结出：一个区域内城镇的规模与等级取决于其职能与空间结构的规模。具体地说就是一个区域的发展必须得有自己的核心，这个核心由规模不一的小城镇与乡村构成，这样的城镇与乡村基本都处于这个区域内的服务中心，它为区域内的居民提供了贸易和公共服务的场所，形成一种无形的力量刺激着经济发展，并辐射到整个区域。中心地理论开启了对城镇区位、规模、职能研究的新纪元，具有跨时代的意义。美国学者约翰·弗里德曼（1966）提出了“核心—边缘”理论，他对发展中国家进行了长期的研究，针对其空间的发展规划提出了“核心—边缘”的思想。他将区域看成是一个整体系统，将核心与边缘作为这个系统基本的构成要素，并提出在经济不断发展的过程中必然会在空间上形成一个核心。这个核心可以使经济社会拥有较高的改革创新能力，社会经过一段时间的发展壮大之后，核心区域的资源开始向边缘区域分散，核心与边缘之间形成了一种经济要素向外扩散并产生交换的相互关系，且核心控制着边缘，边缘依赖于核心，两者共同形成一个完整的空间结构体系。这个理论打破了传统对城镇与区域经济发展研究的壁垒，将文化、政治等新的社会要素首次纳入区域空间的研究当中，现已被广泛采用为各种发展水平国家进行城镇与乡村区域空间规划的基本理论依据，指导各发展水平国家以核心的发展推动边缘的共同进步，以城镇的经济发展促使周边乡村的共同繁荣。

2.基于城乡二元结构的研究

英国经济学家威廉·阿瑟·刘易斯（1954）提出了二元结构理论的基本思路，他认为城镇化与劳动人口向城镇的流动是落后经济的发展途径，他指出农业与现代工业构成了发展中国家的经济体系。由于乡村生产方式过于传统，效率低下，生产效益低，而现代工业由制造业主导，生产效益普遍高于农业，因此现代工业的不断壮大是国家发展的主要动力。美国经济学家古斯塔夫·拉尼斯和约翰·费景汉（1961）对刘易斯模型（二元经济模型）进行了扩展和提升，他们提出农业劳动人口转化为工业劳动人口的前提是农业剩余产品的增加和乡村生产效率的提升，处理粮食产量短缺问题的重要方式就是提升农业的生产效率，这也是促使农业与工业协调发展的关键。这些理论的发展进程虽然说明了经济发展的过程中从事农业的人口必然向工业转移，但是并未指出城镇为什么更能吸引工业集聚，因而单纯地将城镇化研究限制于劳动人口转移的观点是不全面、不客观的。

二、国内研究

1. 基于新型城镇化发展内涵特征的研究

常益飞(2010)提出持续提高城镇化的质量,不断丰富城镇化的内涵是新型城镇化的本质所在,新型城镇化与传统城镇化不同之处在于其拥有城乡融合发展关系及创新的发展模式与严格的体制机制改革。安晓亮(2013)提出经济发展的高效化与产业生产的集约化是新型城镇化较之前早期城镇化进程最为显著的区别,资源的合理利用与生态环境的保护相协调是新型城镇化推动的基础,其目标是城乡社会融合发展。单卓然、黄亚平(2013)提出新型城镇化促使各规模城镇与乡村共同发展,现代化、信息化与工业化协同发展。城乡的发展模式是将集中发展与分散发展相结合,也就是说发展程度高的地域应形成城乡网络体系,以城乡网络的集聚作用与辐射效应推动城镇区域内乡村经济与文化的发展,从而促使城乡经济的协调发展。此外,要利用市场与政府的推动与政策协调,不断革新管理机制,才能促进城镇发展走向管理规范、生产高效、生活有序。周剑云(2018)针对我国早期传统城镇化进程中总结的经验,并基于新型城镇化“四化”同步发展的新理念,将二者结合分析,指出了我国新型城镇化发展的新途径。新型城镇化的发展应充分考虑以人为本与全面协调可持续的理念,也就是说城乡的融合发展应在产业布局、城镇功能、生态环境、社会发展、区域融合等方面相互协调。杜金金(2018)提出新型城镇化是我国发展城乡关系的新的历史机遇,伴随着社会与经济的进步,城镇化的发展进程将走进一个新的阶段。梅丽等(2018)认为新型城镇化的提出正契合科学发展观的相关理念,旨在以一种资源与生态相协调、城乡经济与社会相协调、城乡发展体系合理的模式促进城乡可持续发展。方创琳(2019)提出传统城镇化中扩大城乡区域空间,发展观念与精神文明,提升第二、三产业比例,转移劳动人口等概念与新型城镇化并没有明显的差别。新型城镇化的内涵是注重城镇化质量的提升、社会民生的改善、经济的可持续发展,主要目标是要建立平等、绿色、健康、融合、集约的新型城乡关系。这些主要通过产业的转型、环境的宜居、文化的传承、体制的创新与收入的提高来体现。作者有针对性地指出现阶段推行新型城镇化的政策建议：城乡协调统筹、产业转型优化、生态治理保护、资源集约集聚。

2. 基于新型城镇化发展路径与模式的研究

陈如铁(2017)通过对辽宁省乡村发展城镇化的经验进行总结，并结合变革和发展的方式，创新地提出了"宅基地换房"的新理念。王凯(2017)对我国落后地区城镇化发展进行研究，并以新疆为例，结合其发展路径与经验提出了口岸经济型的发展模式。王旭(2017)对我国城镇化发展进程的经验进行了总结，指出城乡不断协调发展的进程本质是市场与政府相互协调、相互融合的过程。在此基础上他认为当前我国推行新型城镇化所应采取的途径是市场推动与政府导向相互融合并相互制约的新型发展方式，这种方式应对城乡发展结构、经济社会发展方式、劳动人口转移、体制机制创新等方面提出明确而具体的建议。刘国斌、朱先声(2018)提出科学发展观是新型城镇化的指导思想，新型城镇化应时刻秉持可持续发展的理念推进城乡融合发展，发展进程应奉行以人为本的原则，促进产业优化升级、生态绿色可持续、管理机制创新、政府引导市场发展等具体实现途径。白鹏飞(2018)通过对国外城镇化发展的相关研究指出城镇化的发展路径应充分考虑区域内优势资源，因地制宜合理地进行发展，具体方式应是通过产业的优化提升经济增长，推动城乡融合发展，建立健全新的管理体制机制，实行城乡一体的公共服务与基础设施建设，从而推动新型城镇化的发展。刘天曌等(2019)将城镇化发展的路径与发展旅游业相结合，提出了城镇化在旅游业的引导下应有的发展模式，分析了以发展旅游业带动新型城镇化发展的优势。

3. 基于乡村振兴战略发展路径的研究

王亚华、苏毅清(2017)认为，乡村振兴战略的提出是顺应当前热点，积极解决乡村凋敝的问题，不仅是在我国开创了乡村问题治理的先例，同时对世界来说也是一次革命性的创新，推动乡村振兴应从推动乡村经济发展、保护粮食安全、提高农民收入、优化产业结构和治理乡村环境等方面落实，并对传统乡村发展的理念进行扬弃。刘和光(2017)认为，乡村振兴战略是我国在新的发展阶段建设现代化社会主义强国的重要战略思路，要将"机制创新、产业发展、技术创新、人才培养”四条主要路径深入贯彻到战略实施的过程中，创造符合新时代要求的城乡一体发展的新格局。廖彩荣、陈美球(2017)认为，乡村振兴战略是中国共产党在新的发展机遇期对解决“三农”问题做出的新的战略要求和部署，其核心内涵是振兴乡村。各级政府在推动乡村振兴发展的过程中应准确认识到乡村振兴的本质、要求、目标和内容，并充分掌握其内涵。乡村振兴战略的推动离不开对政策制定的规范，应科学合理地制定新的规划。乡村振兴也离不开相关制度法规的优化，应统筹城乡发展，促进“五位一体”建设，同时应大力推动供给侧改革，提升乡村生产效率，争取提前实现农业现代化建设。在战略实施的过程中应始终以人民为主体，为广大农民排忧解难，时刻依靠农民，也应充分考虑人、地、钱三者的相互关系，平稳地推进乡村振兴战略。杨苹苹(2017)解释了乡村振兴的生态振兴这一层面，并指出了乡村振兴战略中的生态振兴，要把新的发展观作为基本的指导理念，把农民作为生态振兴的主体。在实现方法上，必须注重乡村生态保护，改善乡村生活居住环境，大力传承农耕文化和思乡文化。只有这样，才能在实施乡村振兴战略的进程中真正做到乡村在生态领域的振兴，从而促进乡村其他方面的发展。

三、简要评述

如上所述，在国外，学者将多领域、多学科的研究带入城镇化的研究中，针对其理论的研究与城镇化发展进程相一致，都是对发展过程中经验的积累和总结，一系列理论的发展进程展现出国外研究学者对城镇与乡村发展规律持续深化的认识，这对于我国城镇化发展的研究也有很高的应用价值。而在国内，学者对新型城镇化内涵的研究均集中于城乡统筹、和谐发展的层面，认识较为合理和统一。另外学术界对城镇化路径的研究涵盖面甚广，各有各的侧重却又各有不足。新型城镇化发展的路径讲求以人为本、因地制宜，也正是如此，不同地域发展新型城镇化的方式也会各有不同。然而学术界关于乡村振兴发展路径的研究较少，而且侧重角度各有不同。乡村振兴发展路径应顺从乡村发展现状，充分利用现有资源，因地制宜对症下药，这样才能正确引导乡村走向发展富裕的道路。由于乡村振兴战略发布时间不长，相关研究还未能全面展开，因而该方面还需深入研究。

第二节　相关理论问题

一、新型城镇化与乡村振兴的辩证关系

1.新型城镇化的概念与内涵

新型城镇化是以城乡统筹、城乡一体、产城互动、节约集约、生态宜居、和谐发展为基本特征的城镇化，是大中小城市、小城镇、新型农村社区协调发展、互促共进的城镇化。新型城镇化的核心在于不以牺牲农业和粮食、生态和环境为代价，着眼农民，涵盖农村，实现城乡基础设施一体化和公共服务设施均等化，促进经济社会发展，实现共同富裕。

2.传统城镇化与新型城镇化的区别

从目标上来看，新型城镇化的主要目标是社会、经济、环境与文化全面转型的城乡一体化的建设发展。这也是区分它与传统城镇化的一个重要标志。传统城镇化更加注重的是城市的发展与社会的进步，一定程度上忽视了社会与文化等其他方面的发展要求。城乡一体化与城乡统筹是新型城镇化最主要的目标。

从内容上来看，虽然主要内容上大体一致，但两者的着重点有着很大的区别。新型城镇化主要突出以人为本的理念，其最重要的核心就是人，而传统城镇化却主要注重土地的利用与发展。

就动力而言，传统城镇化更加注重外向型工业驱动，更多的是依靠重型工业的发展来推进城镇化，并且具有很显著的地区性差异。沿海地区由于地理位置的优势及国家政策的扶持，其城镇化发展速度明显比内陆地区快，造成城市优先发展、内陆发展相对滞后、农村与城市差距越来越大的现象。而新型城镇化的动力就更加稳定，它基本是以城市化、工业化、信息化及农业现

代化来协同带动发展，以三大主力及城市化的本身相互协作来推进其自身发展。

3.新型城镇化与乡村振兴的辩证关系

新型城镇化有一个重要的发展目标，就是在对乡村进行空间上的城镇化的同时处理好，因人口向城镇流动带来的一系列问题，其中最为突出的问题就是一部分农民由于乡村空心化问题严重被迫进行城镇化，因而新型城镇化的核心应该是以人为本。新型城镇处理人口问题所采取的方式便是产城融合，让进城务工的农民融入城镇生活当中，享有城镇化带来的便利的基础设施与全面周到的公共服务，使其不再只是停留在户口上的改变，要让农民工真正成为城镇居民的一员。乡村振兴是我国在新的发展形势下为解决乡村建设问题而推行的新的发展战略，旨在解决乡村经济发展动力的缺失、大量乡贤与剩余劳动力向城镇转移、公共服务与基础建设落后、文化发展停滞、生态环境破坏等诸多现存问题。乡村振兴的基本指导思想就是在充分运用自身发展潜力与顺应经济发展大环境的前提下，优化产业结构，提升当地优势产品的市场效应，推行乡村的城镇化进程，以城市建设的规范和路径来指导乡村建设。乡村的振兴不仅仅是要促进经济增长，更是要将城镇完善的公共服务体系带入乡村，逐步缩小城乡差距。新型城镇化与乡村振兴分别在中国共产党的十八大与十九大先后提出的，展现了国家对促进乡村发展的重大决心，并从发展目标、要求与政策上相互呼应，共同推动乡村发展。

乡村振兴是实现新型城镇化的现实基础。第一，乡村振兴要求的“产业兴旺”是新型城镇化推动经济平稳发展的基础动力。乡村在社会经济发展中有着举足轻重的地位，如果忽视乡村，必将使新型城镇化的推动受到约束，因为城镇中工业与服务业所需的生产要素基本都由乡村来提供。产业的兴旺将大量农村剩余劳动力提供给城镇的现代化建设当中，为其输入了大量的动力，并且农业的振兴也将确保粮食安全的稳固，为城镇发展提供保障。第二，乡村振兴要求的“生态宜居”是以城镇建设为模板，全力打造生态优良服务完善的乡村居住环境，生态宜居的乡村必将促使城镇在进行新型城镇化的过程中重视改善产业发展带来的环境问题，促进城乡公共服务的一体化。第三，乡村振兴要求的“乡风文明”是城镇在新型城镇化进程中维持社会稳定的保障，乡风文明促进了乡村精神文明建设，提升了农民的个人修养与基本素质，这样一来，必将改善农民因文化水平低而带来的大量失业的现象。第四，乡村振兴要求的“治理有效”让农民翻身做主人，切身参与到政策建立与实施的各个步骤中，民主的体制机制也响应了新型城镇化以人为本的理念，奠定了坚实的群众基础。第五，乡村振兴要求的“生活富裕”为新型城镇化发展提供了稳定的市场需求，农民的收入与消费水平的提高将大大提升内需，使新型城镇化城镇产业生产的产品拥有更广阔的市场与更稳定的消费人群，缓解市场压力。

新型城镇化是推动乡村振兴的原动力。第一，新型城镇化进程中产业的优化升级是其重要一步，城镇产业在发展到一定程度时必将向乡村转移从而带动乡村产业兴旺。新型城镇化的推进使城镇中各产业的规模激增，大量的人口与土地被产业发展所占据，但是城镇空间是有限的，这必将促进新兴产业向外围区乡村转移的趋势，同时增大对乡村生产要素的需求，乡村工业化进程必然加剧，因而带动了乡村产业振兴。第二，新型城镇化从规划与政策法规上限定了土地的用地性质，设定了许多永久性农田，建设了众多村与村、村与城相连的公路，优化了乡村生态环境，完善了基础设施的建设，从而使乡村有了新的面貌，实现了城乡统筹，助力乡村实现生态宜居。第三，新型城镇化的推动促使城镇不断向外扩张，城镇产业的发展促使劳动人口持续地在城镇与乡村之间流动。并且信息化程度大为提升，这些都将促使城镇中快速发展的先进文化传播到乡村，逐步缩小城乡居民在文化思想上的差距，消除乡村的传统陋习，推动乡风文明的发展。第四，新型城镇化以人为本的理念贯彻于建设的始终，由于城乡差距的不断缩小，农民也可以享有如城镇中人大代表、政协委员这样的权利，广泛而切实地参与政治决策，从而使农民的政治生活走在民主、公正的道路上，实现有效治理。第五，新型城镇化使更多的农村剩余劳动力有了进城务工的机会，增加了他们的收入与消费水平，并且随着人口的大量涌入，农产品的需求量增加，农产品质量提升，产值也随之提高，使农民真正有了更高的收益，实现乡村生活富裕。

综上所述，新型城镇化在推动的过程中会促进乡村的发展与振兴，乡村振兴战略的实施也会响应新型城镇化的号召，对城镇有着积极的影响。因而，在持续推进新型城镇化的过程中应时刻考虑乡村的建设与发展，乡村振兴是新型城镇化内涵的升华；乡村振兴也应针对新型城镇化的理念，积极带动城乡的融合发展，新型城镇化为乡村振兴提供了发展的空间与动力。两者都是从乡村建设发展出发，切实考虑其对整个社会发展的积极作用，因而需要统筹分析与研究。

三、农村城镇化推动乡村振兴的理论基础

1.“中心—外围”理论

20 世纪 50 年代瑞典经济学家卡尔·贡纳尔·缪尔达尔提出，传统认为经济的发展与进步在地理上一同发生和均匀向外辐射，这是错误的。经济在发展进步之时会产生一种很大的推动力，促使资源向区域中心集聚，从而生成一种积聚效应。这种效应是经济扩张向经济发展进步的起始点持续的靠拢，加速了这个区域内经济的扩张速度，致使最后产生了区域高收入水平中心区。中心区的产生与周边经济增长缓慢的落后地区形成鲜明的对比，因而该地区称为外围区或者边缘区。德国经济学家阿尔伯特·奥托·赫希曼针对卡尔·贡纳尔·缪尔达尔提出的中心区与外围区相互发展关系理论进行了研究。他提出，两者之间存在三种可能的效应，这三种效应分别为涓滴效应、极化效应和回波效应。其中涓滴效应是指中心区对外围区存在正向带动作用；极化效应是指中心区对外围区存在逆向阻碍影响；回波效应是指资源、技术、劳动人口等因素因中心区与外围区收入水平的差距，由外围区向中心区回流触发的经济发展现象。经过社会发展的经验总结表明，经济发展进步的初始阶段，区域内的极化效应会高于涓滴效应，越来越大的经济差距会产生在中心区与外围区之间。当经济发展到一定程度后，在中心区边缘的技术与资本的收益会产生下降，中心区内因人口资源的集聚致使土地价格不断飞升，这便会促使技术与资本从经济压力不断变大的中心区向外围区扩散，涓滴效应也随之产生，从而推动外围区经济的发展进步，中心区与外围区的经济发展差距开始缩小。当外围区经济发展到一定高度之后，由于中心区拥有更多的创新发展机遇，外围区的技术与资本又会被其吸引，从而产生回流效

应。阿尔伯特·奥托·赫希曼对中心区与外围区的相互关系又做了进一步的解释，中心区运用其发展机制使外围区紧紧依靠着它，这种机制包括对生产要素的支配、对劳动人口心理的影响、优势信息的汇聚、经济联动效应的产生、产业现代化的推进、生产效益的提升，以此来控制着外围区的经济发展。伴随着经济的不断发展进步，原本二元的、失衡的发展框架转变成了中心区与外围区相互协调发展的经济体系。

2.增长极理论

法国经济学家弗朗索瓦·佩鲁在1955年提出了“增长极”理论。弗朗索瓦·佩鲁发现一个区域内经济的增长过程并不是在区域内每一个地方同时触发，实际上是在区域内出现一个突出的经济增长点或者说是增长极，这个增长极以不特定的强度出现并且持续向区域外围扩张，从而推动了区域经济的整体发展。因此，对于这个特殊的、拥有强烈带动作用的经济基点，或是说一个区域内具有推动经济发展作用的地理单位，弗朗索瓦·佩鲁将它称之为增长极。增长极是一个区域内经济增长极点上存在的一种或者一组具有推动经济增长能力的经济要素。增长极在狭义的层面上有城市增长极、产业增长极和潜在经济增长极。增长极普遍是利用极化效应与扩散效应来推动一个区域内经济的增长。极化效应指的是，增长极吸引区域内边缘地带的资源向其靠拢，致使边缘地区的生产要素纷纷向增长极涌入。由于极化效应的存在，域内中心城镇的经济发展得到了快速的推进，不断地扩大着增长极的规模增进其自发扩张的能力。扩散效应指的是，增长极内的资金与技术等要素因其支撑产业间的相互联系与互相示范学习向区域内边缘地区流动，从而反哺边缘地区的经济发展。增长极内支柱产业的发展是影响增长极强度的重要因素，该产业的发展需要增长极发挥自身优势与外部产业相互联系，在促进自身增长的同时带动其他产业的发展。增长极理论作为不均衡发展理论中的代表，其核心是提出了区域内发展潜力较好的地区或者优势产业是带动这个区域经济发展的重要因素，应利用域内支柱产业带动作用，把域内有限的生产要素使用到能迅速发展起来的地区或者重点优势产业中，通过这种方式推动区域内其他地区的经济发展。

3.二元结构理论

英国经济学家威廉·阿瑟·刘易斯提出，发展中国家在经济发展过程中城乡二元经济是最明显的特征。在落后的经济体中存在着两种经济结构：一种是以乡村生产为主、经济发展落后的农村，它的边际劳动生产力为零，有着无穷尽的剩余劳动力；另一种是现代化工业城市，它的劳动生产率很高，并且吸引着农村剩余劳动力大量向城镇转移，现代化工业的生产可以迅速扩张其规模并且没有任何阻碍，仅仅使农村进城务工劳动力的收入水平较其农业劳动生产收入稍高就可以大量雇用其进行现代工业生产。这就促使农村剩余劳动力持续不断地涌入城镇当中，在农村剩余的劳动力被城镇中现代工业生产全部吸收之后，就会出现所谓的刘易斯转折点。这个转折点出现之后农业的发展将开始加速，从事乡村生产的劳动者的收入也会随之提高。当农业发展到一定程度时，农民的收入水平将会与城镇中从事现代工业生产的劳动者持平，这时城乡差别渐渐淡化，原本二元的经济发展模式变为一元，城乡一体化的最终目标实现。这个理论展示了乡村这种落后经济实体与城镇原本的二元经济结构逐渐转变为一元经济结构的过程。该过程是现代化工业生产产值与产能增加的过程，也是农村劳动人口向城镇转移的过程。所以刘易斯的二元结构理论在发展中国家实现城乡一体化发展的进程中有重要借鉴作用。

古斯塔夫·拉尼斯和约翰·费景汉对农村剩余劳动力向现代工业生产转移的分析更加的充分与全面，涉及更多的影响因素，他们重点研究了农村剩余劳动力转移到城镇之后对农业发展的影响。当农业劳动边际生产力数值为零时，农村剩余劳动力向城镇转移是不会影响乡村生产产值的，但如果农业边际生产力数值大于零，农村剩余劳动生产力向城镇转移就会影响农业的生产产值。因此当现代工业生产发展，并吸纳农村剩余劳动力到一定程度时就会与农业的生产产生矛盾。如果发展中国家在发展经济的进程中过分重视现代工业的生产，就会致使农业的生产产生停滞。古斯塔夫·拉尼斯和约翰·费景汉的理论开创性地指出，虽然乡村生产转向现代工业生产发展的趋势是正常的，但是依旧不能忽视乡村生产的重要地位，它的发展切实影响着现代工业的生产规模的扩张与农村剩余劳动力向城镇的转移。因而他们指出在城镇化发展的过程中不应忽略农业与农村的重要地位。

4.田园城市理论

田园城市理论的主要代表人物是英国城市学家埃比尼泽·霍华德。他认为田园城市是一种为健康生活与产业有序发展而规划设计的现代城市，它的规模适中，以满足居民正常生活所需的各种活动为前提，并被永久性的农田环绕。在田园城市理论中，农村与城市相结合，农业与工业相结合，城镇社会生活丰富，并且与农村生活完美融合，居民生活在其中能感受到城镇具有的旺盛朝气。田园城市理论的提出旨在解决各种因城市现代化发展带来的城市病，如空气污染、噪声污染、城中村的改造问题等，理论的主要目的就是将城市生活条件与环境进行充分地改善，旨在让城市与农村的自然生态环境相结合，让居住在城市里的人也能感受到自然的勃勃生机，这样的城市才会使居民生活舒适并且有归属感。该理论另一位代表人物乔治·佛力丘发现，现代工业生产的不断发展导致了大量外来人口涌入城镇，很多问题也会随之而来。他认为城镇的发展改变了文化的传承本质，而农村因其传统的生活方式，文化会很好地保留下来，它是居民健康和谐生活的本源。但他也并没有对城镇的发展进行全面的否定，因为城市给文化传承所需的商品提供了生产的场所，同时它也是货物流通与政治服务的中心，并且也为更多的居民提供了接受教育与欣赏艺术的机会。城市服务不断覆盖乡村，因而要建设以人为本、生态优美、能让居民安居乐业的新型现代化城市。

第三节　新型城镇化推动乡村振兴的途径

一、优化产业结构推动产业兴旺

1.产业结构调整升级

新型城镇化的源动力便是产业。城乡产业的融合发展与优化升级是新型城镇化不断推进的要求，这与乡村振兴实现产业兴旺的要求十分契合。当前我国农村经济发展的主要态势仍旧是以第一产业为主，第二产业为辅，第三产业份额不是很高，因而其就业机会稀缺，直接导致大量农村劳动力的流失。所以，新型城镇化的提出使得各级政府部门认识到了产业优化升级的重要性，从而也会引导产业兴旺的实现。新型城镇化在政策层面上要求各级政府抓住县域内各优势产业，进行充分的定位与开发。同时新型城镇化也推动了一二三产业的升级与优化，促进了农业的现代化、机械化、规模化生产，并鼓励家庭农场、果蔬生态园、渔农专业合作社、农产品加工生产公司等各种规模经营方式创新带动产业发展。这种方式改变了传统的农民通过土地承包、粮食种植等方式获取收益，提升了单位土地的利用价值与报酬，促进了农业的振兴。新型城镇化加速了第二产业由传统方式向高新技术产业转型升级的进程，解决了农村剩余劳动力的就业问题，发展了更多的劳动密集型产业，促进了工业的振兴；新型城镇化更加注重第三产业的发展，充分利用农村当地的区位与资源优势，大力发展保险行业、物流行业、文化旅游行业。在推动第三产业建设的同时，新型城镇化根据农民的实际需要，就近带动服务业的就业率提升，从而促使服务业振兴。新型城镇化以此推动乡村振兴，以达到产业兴旺的要求。

2.典型案例

磐安县位于浙江省中部地区，与丽水、金华、绍兴、台州四个城市接壤，拥有得天独厚的贸易流通优势，县域总面积达 1 199 平方千米，拥有 21.3 万常住人口。磐安县是闻名千年的药材名乡，也盛名于其特产的丰富，被誉为“中国药材之乡”。县域内的大盘山国家自然保护区是我国仅有的以保护中药材为主的保护区。磐安县拥有野生与个人种植的中药材共计 1 219 种，面积超过 8 万亩。享誉盛名的中草药“浙八味”有五味就出产于磐安，分别是芍药、玄参、贝母、元胡和白术，这五味药材也被称为“磐五味”。磐安县新渥镇被誉为“江南药镇”，也被浙江省列为首批特色产业名镇，其中的“浙八味”特色药材市场是当前东部沿海地区最大的中药材贸易中心，也是被列入浙江省第二批次的第三产业集中示范区。磐安县同时也是我国的香菇之乡，这里产出的新鲜香菇占全国香菇产量的 50%以上。龙井也是磐安县的特色农产品，这也使得磐安县被誉为“中国生态龙井之乡”，并被列入原产地进行重点保护。此外，其出产的猕猴桃、土鸡、山茶油、板栗、高山蔬菜等特色农产品好评如潮，得到消费者的广泛认同。各特色产业产量、产值如表4-1所示。

表4-1 2017年磐安县特色产业产量情况

产品名称	产量（吨）	同比（%）
粮食	34 529	7.1
中药材	18 995	1.8
食用菌（干）	8 348	1.2
茶叶	2 237	1.3
蔬菜	44 895	1.6

数据来源：《磐安县国民经济和社会发展统计公报（2017）》

磐安县乡村生产条件本不具备发展优势，与北方农业大省的乡村相比，磐安县区域小，土壤也并不肥沃，但是伴随着新型城镇化发展，磐安县抓住了特色产业发展的契机，找到了适合自身发展的特色产业，更新了发展思路，用药材、茶叶、食用菌等精品名贵作物种植代替了传统的粮食种植，依照自身条件对产业进行合理的优化升级，从而提升产品产值促进经济发展，走向了产业兴旺之路。

二、改善居住环境推动生态宜居

1.促进城乡公共服务与基础设施均等化

新型城镇化的最终目标就是实现城乡一体化，其中的重点就是要使城乡居民享受的公共服务与基础设施建设均等化。从乡村振兴的角度考虑，宜居就是针对农民乡村生活中公共服务的改善与配套基础设施的完备。因而，新型城镇化势必会推动乡村宜居生活环境的建设。新型城镇化将教育、医疗、文化、就业等列为农民主要关切的重要公共服务项目，扩大服务范围，不仅仅是针对城镇居民提供保障，更要将其普及到广大农民中，提高居民收入，从而形成城乡统筹、协调、一体的公共服务体系。第一，新型城镇化推进了乡村科教文卫的全面发展，新型城镇化通过科教文卫四方面的提升为其发展提供了大量的人才，也提升了农村普通劳动力的素质，开导农民以更加科学的手段进行乡村生产，并且对农民看病难的问题提供了解决方式。第二，新型城镇化完善了乡村就业与社会保障体系。新型城镇化着重解决农民就业难的问题，完善乡村医疗、养老等社会保障体系，加速推进城乡就业率的均等化。新型城镇化也促进了乡村基础设施的建设，注重对水电路气等重要基础设施的完善与扩建，从而使乡村走向宜居之路。

2. 改善农村生态环境

新型城镇化以科学发展观为理论基础，秉持全面可持续发展的理念，科学、合理地治理乡村生态环境。这一举措十分契合乡村振兴建设生态宜居乡村的要求。新型城镇化在其进程中严格保护生态环境，以资源节约和环境友好为其主要的发展理念。新型城镇化推动了优化乡村生态环境相关设施的建设，建立垃圾无害化处理厂，使乡村生活垃圾得到妥善的安置和处理，同时大力提倡乡村企业进行清洁生产，推动家禽、牲畜养殖的无公害生产与肥料的回收利用，达到节能减排的目的，从而推动乡村生态环境的改善。

通过上述途径，新型城镇化促进了乡村公共服务和基础设施的优化，同时改善了农村生态环境，十分契合乡村振兴的生态宜居要求。

3. 滕头经验

滕头村隶属于宁波市奉化区，距宁波市区大约 27 千米。滕头村全域处在剡江南岸的江口平原处，现拥有常住居民 343 户，共 844 人，以及近千亩的基本农田，是一个具有传统江南水乡特点的小村。在改革开放以前，滕头村是一个远近闻名的贫困村，周边乡村有着“有女不嫁滕头村”的笑话。在改革开放初期，滕头村将一个废弃的养鸡场改造成了村中第一家民办工厂——滕头服装厂，在发展初期仅仅有 1 000 多元的资金，十几台破旧的缝纫机，就这样滕头村迈出了经济发展艰难的第一步。2002 年，滕头村有了自己的工业园区，勤劳、智慧的滕头人以其优良的生产环境与广泛的品牌吸引力，打开招商引资的大门，先后有 70 余家企业在滕头村兴办工厂。工业园区以机电五金与竹制品加工产业为主导产业，但是由于其均是技术水平低下的传统制造行业，并且企业没有形成一定的规模，故滕头村的发展在这一阶段时期虽平稳但是并不强势。2015 年至今，滕头村终于找到了适合自己发展的正确道路。滕头村大力推进园林规划与旅游产业，将第三产业作为自己的支柱产业优先发展。现在滕头村成了一个产业兴旺、村民富足、环境优良的生态宜居典型村落（见图 4-1）。村中建设了滕头生态旅游景区，开创了我国乡村生态旅游的新纪元，我国将该景区列为 5A 级，联合国也将其列为全球生态 500 佳，可见滕头村的发展优势。2018 年，滕头村 GDP 达到 90.37 亿元，直接为国家税收增加了 10.04 亿元，村民人均可支配收入更是达到 6.35 万元。

滕头村能从一个不起眼的贫穷落后村落发展成为国际闻名的生态乡村，其最主要原因是滕头村紧跟国家政策走向，在城镇化建设初期大力发展工业，振兴乡村经济。新型城镇化实行以来，滕头村找准自身定位大力发展生态产业，不断优化生态环境，改善村民生活环境，建设成为一个生活和谐的示范村，这也正呼应了乡村振兴建设生态宜居乡村的要求。

图 4-1　滕头村景观现状

三、注重文化建设推动乡风文明

1. 注重文化建设

新型城镇化的发展从来没有忘记文化的传承与发展，也是顺应了发展经济建设软实力的要求，创新推动乡村文化建设也是新型城镇化赋予乡村建设的新内涵。这与乡村振兴的乡风文明十分契合。新型城镇化推动乡村文化建设主要是通过三种方式：第一，新型城镇化注重乡村传统文化的传承与保护，并充分与社会发展相结合，发扬扬弃精神，更好地发现、传播和保护乡村在长期农耕社会发展过程中产生的优秀文化；第二，新型城镇化并不是纸上谈兵，它拥有科学、合理并且长久的建设规划，尤其是在新型乡村社区的建设与发展上。在新型乡村社区建设的过程中，新型城镇化秉持以人为本的发展理念，对社区进行民族与地方特色相结合的创新建设思路，切实做到为民谋福祉；第三，新型城镇化建设了大量的乡村基础文化设施，充分建设精神文明新乡村，丰富农民文化生活的同时也促进了农民素质的提高。新型城镇化的这些举措推动了乡村文化的传播与创新，促进乡村精神文明建设，这正契合了乡村振兴实现乡风文明的要求。

2. 岱山经验

岱山县坐落于浙江省舟山市中部海域，是舟山群岛的第二大岛，也是我国 12 个海岛县之一，县域内岛屿众多，拥有 379 个海岛、256 个海礁，自然环境秀美。虽然岱山县至今都没有与陆地连接的桥梁，但是这并不妨碍其拥有悠久的历史文化。据考古学家对岱山县文物发掘与考证，早在 5000 年之前的新石器时代，岱山县岛屿上就存在人类的生活痕迹。并且据文字记载，2000 多年前，秦始皇在江南巡视途中驾临东海，遥望广阔的海域之上有仙山隐约浮现，遂在临终前派徐福带领 3 000 名童男童女入三神山寻长生之法，据《岱山镇志》，三神山中的蓬莱就是如今的岱山县。悠久的历史文化促使岱山县的文化建设走在了领先的地位。2017 年，岱山县的 1 个文化馆与 7 个文化站共举办各种形式的展览 26 次，各种文艺活动 164 次，创办各种文化形式的培训班 188 个，接待了 7 160 人次的培训。县域内拥有大型公共图书馆一个，共藏书 29.5 万余本，全县居民的借阅量达 27.34 万次。位于岱东镇的鹿栏晴沙是每年中国海洋文化节的主会场，为传播海岛特色文化做出了突出贡献，具体现状如图 4-3 所示。

图 4-2 鹿栏晴沙景观

岱山县有着悠久的历史与文化。伴随着新型城镇化的步伐，岱山县充分利用自身优势，注重对历史遗迹的保护与文化传承，同时注重民间文化的发展，组织各类文化活动，提升村民文化素质，加速推进文化建设，岱山县正顺应着乡村振兴战略的推进实现乡风文明。

四、完善管理机制促进治理有效

1. 管理机制调整完善

新型城镇化要求建设一个切实为农民服务的政府，并完善现行的政策与管理体系，这也意味着乡村走向了治理有效的进程。新型城镇化促使原本的行政审批制度进行了优化与创新，大幅度缩减群众办理事务的流程，减少其去政府部门办理行政事件的收费数额，严格规范政府在工作中的办事方法，不合理的坚决追究责任，从而促进城乡协调发展，推动城乡一体化。新型城镇化大幅增加了政策建立与实施的群众参与度，真正使农民有了民主协商的权利，广大农民群众可以对政府工作进行监督，甚至可以邀请社会各界代表对政府的行政官员以不记名的方式进行业务评估，并开创了纪委与媒体相互配合监督政府工作的局面，为农民参与政治生活提供了新的平台。新型城镇化创建的以人为本、民主透明的政府提高了为农民解决问题的效率，农民也切身投入到政策实施的每一个步骤。这样便可使乡村问题达到治理有效的要求。新型城镇化建立的新的更加完善的政府管理机制，充分体察民意，使乡村存在的问题得到了有效的治理，这样正可促成乡村振兴实现治理有效的要求。

2. 大陈经验

大陈村隶属于浙江省衢州市江山市，坐落于市区西北部，全村占地 1.5 平方千米。2018 年全村共有居民 788 户，人口数为 8 700 人，其中农业人口 2 100 人，非农业人口 2 300 人，外来常住人口 3 800 人，全村拥有耕地 1 000 余亩。大陈村是浙西有名的古村落，已有 600 多年的悠久历史，拥有淳朴的民风与深厚的文脉。现在大陈村获得“中国历史文化名村”“中国十大最美村庄”等荣誉称号。然而，在十几年前，大陈村的环境可不像现在这样。那时的大陈村垃圾遍地、污水横流，村民无不怨声载道，政府接到的关于大陈村的投诉和上访从来没有断过。为了解决这些难题，大陈村委会制订了促进环境治理的合理规划，严格控制建设流程，施工遵从设计，设计遵从规划，并邀请专家编制了《大陈古村落保护与开发建设规划》，对村内基础设施、古建筑和景观节点进行全面的规划与设计。大陈村对村内生态环境进行优化，对被污染的河道进行整治，对破旧的房屋进行立面改造，拆除违规建筑。同时，大陈村注重村民的民主权利，充分考虑村民切身所需，增强公共服务的质量，以及促进村内文化设施建设，改善居民生活环境，真正做到为民办实事，使村民的意见得到了采纳与落实。

大陈村虽历史悠久、环境秀美，但是在之前却面临过环境污染得不到治理、群众上访得不到合理解决等问题。伴随着新型城镇化的推进，大陈村政府进行了合理、有效的治理建设规划，充分考虑民意，将满足群众的利益放在工作的首位，从而使大陈村居民生活环境得到了充分而有效的改善，这正是响应了治理有效的战略要求。治理情况如图 4-3 所示。

图 4-3　大陈村治理前后的状况对比（左图为治理前，右图为治理后）

五、提高收入水平促进生活富裕

1.提高农民收入消费水平

新型城镇化发展的根本目标是以人为本，人民应享有发展产生的所有成果，因而新型城镇注重农民收入水平的提升与生活质量的改善，这响应了乡村振兴生活富裕的要求。新型城镇化促进农民生活富裕主要通过以下四点：第一，新型城镇化推动农村进行现代化乡村生产，提升农业现代化产业对农村剩余劳动力的需求，促进农业持续增收；第二，新型城镇化带动了第二、三产业的发展，扩大了相关产业地对劳动力的需求，为农民提供了更多增加收入的方式；第三，新型城镇化推动了乡村文化建设，为乡村的发展提供了更多的后备人才，并且提升农民自身素质，增加其相关生产技能，为产业的优化升级提供了高质量的劳动力；第四，新型城镇化对农民提供就业机会的同时也解决了农民就地安置的问题，从而避免了因新型城镇化的发展导致的大量农民进城务工的情况，以及可能出现新的空心村局面。另外，新型城镇化刺激了农民消费，提升了农民的生活质量，满足了农民对美好生活的各种需求，进而推动农民生活富裕。新型城镇化推动了乡村产业的升级优化，提供了更多的就业机会，培养了一大批乡村人才，促进了农民消费水平的提升，从而也就顺应了乡村振兴达到生活富裕的要求。

2.典型案例

航民村隶属于浙江省杭州市萧山区东部的钱塘江南岸，全村现已形成以纺织、五金、热力供应、工艺品制造等产业为主体的多领域产业结构体系，并且形成以旅游、金融和房地产为重要支撑的第三产业框架，同时随之产生了现代化与集约化的乡村生产模式。如今，航民村已经实现了全村产业销售额 90 亿元，经济收益超过 10 亿元的瞩目经济成果，达到了很多城镇都难以做到的成绩。航民村的发展成功地展示了农村工业化带动经济发展的效果。在改革开放初期，航民村村民集资 6 万元建立了村内第一家民办工厂——萧山漂染厂。1982 年，该厂的收益就已突破 100 万元。此后，航民村以大工厂带动小作坊，老企业带动新公司的方式成功创建了一个个企业。农业的发展也随工业的进步而逐步展开。1987 年，航民村村民自发回收对外承包出去的土地，村委会顺应村民要求，创建集体经济并充分发挥优势，建立了现代化的农场与畜禽养殖场，同时对它们进行科学、合理的管理经营。伴随着集体经济的发展，全村纯乡村生产者仅仅剩余 43 人，其余 990 人均由集体统一配发工资，农场与畜禽养殖场生产的农作物统一交给集体支配，先按优惠价格供应给村民，剩余农产品拿到市场上进行销售。航民村以工农业共同发展与集体经营模式，带动了村民一步步走向共同富裕的道路。航民村现状如图 4-5 所示。

航民村早在城镇化建设初期就已经对乡村产业进行了合理的规划布局，以工代农、优先发展工业，使得航民村迅速成为远近闻名的富裕村。伴随着

图 4-5 航民村现状

新型城镇化的推进，航民村迅速转换发展思路，转变为以工促农，由自身优势产业带动第一、三产业进一步发展，从而使得村民收入不断提高，消费水平进一步提升，实现了生活富裕的乡村振兴要求。

第四节 新型城镇化推动乡村振兴绩效评价

虽然通过具体案例可以说明新型城镇化推动乡村振兴的各种途径，但是仅仅通过定性研究是不严谨的，还需要结合定量研究方法进行具体分析。在此，笔者对新型城镇化推动乡村振兴进行绩效评价，通过建立新型城镇化和乡村振兴协调度指标体系，进而测算出城乡综合协调度，如协调度越高的城市的经济发展越好，那么便可证明新型城镇化与乡村振兴是可以协调发展和互促共进的，进而也就自然可以说明上一章列举的途径是切实有效的。

一、指标选取的原则

建立新型城镇化推动乡村振兴绩效评价指标体系必须遵从下列原则：

1. 科学性原则

我们必须以科学严谨的态度建立指标体系，所选取的指标须客观、合理地将新型城镇化与乡村振兴的内在联系展现出来。并且指标应紧密联系实际，充分考虑国、省（区、市）、县等地域范围内的现实状况，以科学的态度审视所选的每一个指标是否能够全面可靠地度量出新型城镇化与乡村振兴协调发展的程度，以对新型城镇化与乡村振兴协调发展程度做出有效、真实、客观的评价。

2. 操作性原则

城镇和乡村的协调发展在各个方向均有涉及，因而在选取新型城镇化与乡村振兴协调发展相关的评价指标时会有各种各样的指标摆在面前，有些指标虽然可以表达出新型城镇化与乡村振兴内在的相关性，但是由于相关数据难以取得所以需要放弃。因而，应在充分体现新型城镇化与乡村振兴内在关联的前提下，尽可能选取更具共性的、数据易获得的系统性评价指标。不要以为指标数量多就是全面，应选取精炼的指标。这样的指标虽数量不多，但能涵盖新型城镇化与乡村振兴协调发展的各个层面，并在评价过程中易于进行相关计算。

3. 系统性原则

评价新型城镇化与乡村振兴协调发展程度的指标不是各自为战，而是相互关联、相互制约的一个整体系统，所选的指标不仅仅需要全面反映出新型城镇化与乡村振兴协调发展的各个层面，也要相互之间有可靠的内在联系，因为城镇与乡村便是一个内在关联的系统，所以指标体系更应具有内在的相关性，形成一个系统的评价体系。

4. 可比性原则

指标的选取旨在对所研究的对象进行科学、系统的综合绩效评价，而本章建立指标体系的目的又在于对浙江省六个城市的新型城镇化与乡村振兴协调发展程度进行研究，因而指标的选取应充分反映城镇与乡村的具体差异，不仅要体现出城镇与乡村的共性，也要能对其差异性进行比较。

二、新型城镇化和乡村振兴协调度指标体系的构成

研究新型城镇化与乡村振兴的协调发展的内在联系是一个针对内部多重要素分析的系统工作，这不仅要考虑在对传统城镇化研究时的生产要素分配和空间转移，也要顺应当前现状，还要对人在城镇与乡村的生活状态、经济社会发展程度、政治决策导向等方面进行深入分析。要想找到新型城镇化与乡村振兴协调发展程度的研究方法，便需要从两者内在的关联中筛选出具有

代表性的、能切实反映城镇与乡村发展关系的具体要素。选取的指标不是多个数据的堆砌，而是根据新型城镇化与乡村振兴协调发展的各个方面，对其内在联系具体反映，为此而形成一个科学、客观、全面的绩效评价指标体系。

1. 经济子系统指标的确定

新型城镇化与乡村振兴协调发展的先决条件便是城乡经济的稳定同步发展，研究其协调程度最重要的指标就是城乡相关的经济指标，因为新型城镇化推动乡村振兴的主要途径就是促进城乡经济发展的一体化。一个国家的经济社会必然由城镇与乡村构成，二者在发展中互促共荣。因而，本文应用新型城镇化与乡村振兴协调发展的经济协调度来体现新型城镇化与乡村振兴发展中的经济上相互协调的关系，通过选取科学、合理的指标对研究区域的城镇与乡村经济协调发展水平进行全面的评价。为此，本文针对新型城镇化与乡村振兴经济协调发展评价建立了如下的经济子系统，具体指标如表 4-2 所示。

表 4-2 经济子系统绩效评价指标构成

经济子系统	
经济子系统的绩效评价指标	城乡人均地区生产总值比
	城乡人均财政收入比
	城乡人均社会消费品零售额比
	城乡第三产业增加值占 GDP 比重比
	支农支出占一般预算财政支出的比值

2. 社会子系统指标的确定

新型城镇化与乡村振兴的协调发展必然有社会层面的内在关联，促进国家社会稳步发展需要对城镇社会发展与乡村社会发展统筹考虑，城镇社会与乡村社会并不是各自独立的，它们之间存在相互促进与依赖。同样，城镇与乡村在社会发展层面上也受到多种因素影响，从而维持这种促进与依赖关系。城镇发展水平、人口流动状况、教育普及程度等因素都是影响城乡社会发展的重要因素。城镇与乡村在社会发展层面上的影响因素众多，本文建立社会子系统，并选取如下指标来描述城乡在社会发展中的内在联系

(见表 4-3)。

表 4-3 社会子系统绩效评价指标构成

社会子系统	
社会子系统的绩效评价指标	城镇化水平
	城乡居民万人拥有警察数比
	城乡居民养老保险参与率比
	城乡人均受教育年限比
	城乡每万人拥有病床数比

3. 生活子系统指标的确定

新型城镇化与乡村振兴协调发展带来的经济增长与社会发展的根本目的就是人民生活水平与质量的提升。中国共产党的工作重点也是围绕人民的生活在 2020 年实现全面小康，并加速建设社会主义现代化强国，使人民走向共同富裕之路。城乡居民的生活包括诸多方面，衣食住行都要兼顾，本文从城乡居民收入水平、基本生活消耗、居住条件等方面对新型城镇化与乡村振兴的协调发展程度从人民生活水平方面进行统筹考虑，并建立生活子系统和相应指标(见表 4-4)。

表 4-4 生活子系统绩效评价指标构成

生活子系统	
生活子系统的绩效评价指标	城乡居民恩格尔系数比
	城乡居民人均收入比
	城乡基尼系数比
	城乡人均用电量比
	城乡人均居住面积比

4. 生态子系统指标的确定

新型城镇化与乡村振兴都将乡村生态环境的保护放在其发展的重要位置，但是随着新型城镇化的推进，工业发展带来的环境问题也愈加严重，对城镇的生态环境造成了严重的污染，河流污染、雾霾加剧、噪声严重等生态问题时刻困扰着城镇发展。由于区域内中心城镇对外围乡村具有扩散效应，城镇发展带来的生态环境的污染也会辐射到乡村，对乡村的生态环境产生影响，城乡生态环境的持续破坏显然与新型城镇化和乡村振兴的理念是相悖的。为此，本文针对新型城镇化与乡村振兴协调发展中遇到的生态问题建立了一套生态子系统，具体指标如表 4-5 所示。

表 4-5　生态子系统绩效评价指标构成

生态子系统	
生态子系统的绩效评价指标	城乡人均绿地面积之比
	城乡工业废水处理率比
	城乡空气污染指数比
	城乡噪声达标区覆盖率比
	城乡绿化率比

三、新型城镇化和乡村振兴协调度绩效评价指标的赋权

1. 层次分析法的基本原理

针对上文选取的新型城镇化与乡村振兴协调度绩效评价的经济、社会、生活、生态四个子系统的相关指标，本文运用了层次分析法，也就是 AHP 法进行指标权重的计算，并依照指标间的相互关系和各层次指标的从属关系建立网络结构模型，对各层次指标相互直接的重要程度进行分析，并构建判断矩阵，从而确定新型城镇化与乡村振兴协调度绩效评价各指标的权重。具体方法如下：第一步，根据所研究的问题确定决策目标；第二步，根据各级指标，以及下一级指标对上一级指标的从属关系建立网络结构模型；第三步，比较经济、社会、生活、生态四个子系统对研究目标新型城镇化与乡村振兴协调度的重要程度，以及各子系统内部指标之间的重要程度，并建立相应的判断矩阵；第四步，运用判断矩阵计算各指标相应的权重，并进行一致性检验。

2. 构造判断矩阵

要研究 A 准则层要素 A_n 与下一备选方案层 B 中要素 $B_1, B_2, \cdots, B_n$ 的相互关系，就要对备选方案层 B 中每个要素与对引导准则层要素 A_n 的重要程

度，从而确立判断矩阵，具体见表 4-6。

表 4-6　层次分析法判断矩阵

A_n	B_1	B_2	…	B_n
B_1	b_{11}	b_{12}	…	b_{1n}
B_2	b_{21}	b_{22}	…	b_{2n}
…	…	…	…	…
B_n	b_{n1}	b_{n2}	…	b_{nn}

这之中的 b_{ij} 是为了表示备选方案层要素 B_i 与 B_j 对应的重要程度的判断数值。在 AHP 法中，为达到决策目标的判断的定量评价，针对各层次指标赋予相应的数值进行判断，便运用表 4-7 中的 1—9 标度法。

表 4-7　1—9 标度法

标度值	元素间关系	说明
1	两个元素同等重要	若元素 i 与元素 j 的比较的判断为 b_{ij}，则元素 j 与元素 i 比较的判断为 $b_{ji}=1/b_{ij}$
3	一个元素比另一个元素稍微重要	
5	一个元素比另一个元素较强重要	
7	一个元素比另一个元素强烈重要	
9	一个元素比另一个元素绝对重要	
2、4、6、8	表述上述相邻判断的中间值	

3. 层次单排序与一致性检验

(1)层次单排序。层次单排序是指同一层要素各指标之间所得出的权重数值。根据 AHP 法理论，判断矩阵之间的最大特征跟相应的特征向量指的是本层指标与相互关联的上层指标的下的相对权重，求解判断矩阵的特征向量，具体流程如下：

第一步：计算判断矩阵 A 每一行所有要素之间的乘积 M_i：

$$W_1 = \prod_{j=1}^{m} a_{ij}\,(i = 1,2,\cdots,n)$$

第二步：计算 Mi 的 n 次方根 $\overline{W}$：

$$\overline{W}_1 = \sqrt[n]{M_i}\,(1,2,\cdots,n)$$

第三步：对特征向量 $\overline{W}=[\overline{W}_1\overline{W}_2\cdots\overline{W}_n]r$ 进行归一化处理：

$$W_i=\frac{\overline{W}_i}{\sum_{i=1}^{n}\overline{W}_i}(i=1,2,\cdots,n)$$

所求解的向量 $W=[W_1W_2\cdots W_n]T$ 为所需的特征向量。

(2)层次单排序的一致性检验。为使计算结果拥有一惯性的逻辑思路，不让在同一准则层下 B_1 比 B_2 重要，B_2 比 B_3 重要，B_3 又比 B_1 重要的错误现象出现，AHP 法制定了一套一致性检验的指标。当随机一致性比率 $CR\leqslant0.10$ 时，判断矩阵才有合理的一致性，否则就要对要素的重要程度进行调整(见表 4-8)。

随机一致性比率 CR 按计算公式如下：

$$CR=\frac{CI}{RI}=\frac{\frac{\lambda_{\max}-n}{n-1}}{RI}$$

式中，CI 为一致性指标，$CI=\frac{\lambda_{\max}-n}{n-1}$；$RI$ 为平均随机一致性指标(指标值见下表)；$\lambda_{\max}$ 为判断矩阵的最大特征值，且：

$$\lambda_{\max}=\sum_{i=1}^{n}\frac{(AW)_i}{nW_i}$$

式中，$(AW)i$ 为向量 AW 的第 i 个元素。

表 4-8 N 阶判断矩阵 RI 值

N	1	2	3	4	5	6	7	8	9	10	11
RI	0	0	0.58	0.90	1.12	1.24	1.32	1.41	1.45	1.49	1.51

4.组合排序与一致性检验

(1)组合排序。组合排序是指备选方案层 C 的各要素对于决策目标的相对权重，计算方式如表 4-9 所示。

表 4-9 组合排列计算

层次 B	B_1	B_2	…	B_m	
层次 C	b_1	B_2	…	b_1	
C_1	c_{11}	c_{12}	…	C_{1m}	$W_1=\sum_{j=1}^{m}b_j\cdot c_{1j}$

续表

C_2	c_{21}	C_{22}	…	C_{2m}	$W_2=\sum_{j=1}^{m}b_j\cdot c_{2j}$
…	…	…	…	…	…

表 4-9 中，$b_j(j=1,2,\cdots,m)$是在决策目标 A 的前提下，准则层 B 对于各指标的相对重要性权重；备选方案层 $C_{ij}(i=1,2,\cdots,n;j=1,2,\cdots,m)$是在准则层 B 的各指标下，相对准则层 B 各指标间的相对重要性权重；$W_i(1,2,\cdots,n)$即备选方案层 C 在决策目标 A 的前提下的相对重要性权重，这便是所需求解的各项评价指标的权重。

(2)组合排序的一致性检验。较层次单排序的一致性检验相类似，为使组合排序求解的各项指标的权重具有可靠性，也必须对判断矩阵进行一致性检验。当总随机一致性比率 $CR<0.10$ 时，可证实所建立的判断矩阵具有一致性。

总随机一致性比率 CR 计算公式如下：

$$CR=\frac{CI}{RI}=\frac{\sum_{j=1}^{m}b_j\cdot CI_j}{\sum_{j=1}^{m}b_j\cdot RI_j}$$

式中，b_j 为准则层 B 的组合排序权重；RI_j 为 CI_j 相对应的平均随机一致性指标；CI_j 为备选方案层 C 的要素对于准则层 B 中某一要素 B_j 的单排序一致性指标。

第五节　新型城镇化推动乡村振兴的浙江实践

一、研究区域的选择

浙江省是我国经济社会最为发达的省份之一，位于长江三角洲的南侧，毗邻东海，且与经济同样十分发达的江苏省与上海市接壤，在我国东南沿海地带形成了经济迅猛发展的长江口—杭州湾区。浙江省自改革开放以来一直走在政策推行的前列，充分发挥其区位优势，大力发展第二、三产业，建立了众多民营经济实体，带动了地区经济的腾飞，城乡居民人居可支配收入常年位于全国前三名。伴随着经济全球化的脚步，浙江省已与江苏省、上海市构成了重要的经济发展城市集群，并闻名世界。2018 年，中国共产党提出了乡村振兴重要战略，乡村的建设与发展成了当前的热点问题，乡村振兴战略中的许多重大举措都体现了改革开放以来浙江省乡村发展的经验，这些举措源于对浙江省乡村建设试点的考查与探索，体现了浙江省在“三农”工作中改革创新带来的重要发展成果。因此本文选择浙江省为研究区域，深入研究浙江省城市的新型城镇化与乡村振兴协调度，因时间有限，故按照表 4-10 中 GDP 排行选择高、中、低三个发展层次的六个城市。首先，在高发展层次中选择了杭州和宁波。杭州是副省级城市，经济发展全国领先，区域内城镇化水平很高，拥有如航民村这般全国闻名的富裕村，城乡融合发展十分迅速，因而选择为一个研究对象。宁波是浙江省另一个副省级城市，是国际闻名的港口城市，经济发展并不逊色于杭州，奉化的滕头村更是享誉世界的生态旅游示范村，乡村发展也十分迅速，故选择为研究对象。其次，在中等发展层次中选择了 GDP 水平位于浙江省中游的嘉兴和金华。嘉兴是上海大都市圈重要城市、杭州都市圈副中心城市，区域内有诸如乌镇、西塘等著名的旅游名镇，但是与排名靠前的城市相比，乡村城镇化进程不如它们迅速，产业发展仍需进一步寻求新手段。金华主要依靠义乌的小商品商贸带动全市经济发展，但是一个县级市并不能完全带动全市乡村齐头并进，因而仍需继续大力发展新型城镇化及乡村建设。由此，我们选择这两个城市。最后，在低发展层次中选择丽水和舟山，丽水与舟山由于地理、经济、风俗习惯等因素区域内乡村发展比省内其他城市较为缓慢，城镇化水平也并不突出。其中丽水市群山环绕，虽有得天独厚的生态环境，但是也造成了耕地少、交通不便利等阻碍因素，制约乡村发展，同时区域内有景宁畲族自治县，文化建设还需充分考虑少数民族人民需求。舟山市虽因其岛屿众多而闻名，但这也带来了很多发展问题，如嵊泗县与岱山县本岛发展不错，但是有很多乡村处于濒临公海的其他岛屿，其医疗、卫生、教育等相关公共服务很难匹配。因此，我们选择这两个城市与其他城市形成比较。

表 4-10　2018 年浙江省各地级市 GDP 数据

排名	城市	2018 年 GDP（亿元）	2017 年 GDP（亿元）	名义增量（亿元）	名义增速（%）
1	杭州市	13 467.78	12 556.20	911.58	7.26
2	宁波市	10 579.51	9 846.90	732.61	7.44
3	温州市	5 892.73	5 453.20	439.53	8.06
4	绍兴市	5 237.23	5 108.00	129.23	2.53
5	台州市	4 920.05	4 388.20	531.85	12.12
6	嘉兴市	4 853.00	4 355.20	497.80	11.43
7	金华市	3 941.80	3 870.20	71.60	1.85
8	湖州市	2 717.02	2 476.10	240.92	9.73
9	衢州市	1 401.25	1 380.00	21.25	1.54
10	丽水市	1 376.22	1 298.20	78.02	6.01
11	舟山市	1 147.08	1 219.00	−71.92	−5.90

数据来源：《浙江省统计年鉴（2018 年）》

二、评价指标与数据来源

1. 评价指标的选择

如表 4-11 所示，根据新型城镇化与乡村振兴协调度绩效评价指标体系，可确定经济、社会、生活、生态各子系统相应的评价指标。

表 4-11　评价指标

子系统	指标层	子系统	指标层
经济协调度 E	E1：城乡人均地区生产总值比	社会协调度 S	S1：城镇化水平
	E2：城乡人均财政收入比		S2：城乡万人拥有警察数比
	E3：城乡人均社会消费品零售额比		S3：城乡居民养老保险参与率比
	E4：城乡第三产业增加值占 GDP 比重比		S4：城乡人均受教育年限比
	E5：支农产出占一般财政预算支出的比值		S5：城乡每万人拥有病床数比

续表

子系统	指标层	子系统	指标层
生活协调度 L	$L1$：城乡居民恩格尔系数比	生态协调度 V	$V1$：城乡人均绿地面积之比
	$L2$：城乡人均收入比		$V2$：城乡工业废水处理率比
	$L3$：城乡基尼系数比		$V3$：城乡空气污染指数比
	$L4$：城乡人均用电量比		$V4$：城乡噪声达标区覆盖率比
	$L5$：城乡人均居住面积比		$V5$：城乡绿化率比

2.数据来源

在对新型城镇化与乡村振兴协调度绩效评价指标进行筛选确定之后，便需要针对各项指标统计出浙江省六个城市城镇与乡村的具体数据。不同指标数据获取的难易程度各不相同，容易获取数据的指标有浙江省六个城市的城乡人均收入比、城乡居民恩格尔系数比、城乡人均财政收入比等，这些数据均可以通过各城市统计局官网的统计年鉴进行查询获得，只需对城镇与乡村的具体数值进行比值的简单计算，便可以得到本文指标所需要的数据。但是，研究必然不能如此轻松，另有一部分指标是很难直接从各政府统计局官网搜寻统计年鉴获得的，如城乡人均用电量比、城乡噪声达标区覆盖率比等。此外，虽然在各城市统计年鉴中可以获得城镇的数据，但是由于这些数据在乡村里统计并不方便，所以并没有在统计年鉴中展现，于是便需要对当地乡村进行实地调研来获得大致的乡村方面的数据。学术研究是严谨的，对于难以获取的数据必须进行实地调研，不能凭空捏造，这样才能使本文研究的目的更具现实意义。

在获取新型城镇化与乡村振兴协调度绩效评价相关指标所需数据之后，便要对各项指标的数值进行计算。本文选取的20个指标，除城镇化水平外，其余都是城乡数据的比值。在计算浙江省六个城市城乡数据比值时，针对每一个指标无非有三种情况：一是各城市乡村数据低于城镇数据；二是各城市城镇数据低于乡村数据；三是有的城市乡村数据低于城镇数据，有的城市乡村数据高于城镇数据。为解决这类问题，必须要对新型城镇化与乡村振兴协调度的内涵进行研究。本文研究新型城镇化与乡村振兴的协调度的根本目的就是促进城乡发展的一体化，缩小城乡差距，也就是说城乡的综合协调度应处于0～1，城乡发展得越协调，其比值也就越接近于1。因而，针对第一种情况，应以城乡人均财政收入比为例，鉴于政府财政绝大部分都会投入城镇发展，乡村的数值必然会低于城镇的数值。这时，便用乡村数值除以城镇数值。针对第二种情况，应以城乡人均绿地面积之比为例，由于城镇土地使用绝大部分会规划为建设用地，总绿地面积必然少于乡村，并且在人口方面，城镇也远高于乡村，人均数值必然是城镇低于乡村。这时，便需要用城镇数据除以乡村数据。针对第三种情况，在进行指标数据计算的过程中，对于城镇数值高于乡村数值的城市，就用乡村数值除以城镇数值；对于乡村数值高于城镇数值的城市，就用城镇数值除以乡村数值。用以上方法可以保证所得的指标数据均处于0～1之间。具体数据如表4-12、表4-13所示。

表4-12　2017年浙江省六个城市的经济和社会协调度评价指标数据

城市	*E*1	*E*2	*E*3	*E*4	*E*5	*S*1	*S*2	*S*3	*S*4	*S*5
杭州市	0.480	0.775	0.548	0.787	0.695	0.774	0.873	0.674	0.720	0.543
宁波市	0.471	0.787	0.631	0.755	0.701	0.729	0.884	0.741	0.731	0.552
嘉兴市	0.401	0.668	0,275	0.643	0.601	0.660	0.802	0.577	0.674	0.568
金华市	0.385	0.675	0.283	0.637	0.576	0.677	0.783	0.592	0.660	0.544
丽水市	0.347	0.597	0.256	0.579	0.526	0.615	0.677	0.519	0.582	0.493
舟山市	0.353	0.512	0.777	0.602	0.497	0.681	0.655	0.488	0.557	0.510

表4-13　2017年浙江省六个城市的生活和生态协调度评价指标数据

城市	*L*1	*L*2	*L*3	*L*4	*L*5	*V*1	*V*2	*V*3	*V*4	*V*5
杭州市	0.923	0.540	0.971	0.675	0.660	0.633	0.767	0.760	0.789	0.578
宁波市	0.719	0.555	0.950	0.663	0.643	0.625	0.772	0.787	0.889	0.601
嘉兴市	0.855	0.592	0.905	0.579	0.632	0.681	0.693	0.811	0.891	0.711
金华市	0.728	0.472	0.933	0.565	0.643	0.623	0.723	0.790	0.877	0.694
丽水市	0.749	0.463	0.925	0.495	0.531	0.518	0.662	0.732	0.671	0.787
舟山市	0.848	0.586	0.917	0.431	0.487	0.421	0.543	0.532	0.613	0.539

数据来源：《浙江省统计年鉴(2018年)》《杭州市统计年鉴(2018年)》《宁波市统计年鉴(2018年)》《嘉兴市统计年鉴(2018年)》《金华市统计年鉴(2018年)》《丽水市统计年鉴(2018年)》《舟山市统计年

鉴(2018 年)》,以及实地调查数据。原始数据详见附表

三、新型城镇化与乡村振兴协调度实证分析

1. 构建层次结构模型图

依据建立的新型城镇化与乡村振兴协调度绩效评价指标体系的内在联系,确定主要决策目标、各准则层要素及准则层要素制约的各备选方案层要素,并将新型城镇化与乡村振兴协调度绩效评价的指标体系按照决策日标、准则层要素与备选方案的形式输入到层次分析法专业计算软件 *yaahp* 中,得到网络体系图。图 4-6 展现了新型城镇化与乡村振兴协调度的层次结构,其包括一个决策目标即新型城镇化和乡村振兴协调度,四个准则层要素分别为经济协调度、社会协调度、生活协调度和生态协调度。准则层要素与决策目标是相互关联的,准则层与内部各备选方案也是相互关联的,故用箭头将其联系起来。

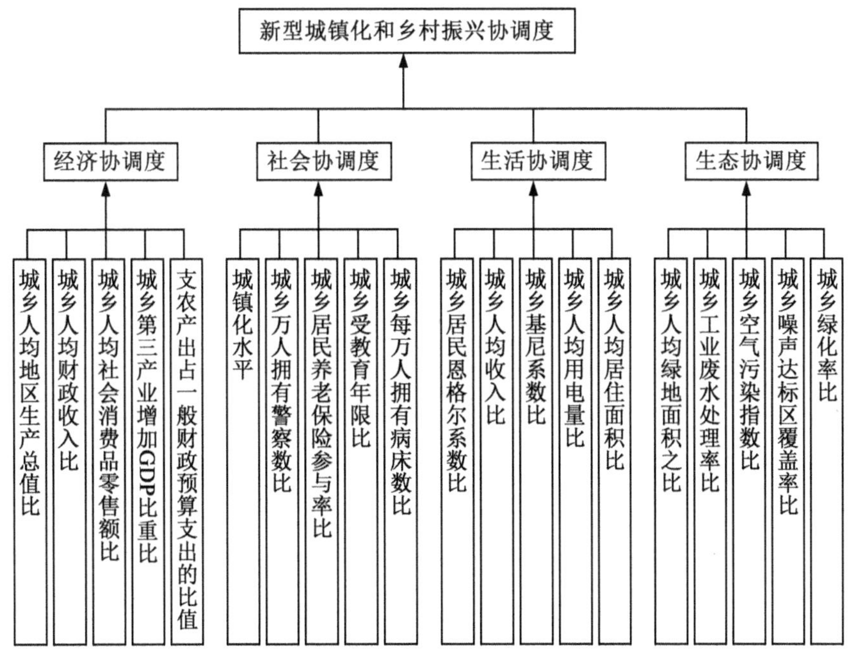

图 4-6　网络体系

2. 专家判断矩阵的输入和指标权重的计算

（1）准则层要素对决策目标的判断矩阵。针对准则层要素相对于决策目标新型城镇化与乡村振兴协调度之间的重要程度，本文采取向专家进行咨询的方式，并采用1—9标度法进行打分，根据打分结果构建准则层要素专家判断矩阵（见表4-14）。

表4-14 准则层要素专家判断矩阵

准则	社会协调度 S	生活协调度 L	生态协调度 V	经济协调度 E
社会协调度 S	1	2	3	1
生活协调度 L	1/2	1	2	1
生态协调度 V	1/3	1/2	1	2
经济协调度 E	1	1	1/2	1

（2）备选方案层要素相对准则层要素的判断矩阵。对准则层要素进行分析便会发现，不仅准则层要素与外部决策目标有着相互关联，准则层要素内部的各备选方案层要素之间也会存在内在联系。针对这种情况依旧采取专家咨询的方法对经济协调度、社会协调度、生活协调度、生态协调度四个准则层要素内部的备选方案的内在联系进行重要程度的打分，构建各协调度的专家判断矩阵（见表4-15～表4-18）。

表4-15 经济协调度E专家判断矩阵

指标	$E1$	$E2$	$E3$	$E4$	$E5$
$E1$	1	1	3	1/3	2
$E2$	1	1	5	2	2
$E3$	3	1/5	1	1/7	1/3
$E4$	3	1/2	7	1	3
$E5$	1/2	1/2	3	1/3	1

表4-16 社会协调度S专家判断矩阵

指标	$S1$	$S2$	$S3$	$S4$	$S5$
$S1$	1	5	3	5	4

续表

指标	$S1$	$S2$	$S3$	$S4$	$S5$
$S2$	1/5	1	1/2	1/3	1/3
$S3$	1/3	2	1	1	1/3
$S4$	1/5	3	1	1	1/3
$S5$	1/4	3	3	3	1

表 4-17　生活协调度 L 专家判断矩阵

指标	$L1$	$L2$	$L3$	$L4$	$L5$
$L1$	1	1	2	4	3
$L2$	1	1	2	4	5
$L3$	1/2	1/2	1	3	3
$L4$	1/4	1/4	1/3	1	1/4
$L5$	1/3	1/5	1/3	4	1

表 4-18　生态协调度 V 专家判断矩阵

指标	$V1$	$V2$	$V3$	$V4$	$V5$
$V1$	1	5	1	3	2
$V2$	1/5	1	1/3	4	1
$V3$	1	3	1	4	2
$V4$	1/3	1/4	1/4	1	1/3
$V5$	1/2	1	1/2	3	1

3.指标权重的输出

将上述准则层要素对决策目标的判断矩阵与备选方案层要素相对准则层要素的判断矩阵输入到 *yaahp* 软件当中，经过一致性检验，准则层要素对决策目标的判断矩阵与备选方案层要素相对准则层要素的判断矩阵的一致性检验结果都小于 0.1，一致性检验合格(见表 4-19)。然后运用 *yaahp* 软件进行计算，得到各备选方案层指标的权重(见表 4-20)，均通过一致性检验。

表 4-19　各判断矩阵一致性检验结果

矩阵	检验结果
新型城镇化和乡村振兴协调度	0.077 6
社会协调度	0.062 3
生活协调度	0.064 3
生态协调度	0.065 0
经济协调度	0.064 5

表 4-20　新型城镇化与乡村振兴协调度绩效评价指标体系指标权重值

指标	权重	指标	权重	指标	权重	指标	权重
$E1$	0.031 3	$S1$	0.205 7	$L1$	0.069 4	$V1$	0.063 0
$E2$	0.051 8	$S2$	0.026 0	$L2$	0.078 9	$V2$	0.024 7
$E3$	0.008 2	$S3$	0.046 4	$L3$	0.044 4	$V3$	0.055 9
$E4$	0.055 1	$S4$	0.046 1	$L4$	0.013 6	$V4$	0.011 8
$E5$	0.019 7	$S5$	0.095 1	$L5$	0.025 2	$V5$	0.027 8

4.新型城镇化与乡村振兴综合协调度的计算

根据上述结果，可通过以下公式计算浙江省六个城市的新型城镇化和乡村振兴综合协调度：

$$Zi=E1i*0.0313+E2i*0.0518+E3i*0.0082+E4i*0.0551+E5i*0.0197+S1i*0.2057+S2i*0.0260+S3i*0.0464+S4i*0.0461+S5i*0.0951+L1i*0.0694+L2i*0.0789+L3i*0.0444+L4i*0.0136+L5i*0.0252+V1i*0.0630+V2i*0.0247+V3i*0.0559+V4i*0.0118+V5i*0.0278$$。

其中，Zi 为浙江省第 i 个城市 2017 年的新型城镇化和乡村振兴综合协调度。计算结果如表 4-21 所示。

表 4-21　浙江省六个城市 2017 年新型城镇化和乡村振兴综合协调度

城市	综合协调度	城市	综合协调度
杭州市	0.718 1	宁波市	0.700 3
嘉兴市	0.673 2	金华市	0.651 2
丽水市	0.599 2	舟山市	0.587 4

四、评价结果分析

从上述结果并结合城乡协调度的国际标准(见表 4-22),我们便可以对所选浙江六个城市的新型城镇与乡村振兴协调度分数进行分析并得出结论,即杭州和宁波城乡一体化已基本完成,新型城镇化与乡村振兴协调发展程度良好;嘉兴和金华的社会发展即将摆脱城乡二元结构的束缚,接近于迈向城乡一体化,新型城镇化与乡村振兴需要进一步协调发展;丽水和舟山的社会发展中城乡二元结构仍旧明显,城乡一体化进程仍需加速推进,新型城镇化和乡村振兴协调发展态势不强。

表 4-22　城乡协调度国际标准

协调度 Z	经济社会状态
$Z<50\%$	二元结构
$50\%\leqslant Z<60\%$	二元结构向城乡一体化过渡前期
$60\%\leqslant Z<70\%$	二元结构向城乡一体化过渡后期
$70\%\leqslant Z<80\%$	城乡一体化基本完成
$Z\geqslant 80\%$	城乡一体化正式完成

第六节　实现新型城镇化推动乡村振兴的政策建议

在选取研究区域时,根据浙江省 2017 年 *GDP* 排名,按照 *GDP* 高、中、低三个层次从浙江省 11 个城市中选取 6 个城市进行研究分析。参照第五章的结论,在发展程度越高、城镇化水平越高的城市,城乡综合协调度越高,这同时能证明新型城镇化与乡村振兴的协调度也越高。由此,我们可以推断新型城镇化推动乡村振兴是切实可行的。并且根据上一节对发展程度不同的城市数据进行对比,可发现城市发展程度越高,新型城镇化与乡村振兴协调度越高,城乡一体化实现程度也越高。因而城乡统筹是新型城镇化推动乡村振兴的关键,我们可以提出如下实现浙江省新型城镇化推动乡村振兴的具体政策建议。

一、统筹城乡经济

1.统筹城乡产业发展

统筹城乡的产业发展，其宗旨便是使原本城镇与乡村独立发展的二元结构得到改善，促进城乡产业共同融合发展。产业的发展需要政府起到带头作用，在政策的制定过程中应统筹安排城乡产业的发展方式，全面挖掘在产业融合发展的过程中城镇与乡村之间的互促共荣的能力。城乡产业的融合是统筹城乡产业发展的终极目标，它是城乡产业之间的相互渗透与交融，能帮助形成一个完整的城乡产业体系。城乡产业的融合发展突破了原本城镇发展工业、乡村发展农业的产业独立的局面，创造出更多以城镇为贸易交流场所，以乡村为生产加工场所的新型产业经营模式，充分发挥了城乡产业发展的巨大潜能。

浙江省在进行产业的融合发展时应注重以下几个方面：第一，创立城乡统筹的管理体制。促进浙江省城乡产业的融合必须做到对现有管理体制的改革与创新，建立一套既适合城镇又适合乡村产业发展的城乡统筹的管理制度。由于浙江的经济发展理念一直都是敢为人先的，传统的管理体制必然会对新的融合发展模式造成阻碍，所以需统筹城乡管理体制；第二，建设城乡统筹的市场体系。浙江省是全国领先的制造业大省，由城乡产业融合发展带来的产业产能的提升必将丰富商品市场，同时也吸收了更多的生产要素。面对这种情况，浙江省应完善现有的市场体系，实现城乡统筹发展。例如，安县的中药材贸易中心使商品与生产要素在城镇与乡村之间循环流动，刺激物流与金融等第三产业在城乡融合的市场体系下的完美运作；第三，统筹规划城乡产业发展思路。城乡的发展要因地制宜，充分挖掘自身优势产业，发展具有当地特色的产业，促进品牌的影响力，打造城乡产业名片。例如，安吉县的白茶产业、象山县的特色渔村旅游、下贵村的乌龟养殖业等都是因地制宜地发展当地特色产业，统筹城乡产业发展，以一地一品取代了盲目追求百家争鸣的产业发展思路，从而壮大了产业规模，规划出一条适合自身的产业发展之路。

2.规划城镇体系

乡村振兴并不意味着只重视乡村自身的发展，应充分发挥区域中心城镇的带动作用，带领乡村走向科学发展之路。浙江省乡村的发展应建立规范的城乡网络体系，规划出规模适度与布局合理的新型城镇体系，推动新型城镇化与乡村振兴的协调发展。为达到规模适度与布局合理的要求，必须在规划科学的城镇体系的过程中重视其发展的层次性。浙江省在规划其城镇体系时也应对其层次性着重规划。依据浙江省发展现状，城镇体系的规划应注重的层次有三个：第一，大力建设长江口—杭州湾区的城市集群，并加快其城镇建设的步伐，系统规划，充分发挥城市集群中城乡的联动效应；第二，推动浙江省副中心城市的建设步伐，在空间上建设出发展风格不一的区域中心城市；第三，优先发展县城与区域中心城镇，加速扩大其建设规模。三个层次的城镇体系规划要体现浙江两个发展中心的空间布局特点。这两个发展中心就是杭州和宁波，这两个城市是浙江省的重要经济命脉，以它们为中心，带动周边区域的城乡发展，并通过产业转移推动城乡产业优化进程，通过新型城镇化加速乡村剩余劳动力向非农产业的转移，提高农民的收入，缩小城乡差距，推动乡村振兴的发展。

二、统筹城乡社会事业

1. 统筹城乡文化事业

统筹城乡文化事业是新型城镇化的重要内涵，同时也是乡村振兴的内在需求，文化展现的是民族的凝聚力，城乡文化的统筹是团结城乡居民的重要保障。改革开放以来，浙江省文化事业发展始终走在全国前列，一方面是因为其拥有悠久的历史文化，另一方面是因为浙江省经济的迅猛发展带来了文化事业发展的浪潮。但是，与城市文化事业迅猛发展带来的文化设施的大量建设和居民文化活动的丰富多彩形成鲜明对比的是，一部分乡村由于长期受经济因素的影响，传统文化得不到有效的传承与保护，文化产业发展缺乏动力，农民生活枯燥无味，这显然与浙江省推动乡村振兴的要求相悖。因而，浙江省应统筹发展城乡文化事业，以城乡经济的融合发展促进文化事业的发展，并推进城乡文化的交流与融合，发扬扬弃精神，推动优秀文化的传承。浙江省为统筹城乡文化事业应采取以下措施：第一，促进乡村文化设施的建设，优化乡村公共文化服务，依据城乡统筹的基本理念，加大城镇财政对乡村文化事业补给的力度。全面建设大到县城，小到村落的文化设施，使乡村文化服务形成网络体系。为扩大现存文化设施的承载力，应在空间上统筹考虑所建文化设施的服务半径，在合理的地方建设文化广场与图书阅览室。第二，发掘城乡文化事业的相关性，促进城乡文化融合。浙江省应整合市、县、乡三个行政级别的文化资源，发扬其特点，刺激城乡文化产业的发展，吸引城乡居民参与各种文化活动，并推进城镇与乡村之间的文化交流，促进文化的传播，以期达到城乡文化事业的繁荣发展。第三，浙江省应鼓励各大型文化企业对乡村文化事业发展进行投资，并对城乡文化事业相关税收进行缩减，激励和带动城乡文化事业的平稳发展。

2.统筹城乡社会保障事业

虽然浙江省的城镇化发展进程已达到了前所未有的高度，但是仍有一部分城乡居民的社会保障水平尚未达到社会保障适度水平。因而，浙江省为实现新型城镇化与乡村振兴的协调发展必然要统筹城乡社会保障制度，重点完善乡村社会保障制度。浙江省虽不是农业大省，但农村人口数量依然很庞大，所以要建立城乡一体的社会保障制度。为达到这一目标，各级政府与地方财政需要给予资金上的支撑。资金并不是限制统筹城乡社会保障制度的唯一因素，浙江省乡村的社会保障制度的完善也受地理区位因素影响。例如，舟山市由于岛屿众多，市域内只有舟山本岛与陆地有桥梁相接，岱山县与嵊泗县相对孤立，社会保障制度与城镇统筹很难实现，因为仅仅就医疗来说，很难做到城乡居民享受到平等医疗水平，像东极镇的庙子湖岛仅有一个卫生服务站，居民如遇大病只能乘船去市区从医，而且还要考虑到天气情况。所以，浙江省的社会保障制度目前只能做到广覆盖、低水平，并不能做到完全统筹。为使大多数城乡居民享受到平等的社会保障，浙江省应建立城乡统筹的养老保障制度、社会救助制度与最低生活保障制度，并全力推动城乡一体的多领域的社会保障体系，从而使城乡社会保障水平差距逐步消减。

三、统筹城乡生活

1. 改善城乡居民生活状况

浙江省对城乡居民生活状况的改善主要通过以下几种方式：第一，完成省域内所有乡村与城镇相连的公路建设，建立公路管理与保养责任制度，并加速推动城乡公共交通的均等化；第二，针对杭州、宁波等城市用电量与日俱增的现状，加速实施国家电网的升级改造，并结合各地区实际情况统筹推进城乡电力改革，达到城乡电力输送的稳定；第三，增强对水源地的保护。以舟山为例，由于其群岛的地理特征，淡水资源紧缺，应加速推进城乡饮用水保障工程的实施，建设海底饮用水输送管线及海水淡化工厂，保障城乡居民饮用水源的安全；第四，实行河长制等生态环境治理制度，采取一切手段阻止城镇工业污染向乡村转移，改善乡村居民生活环境；第五，推动乡村信息化建设。在互联网高速发展的今天，乡村产业的发展必须依靠电子商务来扩大市场，浙江于地理区位的优势，域内各乡村生产的商品均可以通过其发达的物流行业进行运送，这时乡村的发展便需要统筹信息化基础设施的建设。

2. 缩小城乡收入差距

浙江省对于缩小城乡居民收入差距的举措应有如下三点：第一，加快推进农业产业化，推动农业产业结构的升级。在经济全球化的今天，单纯依靠哄抬农产品价格或者提升农村产品产量已经不能大幅提升农民的可支配收入，因而优化农业产业结构便成为提升农民收入，缩小城乡收入差距的有效途径。优化农业产业结构是增加农民收入的关键。浙江省要以市场需求为导向，优化种植结构，鼓励农民种植优质高效、适销对路的粮食作物和经济作物，要发挥本地资源优势，发展特色农业产品（如“祖名”“大洋世家”“农夫山泉”“富义仓”“一鸣”等知名农业企业品牌已为全国熟知，再如把浙江径山茶、天目雷笋、临安山核桃、塘栖枇杷、余姚杨梅等农产品驰名品牌做大做强），提高农业产业化程度，积极探索农户龙头企业与农户农村合作经济组织等多种经营模式。第二，依靠政策改革减轻农民生活负担。浙江省应通过对农业生产税收的降低，让农民真正感受到政策改革带来的便利，并且取消农民办理行政事务的各种不合理的收费项目，使农民能更加放松地参与政治生活，减少各种不必要的开销对农民收入的占用。第三，开展农村集体经营模式，提升农产品的市场竞争力。浙江省应鼓励农民参与到集体经营模式当中，实现对农业生产、加工和销售等步骤的整体调控，从而提升农产品在市场上的品牌效应，促进农业效益的提升，带动农民持续增收。

四、统筹城乡生态环境

1.统筹规划城乡环境基础设施建设

浙江省环境基础设施的城乡统筹需要针对生活污水和垃圾处理的公共基础设施进行统一安排与管理，进而改善乡村生态环境。浙江省应抓住长江口—杭州湾区城市集群建设的契机，以城乡统筹的理念，切实完善城市集群中的城乡生态环境规划与建设，推动环境基础设施的全面覆盖，彻底改善城乡居民生活质量。应提升政府公共财政对环境基础设施建设的投入力度，对钱塘江沿岸的工厂和畜禽养殖场产生的污水与垃圾进行统一收集与集中处理。应在乡村推广新型清洁能源的使用，综合整治乡村原本脏乱差的面貌，同时，要对农牧业的生产与加工进行系统化管理，对农民进行生产培训，鼓励农民减少化肥、农药的使用数量，促进生产绿色无公害的农产品，降低农业劳作带来的环境污染。同时，要带领乡村企业进行能源节约与低排放的生产作业，淘汰高耗能、高污染的陈旧设备。应针对濒危动植物栖息地建立自然保护区，同时完善城乡生态环境建设，推动城乡生态发展。

2.大力发展生态经济

应依据浙江省多重自然环境及地区经济差异显著的特点，对浙江省一二三产业的布局结构进行严格的规划。钱塘江是长江口—杭州湾区城市集群的母亲河，应严格控制钱塘江流域的重工业企业对水体水质的污染与排放，科学、合理地调整沿岸城乡产业结构布局，大力发展生态经济，这对于浙江省统筹城乡生态环境建设有着极其重要的意义。对浙江省经济高速发展的地区进行重点调控，将高污染、高耗能企业进行技术上的优化升级，剔除严重污染环境的建设项目，稳步推进区域生态环境的改善。浙江省应着重发展横店影视产业基地，保护其区域内城乡生态环境，限制域内高污染产业，坚实打造横店影视旅游的战略品牌；秉持环境友好的理念，发展安全、高产的有机生态农业，推动生态经济循环发展（见表 4-23）。

表 4-23 浙江省六个城市绩效评价因子数据

	杭州市	宁波市	嘉兴市	金华市	丽水市	舟山市
全市生产总值（亿元）	12 603.36	9 842.06	4 380.52	3 848.62	1 298.20	1 219.78
市区生产总值（亿元）	11 621.46	6 282.69	1 125.46	741.39	332.98	916.52
全市人口（万人）	753.88	595.93	356.37	485.52	269.27	97.15
城镇人口（万人）	482.55	289.63	90.46	97.91	80.11	71.33
农村人口（万人）	271.33	306.30	265.91	387.61	189.16	25.82
城镇生产总值（亿元）	6 797.93	6 811.11	3 856.09	3 508.31	1 131.82	637.96
农村生产总值（亿元）	5 805.43	3 030.95	524.43	340.31	166.38	581.82
财政总收入（亿元）	2 921.30	2 415.83	769.31	601.18	180.46	187.22
市区财政收入（亿元）	2 801.08	1 815.98	252.69	243.48	67.55	89.54
城镇零售总额（亿元）	5 420.61	4 047.81	1 806.62	2 191.19	506.16	505.68
乡村零售总额（亿元）	2 968.23	2 554.17	496.59	619.17	129.82	392.70
全市第三产业产值（亿元）	7 929.80	4 416.80	1 927.05	2 076.37	641.79	676.44
市区第三产业产值（亿元）	7 500.59	3 076.33	583.94	452.14	190.73	336.19
一般公共预算支出（亿元）	1 540.92	1 410.60	443.79	536.69	378.64	258.60
农林水支出（亿元）	89.62	81.69	49.36	47.31	57.21	51.43
城镇化水平（%）	77.40	72.90	66	67.70	61.50	68.10
城镇居民万人拥有警察数之比	13.75	13.26	14.11	13.97	12.86	13.21
农村居民万人拥有警察数之比	12	11.72	11.31	10.94	8.71	8.65
城镇居民养老保险参与率（%）	98.59	95.21	93.61	94.22	87.76	89.31

续表

	杭州市	宁波市	嘉兴市	金华市	丽水市	舟山市
农村居民养老保险参与率(%)	66.45	70.55	54.01	55.78	45.55	43.58
城镇人均受教育年限	13.59	13.24	12.87	12.79	12.34	12.75
农村人均受教育年限	9.78	9.68	8.67	8.44	7.18	7.10
全市医疗病床数	75 948	37 315	26 453	30 397	13 256	5 128
市区医疗病床数	69 057	24 802	10 730	25 407	9 559	2 615
城镇恩格尔系数	0.185	0.166	0.159	0.166	0.191	0.189
农村恩格尔系数	0.200 4	0.230 8	0.186	0.228	0.255	0.223
城镇居民人均收入(元)	56 276	55 656	53 057	50 653	38 996	52 516
农村居民人均收入(元)	30 397	30 871	31 436	23 922	18 072	30 791
城镇居民基尼系数	0.351 2	0.348 7	0.376 1	0.385 2	0.354 4	0.349 7
农村居民基尼系数	0.341	0.331 3	0.340 4	0.359 4	0.327 8	0.320 7
城镇人均用电量(度)	9 789.74	11 901.24	3 508.14	6 954.97	3 229.17	5 406.42
农村人均用电量(度)	6 608.07	7 890.52	2 031.21	3 929.56	1 598.44	2 330.17
城镇人均居住面积(平方米)	36.4	40.3	39.1	41.5	31.5	38.57
农村人均居住面积(平方米)	55.2	62.8	61.7	64.6	59.3	79.19
城镇绿化覆盖面积(公顷)	23 620	32 728	5 148	19 937	5 592	16 405
农村绿化覆盖面积(公顷)	37 314	52 365	3 568	32 001	10 795	38 967
城镇工业废水处理率(%)	95.25	95.55	93.76	96.27	85.64	95.82
农村工业废水处理率(%)	73.06	73.76	64.96	69.60	56.69	52.03
城镇空气污染指数	64.28	67.24	58.62	57.98	57.91	44.23
农村空气污染指数	48.85	52.91	47.54	45.8	42.39	23.53
城镇噪声达标覆盖率(%)	75.52	85.35	87.91	86.24	66.51	60.85

续表

	杭州市	宁波市	嘉兴市	金华市	丽水市	舟山市
农村噪声达标覆盖率(%)	95.72	96.01	98.67	98.34	99.12	99.28
城镇绿化覆盖率(%)	40.70	36.53	38.20	41	40.32	41.24
农村绿化覆盖率(%)	70.41	60.78	53.73	59.08	51.23	76.51

数据来源:《浙江省统计年鉴(2018年)》《杭州市统计年鉴(2018年)》《宁波市统计年鉴(2018年)》《嘉兴市统计年鉴(2018年)》《金华市统计年鉴(2018年)》《丽水市统计年鉴(2018年)》《舟山市统计年鉴(2018年)》及实地调查数据

第五章　乡村人才建设及人才评价

第一节　基本认识

一、乡村人才及其振兴

乡村人才是乡村振兴的基础，也是乡村振兴的重要支撑之一，并为加快推进农业农村现代化提供了坚实的人才支撑，所以乡村人才是乡村振兴的最根本的要素。

我们以贵州省黔南布依族苗族自治州（以下简称黔南州）六个县为案例，通过实地调查、资料分析，利用定量分析方法分析黔南州乡村人才在数量、质量和结构方面的特征，从中分析出乡村人才的问题及问题成因。根据我们建立的乡村人才评价指标，对六个县的乡村人才进行分析，得出乡村人才评价结果，最后对照中共中央、国务院颁布的《国家乡村振兴战略规划（2018—2022年）》提出的乡村人才数量及质量要求，来判定研究区域是否达到了乡村振兴的标准，并提出相关的政策性建议。

1.乡村人才及特征

（1）乡村人才的内涵。狭义上的乡村人才主要是指在乡村种植业、养殖业等农业领域中具有一技之长或能通过种养业增收致富的劳动者。但是这个定义已经不适应时代的发展要求，对于乡村人才，学者、专家提出不能只在农业和乡村内部找答案，也不能完全依赖于种植业和养殖业来定义乡村人才。

广义上的乡村人才是指在乡村各个行业中具有一技之长的人才，或者具有致富能力或致富带动能力的劳动者。首先，这个定义把人才范围定位在乡村而不仅是农业。其次，突出了人才的实用性，即有技能就是人才。

(2)乡村人才的特征。乡村人才的特点主要体现在三个方面：一是具有鲜明的时代特征，乡村人才是我国乡村经济、社会发展的第一资源，也是科学发展的第一动力。这体现了人才资源是第一资源的重要思想，从而体现了与时俱进的人才思想。二是具有很强的专业性特征，这方面强调的是人才需要具有一定专业知识或者专门技能。三是具有社会价值的属性，要求人才要能够进行创造性劳动，产生相应的新增价值，并为社会做出一定的贡献。所以，这样就把乡村人才的才能性、创造性及对社会的贡献性很好地统一起来。

(3)乡村人才的研究意义。科技是第一生产力，人才是第一资源，就乡村而言，严重缺乏高学历、高层次人才，这也一直是阻碍乡村经济社会发展的主要原因之一。乡村人才振兴涉及经济、文化、政治等多个方面，所以为达到乡村振兴的目的，首先要做到人才先行。在意识到乡村人才的重要性的同时还要注重乡村人才队伍的建设，充分激发本土人才活力，并将更多城市人才引向乡村创业就业，培养出大批能够满足社会主义新时期乡村振兴建设要求的新型乡村人才，为乡村振兴提供强大的智力支撑和人才保障，为完善乡村振兴和为我国其他地区乡村人才振兴提供依据。本研究的理论价值是探索我国乡村人才在乡村社会、经济发展中的特殊作用及充分发挥其才能的用人机制。另外，本研究尝试构建一个科学的乡村人才评价体系，这是对乡村人才振兴理论的补充。

首先，通过实地调研，彻底弄清楚我国人才存量的现状、人才结构现状，为现存人才振兴提供基础；其次，为我国乡村人才振兴提出科学的途径与措施；第三，通过构建科学的乡村人才评价体系，对乡村人才数量、质量和结构做出评价，为地方政府的人才建设提供可靠的依据。由于许多乡村人才持续“流失”，乡村振兴普遍面临“一将难求”的“人才荒”现象，这成为制约党的和国家有关“三农”工作、扶贫工作的主要瓶颈。在对贫困地区的调研中我们发现，现在资金、项目都不缺，最缺的是人才。各地扶贫资金、产业项目落地慢、落地难、效果不理想，一个重要的原因是缺乏人才支撑和配套。对贵州省黔南州六个县的人才构建一套合理、科学的乡村人才评价体系，为其他乡村地区城镇化的推进以及乡村人才振兴提供了评价依据，并能根据此评价体系后的结果找到乡村不能振兴的主要原因，从而提出改善的措施，发现能够使本乡村地区振兴的方法。

2. 乡村人才的价值

(1)人才是乡村振兴战略的关键。人的振兴是乡村振兴的落脚点，人才是乡村振兴的关键所在。在乡村振兴当中，“人”“地”“钱”是乡村振兴必要的三要素，其中“人”就是关键因素，只有通过振兴人才来撬动“地”和“钱”这两个要素，才能汇聚全乡村的力量，引导和吸引更多的人才向乡村流动。乡村人才振兴也是乡村振兴的基础，要达到乡村振兴的目的，第一步就是要壮大乡村人才队伍，提高乡村人才的整体质量，充分激发乡村本土人才活力，吸引在城镇就业的人才返乡就业，把更多的城市人才引向乡村创业、创新。如果乡村没有人，一切都会随着时间的流逝而被淘汰，再肥沃的土地也会被荒置，再丰富的资源都会被深藏。更何况乡村没有人才，自然没有人懂得如何去管理、去经营和去发展。

(2)人才是乡村劳动力的源泉。中国自古以农立国，乡村文明长期居于文明主流。就城市里的大多数家庭而言，如果往前推三到五代，基本上都会回归到乡村。中华人民共和国成立以来，不少乡村在人才的带动下走上了脱贫致富的道路。比如贵州省思南县常青种养专业合作社理事长白彩文，他是全国农村创业、创新优秀带头人，他带领着合作社成员和当地农户完成了2 000多亩茶园的青苗栽种，实现了农民本地就业，减少了留守老人和儿童的数量，并为大部分剩余劳动力提供了家门口上班的就业条件。这样的事例在全国各地数不胜数，这些人才都为乡村的发展做出了巨大贡献。

当前乡村人才振兴的规划指出，不仅要激活乡土人才，还要选派高学历、高层次人才进驻乡村，这些高学历、高层次的人才既可以把理论知识和新型科学技术带进乡村，也可以将知识和技术传授给传统农户。我们应该让本土人才团结高学历层次人才融入乡村，与村干部等共同协作，积极发挥各类人才的作用，从而带领村民共同发展，实现乡村振兴。

(3)人才是乡村振兴内生能力提升的基础。新时代的乡村振兴强调的是政府意志、新返乡人士、技术专家、企业家、创业者等共同体在乡村振兴中的聚合作用。改革开放四十多年来，以 GDP 为中心的激励机制弱化了乡村的内生能力，乡村人口外流，社会网络破坏，乡村发展存在着明显的外生性和行政驱动性特点，内生能力被严重瓦解。

乡村内生能力是乡村集体和个人对外在激励的适应性学习能力和创造能力，这就更加需要高层次的人才来参与，需要懂农业、爱农村、爱农民的“三农”人才来主导。此外，这也需要人们充分认识农民在乡村人才振兴中的主体地位，把乡村人才振兴放在乡村振兴的重要位置，在留住乡村人才的同时还需培育一批为以乡村振兴为目标的强大乡村人才队伍，并由这支强有力的乡村人才队伍带领乡村走向振兴，吸纳源源不断的乡村人才劳动力，稳定提高乡村的经济实力，促进“三产”融合并宣传乡村的特色文化。

3. 乡村人才振兴与乡村振兴的关系

乡村振兴，要以人才为先。推动乡村振兴战略，关键是依靠人才来带动乡村产业、文化、生态等多方面的发展，所以需进一步明确人才是乡村振兴的重要战略资源，把强化乡村人才振兴支持、开发乡村人才资源及合理配置乡村人才放在首要位置。

乡村振兴需要吸引一批能够带领乡村经济、文化多方面发展的管理型人才，能实质性带动乡村经济上升，传授营销经验给其他农户的经营型人才，还要能够引进新科技来扩大农产品产量，发现和创造更多有利于乡村发展的新型农业技术的科技型人才。解决“三农”问题的关键在于乡村要有人才，要人才来带动乡村发展，带领村民过上幸福的小康生活。所以乡村振兴的首要任务是人才振兴，而实施乡村振兴战略，必须强化人才支撑，破解人才瓶颈制约，探索加强“三农”工作队伍建设新路径。乡村人才对于乡村振兴的重要性，体现在以下几方面：

(1)乡村人才直接决定乡村产业兴旺。实现乡村振兴，产业兴旺是重点。乡村农技人才直接决定兴农、绿色兴农策略的实施，也影响现代农业产业体系、生产体系、经营体系的构建，还影响农业创新力、竞争力和全要素生产率提高。农业科技人才的数量和质量直接决定乡村产业的现代化水平，所以直接决定乡村产业兴旺。

(2)乡村人才影响乡村文化振兴。实现乡村振兴，乡风文明是保障。必须坚持物质文明和精神文明一起抓，乡村文教人才直接影响农民精神风貌、文明乡风培育和良好家风、淳朴民风的培养，还影响乡村社会文明程度。

(3)乡村人才决定乡村基层治理水平。推进乡村振兴与美丽乡村建设，治理有效是基础。乡村政工人才在建立健全党委领导、政府负责、社会协同、公众参与、法治保障的现代化乡村社会治理体制中起决定作用。乡村政工人才也直接影响农村基层党组织建设水平。

(4)乡村人才决定乡村生态人居环境建设。实现乡村振兴与美丽乡村建设，生态宜居是关键。乡村人才直接影响乡村生态环境建设质量和乡村人居环境建设质量，是乡村的宝贵财富。治理农村垃圾、污水治理和村容村貌，没有专业人才的指导和介入是难以实现的。

二、国内外经验借鉴

1.西方农业发达国家经验

国外对农业人才、乡村人力资本、乡村人才资源等方面进行了大量的研究，形成了一系列的理论与实践成果。美国经济学家西奥多·舒尔茨(1963)在对乡村人力资源的研究中发现，乡村人员知识、技术及能力方面水平不断提高的同时，当地的农业技术和生产技术都会随之得到相应的提高，农业生产技术的提高又将促使农业生产力的提高，这样的递进式发展形成了农业方面的良性提高，使农业在技术、经济方面都能得到有效的增长，由此证明乡村人才及队伍的壮大是促进乡村农业产业发展的重要因素之一。法国经济学家弗朗斯瓦·魁奈(1757)指出，人口状况和人们的劳动力的使用是国家经济政策中的主要对象，土地的肥力等都取决于人的劳动和他们的积极性。在国外学者对乡村人才理论的基础上，发达国家普遍都比较注重对农民和乡村人才的培养。他们从宏观政策的设计到微观举措的实施，都能为我国乡村人才振兴提供宝贵的经验和借鉴。例如，1948 年日本颁布的《农业改良促成法》，为国土面积狭窄、严重缺乏农业自然资源与优势的日本在农业现代化进程中奠定了非常扎实的基础。自 1862 年开始，美国国会通过的《莫雷尔法》《哈奇法》系列法案，促进了美国农村农业的发展。1982 年英国颁布了《农业培训局法》，这让英国成为世界上最早实现农业现代化的国家之一。

(1)日本。日本的农业开发模式主要是以农业教育为主,日本现代化的农业发展对乡村人才资源开发相当重视,还对乡村人才资源进行了大力的投入,培养了从技能型农民到农业专家等各个层次的不同类型的乡村人才。且20世纪后期开展的“造村运动”,更是将日本乡村人才资源的开发提升到了一个新的层次。

①农民的教育培训更加多元化。日本在发展乡村人才资源的过程中除了重视农业教育以外,还对会员农户提供多种服务和指导,如营农指导,即为农户们传授农业生产技术等市场营销的指导知识;购销服务,帮助农户去代购农业生活、生产方面的所需资源和销售农产品的方法;生活指导事业,对农户进行家政、文体等方面的指导;公共利用事业,集资筹办大型农业企业,为农户提供农业基础设施服务。

②依托乡村文化建设,提高乡村人口素质。1981年,日本三岛町发布了《三岛町振兴计划》,主张由町民自己构想并描绘出“明日的三岛町”,目的是提倡“生活工艺运动”。将农业生活技能与文化艺术相结合起来的乡村文化建设活动广泛地调动了农民的学习积极性,使得乡村的青壮年,甚至是中老年都积极地投入其中,成功激活了乡村人力资源的潜力。

(2)美国。美国在对现代乡村人才资源开发的过程中,除了对农民进行实用技能的开发和提高以外,还注重培养农民持续发展技能的能力。

①青年农民的培训。美国培训的青年农民主要年龄为18～35岁,培训不仅包括组织课堂教学,还包括培训教师轮流到农民家里进行手把手的指导。

②农场主的培训。内容包括给农场主介绍传统农场决策结构和现代公司决策结构的区别,还倡议对农场进行公司化改革,解决农场劳动力管理问题,以及各类金融投资的优缺点和介绍农场财务管理软件等。

(3)法国。法国是欧盟第一农业大国、世界食品加工产品第一出口国、世界第二农业和食品出口国。法国农业如此发达,与其重视对农业专业人才的开发和培育是分不开的。

①注重对青年农民的培训。法国对不满35岁的青年农民进行了农业知识和农机具使用等义务培训。针对具有农职高以上学历并从事3～5年农业事业的、拥有12公顷以下土地的青年农民,法国政府提供购买农田及经营农

场的投入资金，其中包括购买农田资金、基建、农机具的资金，经营农场的资金和创业基础资金等。

②多元化的培训教育体系。法国建构了一个科学、完备的乡村人才培养教育体系，针对高、中、初三级农业技术人才进行不同的培训工作，如农业成人培训中心的主要任务是针对农民的培训工作；农业职业技术学校和农业职业教育中心主要招收已完成义务教育的毕业生；农研所和农学会组织，除了对农业科研课题的研究和农业技术咨询和成果展览活动外，还承担对农民的农业知识培训任务。

2.学界的国内经验总结

近些年来，随着社会主义新农村发展，我国学术界也逐渐开始了对乡村人才资源发展问题的研究，有大量文献对我国近年来各地乡村人才发展做了研究及经验总结。李金花、魏军在《农村实用人才开发和培养机制问题研究——以广西壮族自治区玉林市玉州区为例》中进行了具体实证研究，并在此基础上，探讨了乡村实用型人才培养机制的重要性及乡村人才在“三农”工作中的重要作用。唐小平在《新型农民培养及农村实用人才队伍发展研究》中探讨了新型农民在农业现代化发展中的作用、存在的问题、解决的对策等，阐述了乡村人才队伍建设发展的必要性。马素芹在《试论现代远程教育与农村实用人才培养》中就如何利用远程教育对农村实用型人才进行培养进行了研究。赵路在《农村创新创业人才特征与培养研究》中探讨了创新型人才在乡村经济发展、农业产业化中的积极作用，并就乡村的创新创业型人才特征与培养做了分析。我国乡村人才资源开发及人才队伍建设的研究已经取得了一系列成果，并出版了不少专著，如卢秀臻等的《大力开发农村人才资源》、刘恩允的《欠发达地市高校在农村人才培养中的角色认知和问题探析》、耿显家的《实施农村人才开发刻不容缓》、廖华的《大力开发农村人才资源助推社会主义新农村建设》、顾崇华的《新农村建设须加强人才资源管理》、娄伟的《农村转移劳动力的培养模式分析》、崔源的《农村人才的激励途径及其创新》等。

三、相关理论基础

1.人力资源优势理论

20世纪初人们所理解的人力资源含义是由管理大师彼得·德鲁克于1954年在其所著《管理实践》一书中首先提出并加以明确界定的。随后人力资源被定义为在一个国家或地区,处于劳动年龄、未到劳动年龄和虽超过劳动年龄但具有劳动能力的人口之和,主要包括数量和质量两个方面。人力资源优势理论是由威廉·鲍克斯奥(1998)提出的,该理论主要是以资源基础理论作为其理论模型构建的逻辑基础。他认为,人力资源优势是通过组织的竞争优势获得的,如来自对组织人力智能的卓越管理,即通过人力资源优势取得竞争优势。人力资源优势主要来源于人力资本优势和人力整合过程优势,当组织获取了具有高技能水平的“内圈核心”和“外圈核心”时,组织便拥有了人力资本优势。其中“内圈核心”是由负责创新和成功模仿的管理者、技术专家及处于战略岗位的员工组成的。而“外圈核心”由拥有特有行业技能的雇员组成。当组织雇员关系问题和协作问题解决过程能使组织运行有效时,组织就获得了人力整合过程优势。在对人力资本优势与人力整合过程优势的获取中,人力资源实践起着关键作用。

2.人才资源理论

人才资源是指在人力资源中表现出素质层次较高、技术能力较强的那一部分人,也是指杰出的、优秀的人力资源,在这着重强调人力资源的质量。20世纪60年代以后,美国经济学家西奥多·舒尔茨和加里·贝克尔提出了现代人力资本理论,该理论认为人力资本主要体现在具有劳动能力的人的身上,它的表示方式主要是劳动者的数量与质量,并通过投资资本形成。

人才资源管理的主要目标表现为如下两点。一是取得最大的使用价值,这是人才资源管理的首要目标,要想取得最大的使用价值,就要求利用科学方法协调人与人、人与事以达成适当的配合,发挥最有效的人力运用,即“人与事配合,事得其人,人尽其才”。二是发挥人的最大主观能动性,激发人才活力。人的主观能动性是人类特有的能力与活动,罗伯特·塔克指出:“强迫手段能够带来的只是按命令的被动服从而已，只有当人们被真正地说服了，认识到政策的正确性，他们才会主动地、全力以赴地行动。”当人才被动甚至被迫地去完成目标时，这样得到的结果是低效、无效，甚至负效的。事实证明，人只有在自愿且主动地去劳动时，才能够将其主动性及创造、创新性充分激发出来，才能得到更高的效益结果。所以，要激励和鼓舞每个人努力高效、主动地工作，让其发挥更大的作用。

人才资源的本质特征有如下几点：

(1)内在素质的优越性。就人才与一般人相比较，人才会在一个或者几个方面具备一般人所没有的优越素质。

(2)劳动过程的创新性和劳动成果的创造性。人才在劳动的过程中所产生的劳动成果也优于一般人，在劳动的同时人才还会对过程进行创新以达到更优的效果。

(3)贡献的超常性。人才所具有的创造性和创新性决定了人才能比一般人甚至前人取得不同领域中更优的结果和更大的成就。

(4)资源的稀缺性。我国人才资源的稀缺不仅体现在城市，更体现在地广人稀的乡村当中。

(5)不可替代性。人才资源所创造的劳动成就，相较于一般人而言是不可替代的。

(6)时代性和群众性。人才是从群众之间被发现和培养挖掘的，要根据时代的前进来发现更多的人才。

四、乡村人才类型

根据我国乡村社会、经济发展特征，本研究将乡村人才分为三类，即管理型人才、科技型人才及经营型人才，这三类人才共同构成了我国乡村振兴的人才需求。

1.管理型人才

(1)定义。管理型人才是指拥有充分的社会经验和广博知识，能够在交流当中了解人的行为及其人际关系的人才，具有很强的交际能力并擅长将人与团体很好地组织起来。他们在实施管理的时候不但了解为什么做，该如何做，还能将把握行为进行转变，进而调动人和组织的所有积极性去完成所制定的目标。

(2)特点。

①实践性。人才的思维、意识能力是在劳动与实践中形成的，管理型人才能在社会生产、交换、分配及消费等多个环节当中进行组织、指挥、监督和调节并发挥作用，这体现出了管理型人才的实践性。第一，管理型人才主要来自管理的实践；第二，管理型人才也必须服务于管理的实践；第三，实践是检验事实的真理，也是检验管理型人才是否为才的试金石。

②对象性。管理型人才在进行经济活动时，会有明确的管理对象，而管理对象主要是各种生产要素，作为管理对象可以是人力资源，当然也可以是资金、物资、信息等各种要素的综合。而且在一定程度上，管理型人才其实也是经济活动中的要素之一，能将其他各种要素融入系统运动当中。

③创造性。管理型人才最本质的特征是创造性，这个特征体现在管理型人才在经济活动当中能够创造性地运用自身掌握的知识、经验和职权，以取得创新和发展的能力。对于不同层次的管理型人才，创造能力的要求也不一样，人才的创造能力的强与弱，主要是判断一个系统的管理是否成熟的重要依据，也是决定其能否获得更高一级管理职权的重要条件之一。

④层次性。据了解，管理职能是分层次的，当然管理型人才也是有层次的。从素质上来划分，一般将管理型人才分为初级管理人才、中级管理人才及高级管理人才。在对人才划分层次后，又将每个层次划分为若干的子层次，这些子层次包含各种类型的管理型人才。对于层次性的划分实际是相对的、动态的，所以管理型人才的层次也有可能由于人才的波动而随之发生变动。

⑤效益性。管理型人才的工作目标与所服务系统的目标是一致的，在经济活动中需要通过对各要素进行管理来获得更大的效益。并且管理型人才的工作也主要是围绕提高组织效益的整体目标来进行，他们需要对各生产要素进行精心策划和组织调动，尽力使之成为最佳的组合，来为组织获取更高的产出，这一目标是管理型人才的一个重要标志。

2.科技型人才

(1)定义。科技型人才是指受过专门教育和职业培训，有科技才能并掌握农业行业的某一专业知识和技能，能掌握知识和生产工艺技能并对乡村社会有着较大贡献的人才。科技型人才是乡村科学研究和科技创新的主体，也是科学技术的载体，是加快科技创新和经济社会发展的基础性和战略性资源。

(2)特点。

①探索性。科技的进步是在不断探索中发生的，揭示事物发展的客观规律是农业科技劳动的任务，其中农业科技工作的任务主要是向未知领域进行探索发现。所以科技型人才需要具有不断探索和不怕失败的精神，为乡村的科学研究做出更多创新和进步。

②创造性。探索是创造的前提，创造是科技型人才在对农业方面进行探索过程中的发现和发明，随之对探索结果的落实和确定，在确定探索结果后再去发现质变性的发展。

③精确性。科技劳动过程和结果的精确性是对乡村发展事物正确认识的基础和前提，所以科技型人才在从事农业科技工作时，需要在农业科学研究当中取得精确的材料、数据，来对观念、概念判断及推理以得到精确的结论，为农业发展事业做出精确的贡献。

④个体性与协作性。在农业科技劳动中，有时候靠个人的力量是不够，所以存在着个体劳动和集体相互协作的方式。个体劳动是指个人在劳动时的独立思考、钻研及创造，而在较大规模的科学研究和创新中，需要更多的科技型人才相互启发、合作、配合及共同探讨、推理、确认，从而发挥出集体智慧所能创造的成果。

3.经营型人才

(1)定义。经营型人才指的是拥有自由或合伙拥有农业生产资料与资金，从事农业经营、乡村经济等生产活动，具有带动效应和吸纳一定数量的乡村劳动力就业，并且具有一定的规模和一定的经济收入条件的乡村劳动者。其中包括乡村个体或合伙企业所有者及主要经营者，也包括有雇工的个体工商业者。

(2)特点。

①拥有丰富的生活阅历。就乡村经营型人才来说，不仅在农业经营方面有经验，而且还在生活技能上有不同于一般人的阅历。由于他们在经营及生活方面的阅历较深，所以他们的眼界不受限于狭小的生活圈子里，对于新鲜的事物有着很强的接受能力，在受我国传统生产方式束缚的乡村中，经营型人才所具有的见识是难能可贵的。

②能够带动农民学习。经营型人才就是乡村发展中产业的领头人，他们在经营生产中所取得的成就能够吸引农民向他们请教，调动农民学习农业技能的积极性，带领本地农民朝着提高乡村经济发展的目标前进。

③一专多能的特性。经营型人才一专多能这一特性是由农业的一般特点及多种经营产品的商品学所决定的。多种经营的生产条件分布在广阔的空间，特别是农业会受到自然环境的影响，这时经营型人才只有加强对实地的了解，分析环境变化对农业的影响程度，才能在最终产品上获得最大的劳动成果。在乡村中，经营劳动的对象主要是土地、河流等自然资源，经营型人才需要对经营对象进行有机的综合性利用，形成一个良性的循环。

④掌握一定的知识水平。如果一个地区中经营型人才的文化程度太低，导致的结果往往是种植业和其他产业的发展只能维持在一般传统的生产水平上。他们在拥有丰富的生活阅历的同时，掌握了高于普通农民的知识水平，这不仅体现在学历程度上，还表现在对经营方面的认识中。

第二节　乡村人才的现状与需求

一、我国乡村人才现状与问题

乡村人才振兴的过程中面临着很多问题，当前，乡村正处于社会转型的关键期，人口大量外流，村庄缺乏人气、活力、创造力等现象普遍存在，特别是在一些偏远的山区或经济不发达地区。随着社会的发展，更多的年轻人选择外出打工，导致村庄“空心化”、农户“空巢化”、农民“老龄化”不断加剧。所以只有振兴人才，吸引大量的人才进入乡村，才能让乡村无论是在经济还是文化上都不断发展，从而提高农民的经济收入，改善农民的生活状况，给他们创造一个良好的生产、生活及生存环境。

1. 乡村人才现状

(1)农村科技人员数量情况。如表5-1所示，2006年末，综合全国不同四个地区的农业技术人员数量共有207万人，按地区分布来看，东部地区70万人，占其农业从业人数的0.73%；中部地区39万人，占其农业从业人数的0.38%；西部地区77万人，占其农业从业人数的0.62%；东北地区21万人，占其农业从业人数的0.75%。按照职称划分，全国初级农业技术人员有149万人；中级农业技术人员有46万人；高级农业技术人员有12万人。其中高级农业技术人员占总人数的5.8%，农业技术人员只占农业从业人员的0.59%，且技术人员在农业生产经营单位就业的人员只占45%。不同级别技术人员的匮乏，导致了农业技术普及进程缓慢，制约了农业技术的发展和推广。

表5-1　农业技术人员数量　　　　单位：万人

	全国	东部地区	中部地区	西部地区	东北地区
合计	207	70	39	77	21
初级	149	53	25	58	13
中级	46	14	11	15	6
高级	12	3	3	4	2

数据来源：第二次全国农业普查公告

(2)农业经营型人才数量和结构。如表5-2所示，在查询第三次全国农业普查公告后，2016年农业部将农业经营型人员的数量与结构也按照东部、中部、西部及东北地区进行分类，可得到经营人员数量为东部地区8 746万人、中部地区9 809万人、西部地区10 734万人、东北地区2 133万人，分别占总数的28%、31%、34%、7%。其中四个地区的经营人才男性构成都大于女性构成，男性经营人员数量平均都在52%以上。在年龄的构成中，全国普遍年龄在36岁以上，占了总人数的80%以上，只有西部地区的经营人才年龄在35岁以下的人数占比超过了20%。经营型人才的受教育程度普遍集中在小学和初中学历，而高中及高中以上的学历平均占比只有 8.12%，学历低严重成为阻挡乡村人才振兴发展的障碍，并且这部分的人员多数都是以种植业为生，使得其他农业行业发展不平衡。

表 5-2 农业生产经营人员数量和结构 单位：万人、%

	全国	东部地区	中部地区	西部地区	东北地区
农业生产经营人员总数	31 422	8 746	9 809	10 734	2 133
农业生产经营人员性别构成					
男性	52.5	52.4	52.6	52.1	54.3
女性	47.5	47.6	47.4	47.9	45.7
农业生产经营人员年龄构成					
35 岁及以下	19.2	17.6	18.0	21.9	17.6
36～54 岁	47.3	44.5	47.7	48.6	49.8
55 岁及以上	33.6	37.9	34.4	29.5	32.6
农业生产经营人员受教育程度构成					
未上过学	6.4	5.3	5.7	8.7	1.9
小学	37.0	32.5	32.7	44.7	36.1
初中	48.4	52.5	52.6	39.9	55.0
高中或中专	7.1	8.5	7.9	5.4	5.6
大专及以上	1.2	1.2	1.1	1.2	1.4
农业生产经营人员主要从事农业行业构成					
种植业	92.9	93.3	94.4	91.8	90.1
林业	2.2	2.0	1.8	2.8	2.0
畜牧业	3.5	2.4	2.6	4.6	6.4
渔业	0.8	1.6	0.6	0.3	0.5
农林牧渔服务业	0.6	0.7	0.6	0.5	1.0

数据来源：第三次全国农业普查公告

2. 我国乡村人才问题

(1)乡村人才发展水平不高。我国乡村人才的总数量较低，特别是在西部地区，不仅仅存在人才数量上不足的问题，而且就算在人才数量相对较多的地区，其整体教育程度也不够，大多处于偏低的状态，工作在涉农一线的大部分都是本科以下的学历和初、中级职称人员，直接影响了乡村人才振兴的发展。这些乡村还有一个问题就是人才结构不合理，不能将人才所具备的长处完全展现出来，导致人才的误用。

(2)乡村人力资源的缺乏。因为乡村区位偏远，交通不便利，基础设施不完善及就业机会少等，大部分的乡村青壮年选择进城务工来增加实际收入从而改善自身生活条件。而剩下的劳动力大多数为妇女、儿童和老年人，使得乡村的主要劳动力也趋于老龄化、弱势化。若长此以往，不但耕地的质量得不到提高，而且农户在农业方面的收入也会逐渐降低，将阻碍城镇化的发展，不利于乡村振兴。

(3)乡村劳动力趋于单向流动。我国现在的城乡发展差距较大，其中主要原因是，乡村的地理环境和位置特殊，以及农民对乡村振兴和城镇化理解不够，从而使乡村各种产业得不到有效的宣传和发展，乡村人才更多流向城市，形成单向流动，影响了乡村及人才的发展，并造成了人才的匮乏及乡村的滞后与发展。劳动力的单向流动使得越来越多的年轻人更加愿意在城市取得较为高薪的职业，而留在乡村承担家务活和农活的多是老人、妇女，甚至是小孩。这也为创建一支对乡村振兴有用的队伍形成了障碍。

(4)人才培育体系不完善。如果乡村没有系统完整的培育人才的体系，将会导致大部分乡村人才转移到发展较好的地区，并且形成对于乡村工作人员缺乏系统性管理。每个人才具有不同的特点，需要培育人才的多方面技能，但是目前没有相应的部门或机制对这些乡村人才进行相应的培训，以提高人才对新技术的认识和掌握，提升部分本科以下的人才的学历，扩展人才各方面的知识，也还未形成一批适应乡村发展的新型乡村人才队伍。

二、乡村振兴背景下乡村人才的需求

要实施乡村振兴战略，就需要更多的乡村人才，在充分发挥乡村人才的重要性的同时，要认识到乡村人才是乡村振兴战略的主体和依靠。所以要完成乡村振兴这一重要战略，就必须吸引大批有才之士，强化乡村人才的支撑，充分利用开发乡村人力资源，培养一批爱农村、懂农业和爱农民的人才，强力支持乡村振兴的队伍。只有了解乡村人才对于乡村振兴的重要性，才能找到更好的方式方法来振兴乡村人才，从而依靠人才的振兴来带动各个乡村的振兴，逐步实现乡村振兴这一伟大事业。

1. 乡村管理型人才需求

要实现乡村振兴，就要形成一个合理的管理机制，只有在合理完善的管理系统下，才能有秩序地将乡村振兴一步一步地发展下去。优秀的管理型人才拥有决断能力、语言表达能力和对事物的判断能力等，并且能够带动乡村地区经济发展，逐步向城镇化接轨，而且这部分人才能够激发广大农民的创造性和积极性，所以需要更多不同类型的管理型乡村人才。

2. 乡村科技型人才需求

这部分人才应具有农业方面的特殊的科技理论知识和应用技术，能够将所掌握的知识与生产技术运用到农业科技发展之中，以带动农业科学技术进步，为乡村做出较大的贡献。随着科技的不断进步和知识经济的到来，科技水平的提高已经成为城市和乡村发展的重要推动力量，所以乡村更需要能够针对乡村振兴发展的乡村科技型人才来加速乡村各个方面的科技进步，促进乡村振兴的基础性工作，并创建一支为乡村服务的高水平科技队伍。

3. 乡村经营型人才需求

经营型人才靠着自身对农业及农产品的认识，从中找到发财致富的道路。他们可以依靠农业产业来吸引更多的农民加入其中，这样既可以提高农民的就业率，也对农地流转及合理利用起到有效作用，所以乡村需要能够因地制宜发展本地产业的经营型人才，从而促进乡村产业的发展。这部分产业不仅仅是农业，还有旅游业等，经营型人才的出现不仅使乡村产业能够被更多的人所熟知，还能够吸纳更多想返乡就业的优秀人士。

第三节 乡村人才评价

一、乡村人才评价的基本理论

1.人才评价

自20世纪初期开始，现代科学的人才评价理论与科学评价技术才开始形成。人才评价是一种对人才进行评价的制度，它是对人才的基本素质及其绩效进行一系列评定的科学手段和方法的过程，以便考察人才的发展程度。在这里，人才评价的具体对象并不是抽象的个人表现，而是作为个体存在的人的内在素质及表现出来的成绩。

人才评价是运用市场的合理配置资源从而发现人才的方式，同时也是激励人才干事创业的导向机制，其主要作用是为我国引进不同类型的优秀人才。对人才进行评价可以通过科学的评价机制，帮助相应的人才就业，形成人才引领发展的良好局面。并且对于人才而言，当他们为社会经济产生出来的价值得到了公平公正的评价，得到相应的荣誉、职称等物质激励后，人才评价能够充分激励人才在劳动中对实现目标的创造创新。任何地方都需要人才，目前我国处于乡村振兴的新时期，乡村人才振兴是重中之重，只有建立合理的评价机制，才能够让乡村人才物尽其用，同时依靠这部分的优秀人才带动其他人的能动性和积极性，共同为我国乡村振兴事业做贡献。

2.人才评价的理论依据

(1)统计学理论。统计学是指关于认识客观现象总体数量特征和数量关系的科学。它是通过搜集、整理、分析统计数据，客观地认识统计对象的数量规律性的方法论科学。统计学的定量研究具有客观、准确和可检验的特点，所以统计方法是实证研究的重要方法之一，且广泛应用于各门学科。随着我国科学的进步及数字化进程的不断加快，人们开始依靠搜集到的大量数据来分析并总结经验和事物发展规律，这为以后的决策提供了参考依据。统计学不仅仅是单纯的统计数学，还包括了对事物的调查、数据的搜集和分析，以及对结果的预测。

(2)人才需求支撑理论。在查询相关人才理论中，对于人才需求理论没有现成的研究。目前有关人才需求的支撑主要有以下两个理论：一是边际生产率理论。边际生产率理论最早是由德国经济学家海因里希·冯·屠能提出，随后由美国经济学家约翰·贝茨·克拉克加以分析发展并系统化。该理论认为，当资本不变而劳动相继增加时，"劳动的边际生产率"决定劳动者工资的多少，劳动越多，工资越低。可依据此理论来分析对人才的需求。二是派生需求理论。英国经济学家、剑桥学派创始人阿尔弗雷德·马歇尔在部分采用边际生产率理论的基础上提出了均衡价值理论。人才的劳动力相对于一般人来说是一种高级的劳动力。阿尔弗雷德·马歇尔认为，劳动力的需求是一种派生的需求，这种需求取决于对商品和有助于生产的劳务的需求。因此，阿尔弗雷德·马歇尔的派生需求理论广泛应用于人才的需求上。

人才需求与人才供给是不同的，无论是政府部门、企业还是事业单位，都会根据用人单位对人才需求和人才需求单位的性质引进人才，人才需求单位就是用人单位。例如，政府部门的人才需求主要取决于政府部门的规模大小、业务范畴等多个方面，特别是对于一些知识性、专业性强的政府部门而言，更多的是需求管理型与科技型人才。企业的人才的需求取决于企业的发展和扩展的需要，企业不仅要求管理型人才还需要经营型人才。乡村对人才的需求取决于社会、经济、文化、科技等事业的发展。其中人才需求与供给一样，不是单一的，而是多种类的，由多个层次结合相互形成有机的人才需求结构。由于自然条件和经济发展水平不同，每个乡村对于人才的需求也会不同，比如一些经济相对落后、人口稀少、交通闭塞的欠发达地区对人才的需求会低于经济发展好和交通便利的发达地区。就整个乡村和社会来说，对人才的总需求不仅取决于各个地区中行业人才的需求之和，还取决于整个社会的人才供给情况。

二、评价原则、内容与方法

1. 乡村人才评价原则

在做乡村人才振兴评价时，为了保证评价过程的正确性和客观性，最后得到的评价结果须具有正确性和有效性。若评价过程背离了科学的原则与方法，不仅得到的结果是无效的，而且会导致此乡村人才评价毫无意义。所以，在做评价时必须遵循以下原则：

(1)科学性原则。科学性原则是指对乡村人才数量、质量及结构指标的设定要符合科学发展规律，其内涵要清晰、准确，能够全面反映被评价对象的真实情况。一方面要以科学的人力资源管理理论基础为指导，构建合理的基本框架和逻辑结构，另一方面是在选取指标的过程中，要经过政策指标提炼、专家评审、实地调查、归纳概括、评价试验等几轮筛选，从而确定最终的指标层体系。

(2)系统性原则。在构建乡村人才评价指标体系中，要将评价对象看作一个统一的整体，从多层次、多角度来对评价对象的各个要素进行分析，在确定一级指标、二级指标时，须斟酌系统的各个指标存在的必要性，全面考虑人才数量、质量及结构因素。并且还要分析各指标之间的联系与区别，让评价对象最大限度地反映其效果和特征。

(3)可比、可操作、可量化原则。建立的评价标准应具有可比性。只有在对比之下产生优劣之分，优势方才可知如何扬长避短，劣势方则可以学习优势方的经验。而可操作原则是为了保证评价标准能够科学、简易并通俗易懂，这样得出来的评价标准是科学的、简明扼要的，且表达形式是大众化、能够让人理解的。可量化原则是指在建立评价标准后需要数据的支撑才能使其具有意义，数据可以验证此标准的完整性和有效性，并考虑是否能够定量处理，以便进行数据技术及案例分析。

(4)定量与定性分析原则。在对评价对象进行评价的时候不仅要采取定性分析，还要依靠数据采取定量分析。这样可以客观、准确地反映评价对象，并且在确定评价指标时，不仅需要量化数据采集，以表示某一指标的程度，还要对一部分无法量化的指标进行一定的定性分析，全面地体现客观和主观评价的情况。

2. 乡村人才评价内容

本研究将乡村人才分为管理型人才、经营型人才及科技型人才三类，并从人才的数量、质量及结构三个方面进行评价。

(1)人才数量。根据研究区域的不同县份的乡村劳动力资源总量、男女性人才的比例及不同年龄层的人才数量进行统计，并进行相互比较来了解此地区人才的发展情况，定量地探索不同县份的年龄层人才数量之间的差异，并分析人才数量上差异出现的原因，从数量上判断乡村的人才是否已经振兴。

(2)人才质量。本研究根据人才的受教育程度和职称来分析各个县现有人才的质量，对比乡村之间人才的总体学历差距，以及以初、中、高三级职称来判断人才之间质量的发展情况，并分析人才质量不同的原因，考虑人才质量对乡村振兴有哪些方面的影响。

(3)人才结构。将乡村人才分类为管理型、科技型及经营型人才，针对每个县份的这三类人才进行一个整合，了解这些人才的行业组成情况和在集镇与村落之间的分布情况，以此来分析这三类人才对乡村的影响程度和乡村人才在行业和居住的分布情况。

3. 乡村人才评价方法

(1)层次分析法。层次分析法是指将与决策总是相关的元素分解成目标、准则、方案等层次，在此基础上对数据进行的定性分析与定量分析相结合的多目标决策分析方法。

层次分析法基本原理实际上和排序的原理相同，它是将所有的方法按照优劣的次序进行排序。具体可描述为将所需决策的问题作为受到各种因素影响的系统，并将这些相互联系的因素按照其隶属关系从高到低进行排序，成为若干层次。然后再请专家和权威人士对各因素进行两两比较，确定两个因素之间的关联性，随后运用数学方法，对各因素再排序。最后对得到的排序结构进行分析，以达到辅助决策的目的。此方法是定性与定量研究分析的结合，并将主观判断用数量的形式表示出来，然后进行科学性处理。

(2)模糊综合评判法。模糊综合评判法是在“模糊集合论”的基础上运用数学的方法处理模糊性现象，并以此来对评价对象进行评判的一门数学分支。它的原理是先确定评判对象的各因素指标的集合评价集，然后再确定各因素之间的隶属度向量及权重，以获得模糊评判矩阵，接着将得到的模糊评判矩阵与各因素的权重进行模糊运算，并对数据进行归一化，最后得到评价综合结果。

(3)熵值法。熵原是统计物理和热力学中的一个物理概念，在信息系统中，信息熵是指信息的无序度。当信息熵值越大时，信息的无序度就越高，代表其信息的效用值也就越小。反之，信息的熵值越小，信息的无序度越低，信息的效用值越大。熵值法是根据各指标所含信息有序度的差异性，也就是信息的效用价值来确定指标的权重。

本研究采用层次分析法来对乡村人才评价指标体系进行构建。

三、乡村人才评价指标构建

1.乡村人才评价指标的筛选与优化

乡村人才评价的界定准确度、层次结构清晰程度都关系到评价指标的可行性和评价结果质量的好坏。构建乡村人才振兴指标体系的关键环节是对乡村人才的类别及特征进行系统分析并从中筛选出合理的、重要的且能够体现出人才特征的指标。在对研究地区黔南州进行实地调查及相关文献资料的搜集后，对提出的预想评价指标进行实际验证。设计科学、合理的乡村人才是正确评价和选择优秀乡村人才的前提和标准，所以在建立人才评价指标体系时应该严格遵循科学性原则、系统性原则、可比性原则、可操作原则、可量化原则及定量与定性分析原则。

乡村人才评价指标数量的多少及其体系的结构形式以上述的评价原则为主，尽量依靠较少的指标去系统、科学地反映出评价对象的内容及特点，这样既避免了多指标的重复与繁杂，又避免了单因素选择的影响，进而实现乡村人才评价指标体系的总体最优。

2.指标体系的构建

依据战略目标确定乡村人才振兴评价的重点，《国家中长期人才发展规划纲要》《全国人才资源统计指标体系及统计任务分工》中的农村实用人才资源统计指标如表 5-3 所示。本文最终确定一级指标 3 个，分别为人才数量、人才质量及人才结构，二级指标 8 个及三级指标 28 个，乡村人才评价指标如表 5-4 所示。

表 5-3　农村实用人才资源统计指标

<table>
<tr><th>类别</th><th colspan="2">统计指标</th></tr>
<tr><td rowspan="6">规模</td><td colspan="2">劳动力总数</td></tr>
<tr><td rowspan="5">农村实用人才总数</td><td>生产型人员人数</td></tr>
<tr><td>经营型人员人数</td></tr>
<tr><td>技能服务型人员人数</td></tr>
<tr><td>技能带动型人员人数</td></tr>
<tr><td>社会服务型人员人数</td></tr>
<tr><td rowspan="10">结构</td><td colspan="2">女性人数</td></tr>
<tr><td rowspan="6">年龄</td><td>35 岁以下人数</td></tr>
<tr><td>36～40 岁人数</td></tr>
<tr><td>41～45 岁人数</td></tr>
<tr><td>46～50 岁人数</td></tr>
<tr><td>51～54 岁人数</td></tr>
<tr><td>55 岁及以上人数</td></tr>
<tr><td rowspan="2">学历</td><td>初中以下学历人数</td></tr>
<tr><td>大专以上学历人数</td></tr>
<tr><td>技术水平</td><td>获得农民技术员以上专业职称的人数</td></tr>
<tr><td>分布</td><td>不同行政区域人数</td><td>31 个省区市的人数</td></tr>
</table>

资源来源：《全国人才资源统计指标体系及统计任务分工》

表 5-4　乡村人才评价主要指标

一级指标(3 个)	二级指标(8 个)	三级指标(28 个)
人才数量	劳动力资源	乡村劳动力总数
	年龄	18～25 岁人数
		26～35 岁人数
		36～45 岁人数
		46～50 岁人数
		51～54 岁人数
		55 岁以上人数
	男女比例	男性人数
		女性人数
人才质量	学历	未上过学人数
		小学人数
		初中人数
		高中或中专人数
		大专人数
		本科人数
		研究生人数
	职称	初级人数
		中级人数
		高级人数
人才结构	人才类型	管理型人才数
		科技型人才数
		经营型人才数
	人才行业构成	种植业人数
		林业人数
		畜牧业人数
		渔业人数
	人才分布	集镇人才人数
		村落人才人数

3.各类指标的解释

综合上述根据人才资源统计指标体系选取指标,分别对评价指标内容进行解释说明。

(1)人才数量。

①劳动力资源。劳动力资源是指一个国家或地区,在一定时间点或时期内,所拥有人口劳动力的总量和质量。

②人才年龄组成。根据世界卫生组织确定的新的年龄分段,青年人的年龄上限已经提高到44岁,将乡村人才年龄组成总分成为青、中、老年,然后再细分为六个不同年龄层次,用于体现乡村人才在青、中、老年的不同阶段。

③男女比例。男女比例是指一个地区男女人口的相对比例,在此体现的是乡村人才中男女的相对比例。其中男女比例失调是中国进入20世纪以后所面临的一个严峻的人口问题,到21世纪后才有所缓解,所以也需要研究男女比例之间的问题。

(2)人才质量。

①学历。学历是指曾在学校结业或毕业之后得到的一纸文凭,实际上也是指最高层次的一个学历证书,主要以国家认可的拥有文凭颁发权力的学校及其他教育机构颁发的学历证书为凭证。我国的学历教育分为小学、初中、中专、高中、大专、本科及研究生,对于乡村人才还需要参考未上学的那部分人才数量。

②职称。职称在理论上是指专业技术人员的专业技术水平、能力,以及成就的等级称号,也是反映专业技术人员的技术水平、工作能力的标志。我国将职称系列主要分类为高级(正高级和副高级)、中级、初级。

(3)人才结构。

①人才分类。依据乡村对人才的需求,将研究人才类型分为管理型人才、科技型人才、经营型人才,从三个方面对人才的类型进行阐述分析。

②人才行业分布。在我国,种植业、林业、畜牧业和渔业合为广义上的农业,其中种植业是指栽培各种农作物,以获得植物性产业的农业生产部门;林业是指在保护生态环境的条件下,获取并培育保护森林中的木材及其他林产品,利用森林的自然特性来发挥防护作用的生产部门;畜牧业是指利用畜禽和被驯化的动

物，经过人工养殖，以获得蛋、肉等多种产品的生产部门；渔业是指捕捞和养殖鱼类、其他水生动物及海藻类等水生植物，以取得水产品的社会生产部门。

③人才分布。乡村是对应城市的称谓，有集镇、村落。集镇是指经县级人民政府确认的，从集市逐步发展而成的，具有一定区域经济、文化和生活服务中心的非建制镇；村落主要包括村庄地区、自然村和自然村落，是由大的聚落或多个聚落集中分布形成的群体。

四、评价指标权重的确定

在评价乡村人才过程中，可以运用上述层次分析法、模糊综合评判法及熵值法来对人才指标的权重进行确定。层次分析法集中了专家的意见和看法，利用相应的数学工具对专家的意见和看法进行相应处理，相较其他方法更加具有客观性。因此，本研究利用层次分析法来确定各项指标的权重。

1. 构造判断（成对比较）矩阵

只从单方面对各因素的权重进行定性分析，是不客观的。因此桑蒂·奥格等人提出一致矩阵法，该方法主要是将各因素进行两两比较，而不是把所有因素放在一起，采用相对尺度对各因素进行组合比较。这样减少了性质不同的因素之间比较的困难性，从而提高了因素的准确性。如对某一准则，将各方案进行两两比较，按照它们之间的重要性程度来评定因素的等级。如公式 a_{ij} 为要素 i 与要素 j 重要性比较结果，表 5-5 列出 9 个重要性等级及其赋值。按两两比较结果构成的矩阵称作判断矩阵。

表 5-5 比例标度

因素 i 比因素 j	量化值
同等重要	1
稍微重要	3
较强重要	5
强烈重要	7
极端重要	9
两相邻判断的中间值	2,4,6,8

2.计算各指标的权重系数

常用的方法有两种：方根法和内积法。这里我们采用简单实用的方根法。具体作法如下：

(1)分别计算判断矩阵 B 每一行元素的积 Mi，其公式为：

$$M_i = \prod_{j=1}^{n} b_{ij} \quad (i = 1,2,\cdots,n)$$

(2)分别计算各行 Mi 的几何平均数 $\overline{W}$，其公式为：

$$\overline{W}_i = \sqrt[n]{M_i} \quad (i = 1,2,\cdots,n)$$

(3)对向量 $\overline{W}=(\overline{W}_1,\overline{W}_2,\overline{W}_n)T$ 作归一化处理，其公式为：

$$W_i = \frac{\overline{W}_i}{\sum_{j=1}^{n} \overline{W}_j} \quad (i = 1,2,\cdots,n)$$

$\overline{W}_i$ 即为所求的各指标的权重系数。

3.标权重确定及一致性检验

层次单排序是对应于判断矩阵最大特征根 λ_{max} 的特征向量，然后进行归一化(使向量中各元素之和等于 1)后记为 W。然后将 W 的元素按照同一层次的因素对于上一层次因素之间的比较相对重要性进行排序权值。在确定层次单排序后，还需要对其进行一致性检验，一致性检验是指对 A 确定不一致的允许范围。其中，n 阶一致阵的唯一非零特征根为 n；n 阶正互反阵 A 的最大特征根 $\lambda \geqslant n$，当且仅当 $\lambda = n$ 时，A 为一致矩阵。由于 λ 连续的依赖于 a_{ij}，则 λ 比 n 大的越多，A 的不一致性越严重，一致性指标用 CI 计算，CI 越小，说明一致性越大。用最大特征值对应的特征向量作为被比较因素对上层某因素影响程度的权向量，其不一致程度越大，引起的判断误差越大。因而可以用 $\lambda - n$ 数值的大小来衡量 A 的不一致程度。定义一致性指标为：

$$CI=\frac{\lambda-n}{n-1}$$

$CI=0$，有完全的一致性；CI 接近于 0，有满意的一致性；CI 越大，不一致越严重。为衡量 CI 的大小，引入随机一致性指标 RI：

$$RI=\frac{CI_1+CI_2+\cdots+CI_n}{n}$$

一致性的偏离可能是由随机原因造成的，所以在检验并判断所得矩阵是否满意一致性时，还需将 CI 和随机一致性指标 RI 进行比较，得出检验系数 CR，公式如下：

$$CR=\frac{CI}{RI}$$

一般来说，如果 $CR<0.1$，则认为该判断矩阵通过一致性检验，否则就不具有满意一致性。

(1)一级指标权重确定及一致性检验。用 A 来表示一级指标的判断矩阵，并计算此判断矩阵的一致性 CR 值，如表 5-6 所示。

表 5-6　一级指标的判断矩阵

	A_1	A_2	A_3
A_1	1	1	3
A_2	1	1	4
A_3	1/3	1/4	1

从表 5-6 计算得出：$CR_1=0.008\ 8<1$，说明矩阵 A 满足一致性(或一致性为满意)，得出 A_1、A_2、A_3 的权重分别为 0.416 1、0.457 9、0.126 0，将总分一百分按照权重的比例分别设置分数，人才数量总分数为 $100\times0.416\ 1=41$ 分；人才质量总分数为 $100\times0.457\ 9=46$ 分；人才结构总分数为 $100\times0.126\ 0=13$ 分。

(2)总层级标权重确定及一致性检验。经过专家评审及对总层级的计算确定的权重如表 5-7 所示，查找相应同阶平均随机一致性指标 RI，表 5-8 给出的是 1—9 阶平均随机一致性指标。

表 5-7　总层级指标权重

指标名称		权重
一、人才数量		41
劳动力资源	乡村劳动力总数	8
年龄	18～25 岁人数	6
	26～35 岁人数	6
	36～45 岁人数	6
	46～50 岁人数	5
	51～54 岁人数	3
	55 岁以上人数	3
男女比例	男性人数	2
	女性人数	2
二、人才质量		46
学历	未上过学人数	2
	小学人数	3
	初中人数	4
	高中或中专人数	5
	大专人数	6
	本科人数	7
	研究生及以上人数	9
职称	初级人数	2
	中级人数	3
	高级人数	5
三、人才结构		13
人才类型	管理型人才数	2
	科技型人才数	2
	经营型人才数	2

续表

指标名称		权重
人才行业构成	种植业人数	1
	林业人数	1
	畜牧业人数	1
	渔业人数	1
人才分布	集镇人数	2
	村落人数	1

表 5-8　平均随机一致性指标

阶数	3	4	5	6	7	8	9
R. I.	0.52	0.89	1.12	1.26	1.36	1.41	1.46

4. 乡村人才评分

本研究用人才结构对人才创新能力进行评价，采取加权评分制的形式对乡村人才进行评分。根据《国家人才评价标准体系》《人才队伍建设考核评分表》及上一节计算出来的权重，以加权分制的方法把所选地区的人才振兴分数计算出来，并以此分数来表示地区振兴程度。

第四节　黔南州乡村人才振兴及评价

一、黔南州人才现状

1. 人口分布现状

黔南布依族苗族自治州位于贵州省中南部，南与广西壮族自治区毗邻，西与贵州省安顺市、黔西南布依族苗族自治州接壤，北靠省会贵阳市，处于贵州高原向广西丘陵过渡的斜坡地带，地势北高南低，处于东亚季风区。全州辖 2 个县级市，9 个县、1 个自治县，总面积为26 197平方千米，总人口为

397 万人，有汉族、布依族、苗族、水族、壮族、侗族、毛南族、仡佬族等 37 个民族。根据黔南州乡村社会经济发展程度，我们选取了荔波县、贵定县、瓮安县、独山县、惠水县及龙里县这 6 个分别有着相近发展程度、较低城镇化程度及较为落后的乡村人才的县进行调查分析，资料来源于《黔南统计年鉴 2017》及对乡村的实地调查，黔南州 6 个县的人口现状如表 5-9 所示。

表 5-9　各县份人口现状　　单位：人

县份名称	荔波县	贵定县	瓮安县	独山县	惠水县	龙里县
乡村户数	47 210	68 565	117 037	76 418	94 267	46 439
乡村人口数	169 543	248 311	433 913	322 682	388 343	199 690
男	88 798	128 776	227 475	171 492	198 868	100 751
女	80 745	119 535	206 438	151 190	189 475	98 939
乡村外出人口数	47 055	54 360	109 478	86 223	111 561	50 396
乡村从业人员数	108 158	155 340	297 592	205 265	271 735	120 704
男	57 383	79 534	157 112	109 366	138 586	63 472
女	50 775	75 806	140 480	95 899	133 149	57 232

2. 黔南州人才现状

本研究将所搜集到的数据按照人才数量、质量和结构进行统计并以图表的形式表达。

(1)黔南州人才数量。如表 5-10 所示，分别对黔南州 6 个县的乡村人才年龄层按照 18～25 岁、26～35 岁、36～45 岁、46～50 岁及 55 岁以上的人才数进行统计，可知荔波县的乡村人才总数为 13 401 人，贵定县人才总数为 16 480 人，瓮安县人才总数为 24 830 人，独山县人才总数为 15 459 人，惠水县人才总数为 19 586 人，龙里县人才总数为 14 590 人，6 个县人才的年龄层次主要集中在 36～50 岁之间。

表 5-10　黔南州乡村人才年龄层次　单位：人

地区	年龄层次						
	18～25 岁	26～35 岁	36～45 岁	46～50 岁	51～54 岁	55 岁以上	合计
荔波县	533	2 111	4 767	3 613	1 809	568	13 401
贵定县	783	3 080	5 710	4 154	1 966	787	16 480
瓮安县	2 329	5 022	7 116	6 239	2 773	1 351	24 830
独山县	1 172	3 076	4 349	4 355	1 730	777	15 459
惠水县	1 663	3 659	5 253	5 292	2 493	1 226	19 586
龙里县	1 204	2 659	3 975	3 933	1 941	878	14 590

如图 5-1 和图 5-2 所示，男女失调不仅体现在城市中，在乡村中，男性劳动力的数量也大于女性劳动力数量。男性人才数量整体在 8 800 人以上，其中男性人数和女性人数最多的是瓮安县，最少的是荔波县。

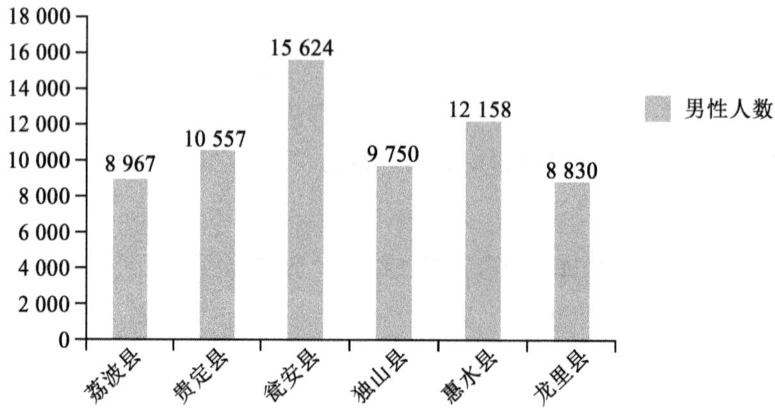

图 5-1　黔南州乡村男性人才数

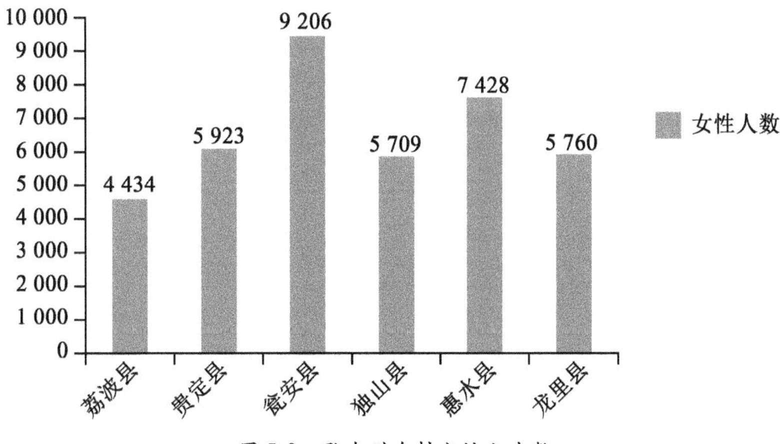

图 5-2　黔南州乡村女性人才数

(2)黔南州人才质量。根据建立的乡村人才振兴指标将黔南州乡村人才学历程度分为七个层次。从表 5-11 中可以发现每个乡村都存在未上过学的人才,并且上过学的人才的学历普遍分布在初中、高中或中专,以及大专,每个县学历在本科甚至研究生的人数的总和都在 1 000 人以下。按照职称层次来以初级、中级、高级来统计(见表 5-12),黔南州高级职称人数整体都低于初级和中级职称的人数。

表 5-11　黔南州乡村人才学历　　单位:人

地区	学历程度						
	未上过学人数	小学人数	初中人数	高中或中专人数	大专人数	本科人数	研究生人数
荔波县	209	462	2 731	5 796	3 803	327	73
贵定县	264	584	3 276	6 792	5 084	398	82
瓮安县	289	855	3 791	9 230	9 903	626	136
独山县	304	511	2 248	6 794	5 212	314	76
惠水县	248	491	3 512	6 719	8 097	416	103
龙里县	192	486	2 231	6 028	5 253	336	64

表 5-12　黔南州乡村人才职称　单位：人

地区	职称		
	初级职称	中级职称	高级职称
荔波县	1 439	1 581	255
贵定县	1 914	1 376	307
瓮安县	2 699	2 537	516
独山县	2 008	1 693	267
惠水县	2 391	2 396	308
龙里县	1 178	1 716	319

(3)黔南州人才结构。黔南州乡村人才结构的统计数据如表 5-13 所示，从表中可知 6 个县的经营型人才都高于管理型人才和科技型人才数量，管理型人才与科技型人才数量之间反而是科技型人才的人数略高于管理型人才。并且由于为黔南州乡村的特殊山地属性，在从事的农业行业当中，大部分乡村人才都从事种植业，其次是畜牧业，从事林业与渔业的人数只占有一小部分。乡村人才主要分布图由黔南州集镇乡村人才分布图(见图 5-3)和黔南州村落乡村人才分布图(见图 5-4)结合而来。

可知，虽然乡村人才大都集中在集镇，但是在村落的乡村人才也拥有一定的数量。

表 5-13　黔南州乡村人才结构　单位：人

地区	人才结构						
	管理型人才	科技型人才	经营型人才	种植业人才	林业人才	畜牧业人才	渔业人才
荔波县	2 671	3 450	7 280	9 623	489	2 417	872
贵定县	3 069	4 164	9 237	11 167	742	2 881	1 690
瓮安县	5 529	5 910	13 391	16 849	1 282	4 590	2 109
独山县	3 179	4 102	8 178	10 575	954	2 188	1 742
惠水县	2 953	5 453	11 180	14 218	1 056	2 576	1 736
龙里县	3 217	3 565	7 808	9 917	646	2 579	1 448

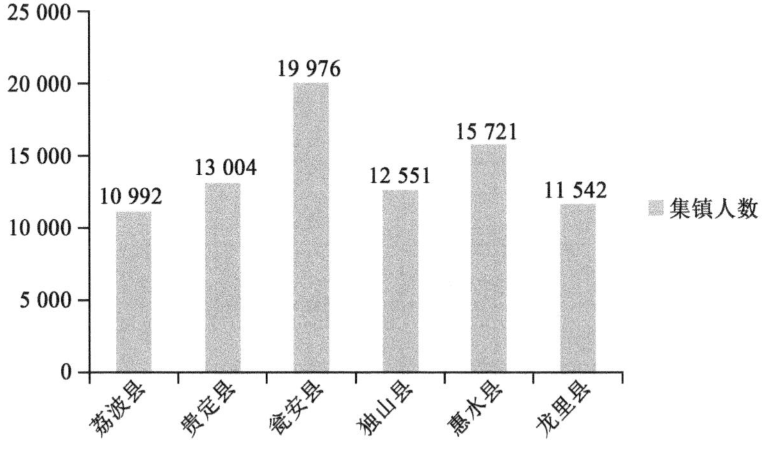

图 5-3　黔南州集镇乡村人才分布

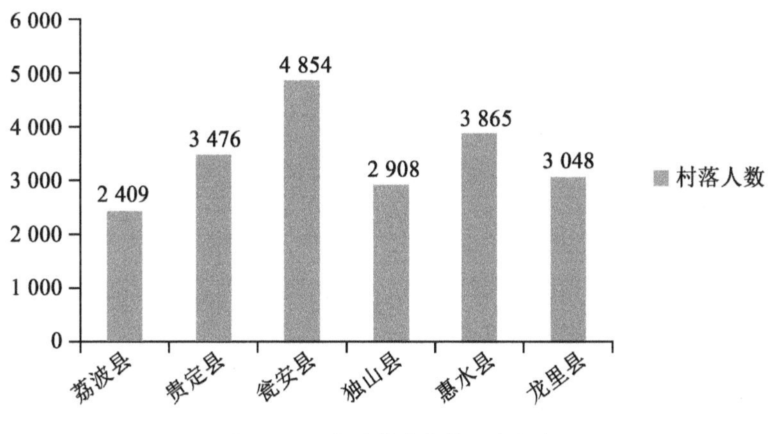

图 5-4　黔南州村落乡村人才分布

二、黔南州乡村人才评价

根据前述指标体系及黔南州 6 个县的人才现状，我们计算各县份的人才评价分数，并对其进行一个由高到低的排序，评价结果如下：

1.黔南州县份人才评价

根据前述所构建的评分标准，以及所搜集到的数据来对黔南州 6 个县的人才现状权重评分，并依据乡村人才评分程度表来确定 6 个县的振兴程度，评价结果如表 5-14 所示。

表 5-14　黔南州人才评价结果　　单位：人

指标名称		权重	荔波县	贵定县	瓮安县	独山县	惠水县	龙里县
一、人才数量		41						
劳动力资源	乡村劳动力总数	8	4	5	7	5	6	3
年龄	18～25 岁人数	6	2	3	5	3	4	3
	26～35 岁人数	6	2	3	5	3	4	3
	36～45 岁人数	6	3	4	5	3	4	3
	46～50 岁人数	5	2	3	4	3	4	2
	51～54 岁人数	3	1	2	3	2	2	1
	55 岁以上人数	3	1	1	3	1	2	1
男女比例	男性人数	2	2	2	2	2	2	2
	女性人数	2	1	1	2	1	2	1
二、人才质量		46						
学历	未上过学人数	2	1	1	1	1	1	1
	小学人数	3	2	2	2	2	2	2
	初中人数	4	2	3	4	3	3	2
	高中或中专人数	5	3	3	5	4	4	3
	大专人数	6	3	4	5	3	4	3
	本科人数	7	3	4	5	2	4	3
	研究生及以上人数	9	2	3	4	3	3	2
职称	初级人数	2	2	2	2	2	2	1
	中级人数	3	3	3	3	3	3	3
	高级人数	5	3	3	4	3	3	3

续表

指标名称		权重	荔波县	贵定县	瓮安县	独山县	惠水县	龙里县
三、人才结构		13						
人才类型	管理型人才数	2	1	1	2	2	1	2
	科技型人才数	2	1	1	1	2	2	1
	经营型人才数	2	1	1	2	1	2	1
人才行业构成	种植业人数	2	2	2	2	2	2	2
	林业人数	1	1/2	1/2	1	1	1	1/2
	畜牧业人数	1	1	1	1	1/2	1	1
	渔业人数	1	1/2	1	1	1	1	1
人才分布	集镇人数	1	1	1	1	1	1	1
	村落人数	1	1	1	1	1	1	1
	合计	100	51	61.5	83	60.5	71	52.5

2.评价结果

从黔南州人才评价结果表可知，荔波县人才评分为51分，贵定县人才评分为61.5分，瓮安县人才评分为83分，独山县人才评分为60.5分，惠水县人才评分为71分，龙里县人才评分为52.5分。按照分数从高到低依次排序为瓮安县、惠水县、贵定县、独山县、龙里县和荔波县。这次乡村人才评价中荔波县与龙里县的分数在50分左右，显然这两个县的乡村人才并没有得到振兴，分数在60分左右的两个县开始意识到乡村人才的重要性，得到71分的惠水县的劳动力资源总数超过其他4个县。计算分析出黔南州6个县乡村人才评分在80分以上的只有瓮安县，并且瓮安县是唯一一个于2018年退出贫困县的。

三、黔南州乡村人才振兴问题与振兴途径

1.黔南州乡村人才振兴问题

依据黔南州人才评价所得到的结果，可以发现黔南州乡村存在人才存量的区域不平衡、乡村人才流失严重、乡村人才数量不足、乡村人才质量偏低、乡村人才的青年率低等五个问题。

(1)人才存量的区域不平衡。对黔南州6个县的人才进行评价基本能体现黔南州的人才发展情况，结果显示乡村人才的区域差异较大。特别是荔波县与瓮安县的乡村人才之间的差别最显著，不仅体现在乡村劳动力资源的数量上，更体现在乡村人才的质量和结构上，相比于其他5个县，瓮安县明显优于其他县，这反映了黔南州人才发展的区际不平衡性。人才存量的区域分布不平衡将直接导致经济条件较好的乡村会一直快速发展下去，而相对较差的乡村的发展会越来越落后，形成恶性循环，长此下去，将导致区际乡村社会、经济发展的不平衡性加剧，是不利于区际乡村的公平发展的。

(2)乡村人才流失严重。经实地调查发现，更多的乡村年轻人才会选择就业前景较好的县，优越的待遇和良好的工作环境是吸引乡村人才集聚的根本原因。其他县的人才流失会影响地区竞争力下降，随着人才的不断流失，投资环境变差，不仅招商引资困难加大，而且乡村发展会滞后不前，尤其是高科技的农业企业也会随之搬离。

(3)乡村人才数量不足。黔南州乡村人才数量严重不足，还需要扩充三类人才数量，每个县的乡村从业人数都是在10万人以上，而乡村人才总数都没达到从业人数的20%，基本都在10%左右，不能满足乡村振兴建设对人才的基本需求。黔南州大部分的乡村人才都是来源于本土，在结对帮扶与带领致富等方面都存在局限性。不仅乡村人才数量较低的县份需要注入更多的人才劳动力，而且人才数量相当的县份也需要新鲜血液的注入，以形成整体规模效益。

(4)乡村人才质量偏低。从学历结构上来看，各县份的人才学历都不高，特别是一些年纪较大的管理型人才和经营型人才，因为年龄问题难以完成继

续教育，很难提高自身学历，仅凭经验对新农村建设各项工作进行指导，成效不大。并且在职称人数上，初级职称人数占据了较大比例，而中级与高级职称的人才比例不高，此外还需要在对初级职称人才的培训上加大投入。

(5)乡村人才的青年率低。黔南州乡村人才的老化现象明显。青年人才的缺乏直接影响乡村新技术的推广、新观念的传播、产业新业态的普及，同时还影响乡村活力和乡村文化建设，对年轻人回乡创业也缺乏感召力。

2.黔南州乡村人才振兴途径

(1)培养乡村人才。依靠自身力量，加大人才培养的政策扶持力度，与大专院校、科研院所合作，培养一批德才兼优、愿意扎根乡村的年轻人才。根据有关的乡村人才培育机制，相应地加大人才培养力度，招纳新型科技人才，为黔南州的乡村科技提供新鲜血液，并依靠新型科技人才对原本的科技人才进行系统的培训，推动城镇化与乡村振兴的发展。

(2)挖掘乡土人才。民间隐藏有大量具有一技之长的乡土人才，需要不断发现并重视，将这批人视为最宝贵的人才资源。这些人才主要集中在非物质文化的传承、乡土民俗文化的传承、特殊农业生产技艺的传承、特色地方土特产品的制作技艺等领域。这些人才是大力发展乡村特色经济，弘扬地方特色文化，传承特色民俗的重要人才。

(3)多渠道引进人才。引进乡村人才是提高乡村人才质量最见成效的途径，关键是要增加乡村人才引进的投入，多渠道筹措乡村人才队伍建设资金，将乡村人才队伍建设列为乡村振兴重中之重的工作，加大投入力度。除此之外，还需优化用人环境，为其提供良好的工作条件，解决其生活上的后顾之忧，让引进的人才能发挥其才能。

(4)建立城市人才下乡等制度。完善人才就业的城乡一体化机制，能有效地解决乡村人才短缺的问题。畅通人才城乡之间的就业渠道，无论是在职、退休人员，也无论是体制内还是体制外人员，不分年龄、身份、教育背景等，只要是对乡村振兴有用的人才，各级人力资源社会保障局都应采取相应措施鼓励他们投入到乡村振兴中去，大力引导工商资本到乡村投资，采取有效措施鼓励城市人才参与乡村振兴。

3.黔南州人才振兴推动乡村振兴的措施

(1)完善乡村人才推动乡村振兴的机制。①建立“党管人才”的制度，需要建设好乡村党支部并逐步巩固支部的人才结构，并统管乡村人才，为形成良好的治理方式打下坚实的人才基础。②建立健全乡村人才机理机制，鼓励人才为乡村振兴多做贡献，大力支持农民回乡创业、就业。③建立健全乡村人才评价考核机制。

(2)依靠管理型人才提高乡村治理水平。管理型人才是乡村基层治理最关键的人才。管理型人才可以对乡村社会、经济、文化，村庄建设，环境建设，带领村民脱贫致富等出谋划策，同时他们也能承担起维护乡村社会治安、建立乡村社会的公序良俗、建设和谐村落等重大职责。因此，乡村管理型人才是决定乡村治理水平的关键人才。

(3) 依靠科技型人才促进乡村科技发展。乡村科技型人才最为缺乏。黔南州的情况显示，6 个县都急缺科技型人才，在三类乡村人才中，科技型人才远远少于其他两类人才。所以要在保有原本的科技型人才的基础上，引进更多的科技型人才。科技型人才缺乏直接导致乡村振兴过程中的产业兴旺和生态环境治理，影响村民的增收致富。

(4)依靠经营型人才提高农业生产效益。乡村振兴过程中，现代农业的发展离不开经营新业态，农副产品附加值的提高离不开经营新理念和新方法。如果缺乏经营性人才，农村产业融合、农旅融合、工商资本下乡、农村电商、智慧农业等现代农业经营模式将难以实现，同时农业生产效益的提高也将变得很困难。

第五节　基本结论与政策建议

一、基本结论

根据以上数据及数据结果，针对黔南州人才评价及乡村人才振兴做出以下几点结论。

(1)人才振兴是乡村振兴的可靠推动力。乡村的人才振兴能够带动乡村振兴。黔南州6个县的人才评价表明，首先走出贫困县的瓮安县，不仅在乡村经济上占据优势，而且乡村人才数量和质量也超过其余5个县，所以乡村人才是乡村发展的推动力之一。

(2)乡村振兴的乡村人才需求主要包括三类人才。根据我国乡村社会、经济发展特征，本研究将乡村人才分为三类，即管理型人才、科技型人才及经营型人才，这三类人才共同构成了我国乡村振兴的主要人才需求。

(3)乡村人才评价具有重要的实践价值。建立系统的乡村人才评价方法能方便政府及其他部门对乡村人才的统一管理，科学制定人才培养、使用、引进等相关政策，也为其他类似黔南州地区和其他类型地区提供了乡村人才评价案例和借鉴。

(4)在乡村振兴目标下规范乡村人才评价体系。本研究提出了乡村振兴目标下的乡村人才评价的统计学和人才需求等理论，同时系统地提出了评价原则、内容和方法，在这些工作的基础上，通过筛选和优化指标体系，设计了乡村振兴目标下的乡村人才评价体系。

二、政策建议

为了解决黔南州人才进行评价时发现的问题，达到乡村人才振兴目的，改善乡村人才现状，现笔者提出以下几点建议：

(1)改善人才工作生活环境和待遇。人在相对舒适的环境工作时，会不断提高自身的工作效率。对乡村环境进行整治后，能够在发展旅游业的同时，吸引到乡村旅游的人才发现乡村的美丽之处，使其意识到乡村的发展前景是十分可观的。改善居住环境后，农民们也会为创造和谐环保的环境尽上自己的一份力。这也为达到乡村振兴中的生态宜居打下基础，乡村的生态宜居不只是从居住环境上着手，还包括减少排量、密度适宜及便捷的交通环境等，能充分保护农民住户的环境质量和身心健康，最大化提高农民的幸福感。

(2)培养乡村复合型人才。对于乡村人才的类型不能仅仅局限于管理型、科技型和经营型这三类，要培养更多类型的乡村人才。鉴于乡村的特殊情况，需要大力培养一专多能的新型复合型人才和乡土人才，发现一个人才成为多种类型人才的潜力。在实际调查中发现，黔南州还拥有很多文化手艺人，这部分人才也可以归纳为文化型人才，是在继承少数民族文化中必不可少的一部分。

(3)建立人才学习培训机制。对于本土人才需要进行多次培训，这部分本土人才因长期在乡村工作，不仅年龄比较大，而且在经验方面也是比较传统的。随着时代发展，一件事的解决方法不是唯一性的，有更多更快的解决方法可以取代老旧的方式方法。所以对于年纪较大的本土人才，需要使他们增加新知识，提高他们学习的积极性，增加他们的新技能，将其原有的技能融入新的科技来带动乡村发展，在原有基础上利用新技术共同进步。

(4)建立人才评价机制。通过人才评价，可以有效地发现人才队伍的现状与问题，据此才能有针对性地提出解决人才问题的办法，同时为制定和调整人才管理、培养、使用、考核、引进等方面的政策提供科学依据。

第六章　乡村振兴的区域基础设施支持体系

第一节　相关理论问题

一、基础设施的经济学特征

农村基础设施是农村发展的基础和动力，自2003年以来，中央每年发布的一号文件都有涉及农村基础设施的内容，而且占用的篇幅越来越多。由此可见国家对农村基础设施建设的重视，也从侧面反映了我国农村基础设施建设还面临诸多的问题。就国家统计年鉴，以及各部门各地区对农村基础设施建设情况所统计的数据来看，虽然我国在农村基础设施建设方面取得了不错的成就，但是部分地区针对农村居民日常生产生活所需的基础设施供给水平还是较低。很多调查研究结果显示，我国的农民还是面临收入来源单一，经济情况不稳定，公共服务供给水平低，农民子女上学难，农民看病难、看病贵，日常生活娱乐文化设施供给短缺等困境。比如我国中西部地区的部分农村缺少基本的公共文化设施供给，农村居民娱乐生活方式单调乏味，这严重影响了居民正常的生产、生活环境。农村基础设施建设作为乡村振兴战略内容中的重要一部分，是其他各个方面发展的基础和保障。

基础设施是指具有公共产品性质的物质工程设施，主要的目标就是满足居民日常的生产、生活需求和为社会的发展提供便利及支撑，是一个社会或者地区乃至国家正常运行及发展的基础和保障。

1. 基础设施的特性

(1)外部性。外部性分为正外部性和负外部性：基础设施正外部性一般是指某项基础设施的建设对当地社会的发展起到了积极的促进作用；负外部性主要表现在部分地区的基础设施建设与当地的发展实际不相适应，反而制约了当地社会发展。

(2)公共性。公共性是与私人性相对的概念，农村基础设施的公共性是指当地的每个居民都有享受它的权利，它不归属于任何一个人，一般是由政府或社会组织投资建设，公民集体享有的物品。

(3)基础性。基础设施一般是其他类建设的先行保障，只有完善基础设施建设才能为后续社会发展提供所需的基础性支撑。

2.农村基础设施的基本属性

农村基础设施指在农村区域内建造的，为满足农村居民生产、生活需要而提供的公共服务设施，是促进农村社会发展和改善居民人居环境的重要物质基础。

(1)需求分散。需求分散主要是由于农户居住的不集中造成的，部分地区星星点点的住户，造成基础设施供给成本过高，而社会效益低的状况。

(2)融资困难。农村基础设施投资大、见效慢的特点是造成融资困难的直接原因，虽然国家出台了许多的优惠政策来鼓励资本进入农村，但部分落后地区融资难的现状还是没能改变。

(3)质量评价。质量评价是根据国家在某一方面的具体指标或者标准，对某一个或者某一部分实体当前的价值及特性进行综合的评定。

二、理论基础

1.公共产品理论

英国哲学家大卫·休谟曾经在其著作《人性论》一书中指出："执政长官具有这样一种权利，让更多的人愿意做某件事，这件事是每个人都会受益的，即使在做的过程中会使部分人的权益受到侵犯，但如果让人们自发去做基本上是不可能的。"英国哲学家、经济学家约翰·斯图亚特·穆勒认为，政府有责任为人们的生命和财产安全提供保障，如建设人们需要的公共设施，提供公共服务等。在系统的公共产品理论出现之前，大卫·休谟与约翰·斯图亚特·穆勒等人在其论述中提及的公共产品问题，为公共产品理论的形成和发展奠定了基础。

美国经济学家安东尼·萨缪尔森将公共品定义为“一种物品，与他人共同分享是不需要成本的，并且任何人也无法排除他人的享用”，强调了公共产品的非竞争性，同时提出了公共产品的外部性特征，分为正外部性和负外部性，并认为政府对负外部性具有调控作用。1969 年，美国经济学家理查德·阿贝尔·马斯格雷夫等人在安东尼·萨缪尔森研究的基础上，将研究的重点放在了公共产品的关联性上，他认为：“将一种产品定义为纯公共产品的同时就已经承认了该产品在生产与供给两个方面就存在着不可分割的关联性，把它提供给消费它的人们，那么人们对它的使用就是非排他的。”在这里他将公共产品在生产与供给上和非排他性联系在一起。

美国经济学家哈罗德·德姆塞茨将公共产品与集体产品的概念区分来看，认为公共产品在人们使用它的过程中并不会由于多了一个人的分享而使其成本增加，在产品的使用过程中具有非竞争性，还具有排他性和非排他性两种性质。而集体产品是同时具有使用时的非竞争性和非排他性的产品。约翰逊·博格斯托姆认为，纯公共产品仅仅依靠自愿捐献会出现供给数量不足的状况。公共产品的供给与需求，取决于私人消费和所有人自愿提供的总量。他更进一步指出，只有小部分的消费者愿意为公共品捐献，财富与分配的改变将会对公共产品的提供产生重要影响。

2. 新公共服务理论

政治学家本杰明·巴伯认为：“服务就是我们在公民社区中应该做的事情或者说是我们自己嵌入公民社区中的那部分。”以往的公共服务不断强调改进服务质量的重要性，但新公共服务认为，政府为公民提供服务，不仅要关注质量更要考虑服务的时效性，短期利益的供给与公民的发展相矛盾，所以长期提供服务才是政府应该关注的问题和履行的职责。政府应该完善政策体制的规定，使公民更多样化、充分地参与到政策的制定、执行及后期的反馈过程中。从理论上来说，公民不仅能够对政府决策者提意见，而且能够创造相互参与与学习的环境；从现实层面来讲，民众是社会的主体，让更多的公民参与政策的制定过程，能够使政策更符合实际，更加贴合民众的生产、生活需求，促使社会利益目标得到最大程度的实现，也能使政策措施更为顺利地推行。对于农村基础设施建设来说，新公共服务是一个非常重要的服务理念，适用于农村基础设施规划、建设、管理、维护等整个过程，尤其突出公民参与的重要性，这也是我国农村基础设施需要遵循的重要方面。

3. 乡村振兴战略

乡村振兴战略的提出是立足于我国农村发展实际的，为今后农村的发展提供了方向和参考。其充分说明和强调了农业和农村对社会发展的重要作用，让农业更加强大、农村更加繁荣、农民更加富裕，是当前乃至今后很长时期我国发展的目标。目标的实现要以硬件设备的支撑和软件设施的巩固为基础，以加大对农村的各方面的投入为必要手段，农村如果发展起来了，那么整个社会也会向前发展。

农村基础设施是我国各项涉农政策中都会提及的内容，也是《国家乡村振兴战略规划(2018－2022 年)》的重要组成部分。长期以来，农村基础设施不仅为农村带来了经济效益，也产生了很大的社会效益，是推动农村发展的动力。将农村基础设施建设摆在乡村振兴的突出位置，充分体现了党和国家对农村基础设施建设的高度重视。当前我国农村基础设施建设的现状与实现农业农村现代化还有相当大的差距，继续将农村基础设施建设放在乡村振兴战略的重要位置是建设农村的必要举措。《国家乡村振兴战略规划(2018－2022 年)》的提出也为本文构建农村基础设施建设质量评价体系提供了参考依据。

三、学术背景

1. 国内研究动态

(1)投入机制。廖家勤认为，我国政府对农村基础设施建设的投入存在不稳定性、分散性的特点，这样容易出现扶农资金贪污的现象，同时还存在政府对大型基础设施建设较为重视，而对小型设施建设主体缺位、资金投入少、管理维护缺失等问题缺乏关注。季娜在她的研究中提出，近年来我国农村基础设施建设发展较快，取得了不错的建设成就。政府的激励政策也使得社会性资本较快地流入农村，各类经济型设施和服务日趋完善，得到了优先发展，而社会性基础设施的建设还处于较低水平，这在很大程度上也是由它自身的特点和不同地区经济发展水平不同导致的。加大对社会性基础设施的建设投资是未来的目标。我国每年投入到农村的资金，很大部分流向农村基础设施的维修建设，这也说明在建设过程中管理者和施工者对质量的把控度还不够高，所以加强质量监督、考核是农村基础设施建设发展的基本要求。

(2)融资体制。我国农村基础设施建设由于投资大、回报率低、见效慢，导致融资困难，因此必须通过合理、有效的融资制度，推动农村基础设施的建设。优化财政投入结构，鼓励民间资本进入，发挥农民的主体地位等方式是目前较为普遍的融资方式。冯涛从中央和政府财政投入、金融投入、村集体投资、农民个人集资等几个方面对我国的融资结构进行分析，通过研究发现我国农村基础设施投资资金来源主要依靠中央财政投入，社会资本、村集体及农民个人等几个方面的投资占比较少，经济发展水平越高的地区后者的投入占比越大，因此按我国空间地域分布来说，从东往西大致的趋势是递减的。

王国刚认为，我国金融投资来扶持“三农”发展主要存在以下四个方面的障碍因素：①工农产品之间的“剪刀差”是短时间内难以消除的历史因素；②农民的主体地位难以真正发挥出来；③农民的资产收益情况难以用统一的标准衡量；④我国金融行业的体制机制不完善。改革开放以前，我国农村地区的基础设施建设基本全靠农民自己筹资建设，而城市基础设施建设主要由政府出资。这种城乡不平等的发展体制，从根本上制约了我国农村的发展。

(3)管理制度。从我国的发展实际来看，农村与城市各方面的发展还是存在严重的不均衡，随着农村各种产业的兴起，人们对农村也投去了越来越多的关注。农村相比于城市最大的差别就是基础设施的建设水平和公共服务的供给能力，因此农村基础设施的建设完善在乡村建设中的作用越来越大，其中合理的管理机制是促进设施健全发展的基础和保障。刘爽以新型城镇化为背景研究了我国农村基础设施建设管理的创新模式，主要的研究对象是基础设施项目在建设的前期、中期、后期三个阶段涉及的相关管理模式。该研究发现我国农村基础设施建设管理存在着监管者没有履行监督管理的职能，建设者一味地将更多责任推给政府，这适用于过去发展阶段的旧的管理模式，但无法适应新时代农村建设的新要求，管理运营、维护等方面的体制也不完善。房桂芝等人从目前农村基础设施建设管理所出现的最基本的问题出发进行研究，具体表现为有人建无人管，重视量的增加而忽视质量的保障，“公用地”悲剧，政府以数量的多少进行绩效考核的体制等。这些普遍存在的管理体制方面的问题若不能以有效的方式解决，必将成为制约乡村振兴目标实现的关键因素。

(4)关于农村基础设施的质量评价研究。随着农村基础设施问题越来越受关注，关于农村基础设施质量评价方面的研究也越来越多。王轲、朱梦宇等利用主成分分析法，对青岛市农村基础设施的建设情况和主要的影响因素进行分析，通过分析影响因子间的相关系数、特征值、贡献率等来评价影响青岛市农村基础设施进一步提升的主要因素，并提出相应的政策建议。农村生态环境治理及改善是当前乡村振兴的主要方面，唐宁和王成等从质量评价及其差异化优化调控的角度，对重庆市乡村人居环境的现状进行研究，并评价了当前农村基础设施的建设质量，主要方法是构建乡村人居环境质量评价的综合指标体系，从农村基础设施建设及公共产品供给两个方面出发，利用熵值法、标准化处理等方法计算各指标的权重，最后分析各县区的现状，并提出优化调控的策略。质量评价主要是确定评价的对象，将对象分解为多个指标，再通过查阅资料和实地调查等来获得指标的建设现状，最后对其进行质量评价。虽然带有一定的主观性，但适用性也是极高的。

(5)提升农村基础设施建设水平的相关建议。农村基础设施建设是一项长期工程，不能一蹴而就，其融资、建设、管理、运营等各个方面应该统盘考虑。张晖通过对农村基础设施建设进行相关研究，提出基础设施的建设应该符合实际，充分考虑可能产生的影响因素，根据当地的发展现状及经济水平，规划、建设出相配套的设施，使农村基础设施建设能真正为当地农业农村的发展产生社会和经济效益。考虑到建设资金的来源，当地政府应该制定一些优惠性的法规制度，来吸引更多的社会资本进入农村。继续完善现有的管理运营体制，全面考虑各个环节的建设管理，防止出现“维护无人管，损坏无人修”的现象。李志军等人认为，我国农村占地面大，发展水平低，投资期长，见效慢，社会资本难以负担起农村基础设施建设，因此政府必须积极发挥作用。政府对基础设施建设最有效的支持手段是财政支持，按照各地农村的属性和发展能力，划分财政投资的金额配比，按照实际需求提供支持，进而推进农村基础设施的建设发展。同时利用现代化科技的优势，积极推广现代化的先进技术，让其服务于农村，助力农村的发展，逐步实现农业农村现代化的目标。

2. 国外研究动态

（1）美国农村基础设施建设发展。美国主要通过制定《农业法案》来为农村各项事业的发展提供参考。法案中规定了农村基础设施及公共服务需要的资金来源和其他各项事务，将农村居民社会生活中涉及的各个方面都包含在基础设施建设及农村公益事业中，以此来促进农村的发展进步，也为民众提供基本的生活保障，让他们享受到与城市居民相当的服务和便利。美国有着良好的社会经济发展基础，农村基础设施的提供已经基本满足了民众的生活需求，目前开始了由硬件设备提供向软件设备供给的转型及完成阶段，建设内容惠及以下四个方面：①日常生活基础设施，主要是交通运输，饮水安全及污物处理；②提高生活质量的设施建设，包括网络通信及现代化科技；③关于农业发展的基础设施建设，主要有农民教育培训，农产品生产、流通、储藏、销售整个过程的设施建设，以及农业科技推广和农业保险；④政府及社会团体共同为贫困地区农村投资建设，资本投入主要来自政府，其他社会团体及NGO（非政府组织）也积极发挥作用。

查理森·迈克尔认为美国当前农村基础设施建设中卫生保健设施取得了良好的建设成就，主要是通过将健康信息技术与基础设施结合起来推进农村医疗保健体系的进一步发展，新的健康信息技术的使用，有针对性地满足了不同地区的发展需求。托马斯·约翰等对美国斯克茨布拉夫农村地区绿色基础设施建设进行了调查研究，通过地理信息系统和遥感技术等方法来评估土地利用情况和基础设施建设对农村环境的影响，从而创造一个可行的、具有实用价值的绿色基础设施体系，为农村的绿色健康事业发展做出贡献。布伦特·艾妮认为农村公路和交通设施在农村的建设和发展过程中起着至关重要的作用。同时加强对农村医疗卫生体系和教育体系的建设，扩大农村妇女的就业面等对农民收入的提高有很大影响，但融资难、管理不健全等问题依然严峻。

（2）德国、法国农村基础设施建设发展。德国是一个将法规摆在突出地位的国家，在进行乡村建设的过程中也颁布了一系列的法典来支持发展。第一部涉及乡村建设的法典《联邦土地整理法》为农村的发展奠定了基础。后来为了促进乡村建设，政府又颁布了一系列法律，如《林业法》《垃圾处理法》等，并将持续完善乡村基础设施建设，提高乡村人居生产生活水平作为发展的目标。此外，政府在联邦宪法中明确规定“德国公民应该享受平等的生活条件”，把基础设施的供给水平作为区域平衡发展的标准。吴味佳等人对德国乡村污水治理方面的现状进行了调查研究，发现主要有集中式和分散式两种污水治理方式，主要是根据人口的分布情况选择合理的治理方式，尽可能减少对资源的浪费；并对设施的投资建设、管理运营及维修等都进行市场化处理，交由专门的公司统一安排实施，将污水治理作为一项系统化的工程进行建设。这种特殊的、有针对性的乡村污水治理方式值得我国借鉴。

法国从农村改革开始，就根据各地发展实际积极投入大量资金支持农村基础设施建设。1952 年，在法国政府的支持下，农村地区成立了各种公私合营的合法公司的根据地，主要负责农田水利建设。这种特殊的融资体制主要由中央政府管理，地方政府和相关部门参与投资管理，银行和金融机构积极配合，共同支持农村基础设施的建设，对法国农村基础设施建设的发展起到了至关重要的作用。1955－1965 年，法国主要注重农村交通运输和通信设施的建设，修建了大量的铁路、公路网，同时促进海运、航运事业的大力发展，为农村居民的生产、生活提供了很大的便利。后来又加大了对网络通信事业的投入，农村电气化、饮水安全、通信线路扩展到了边远山村地区。法国在第二次世界大战后又开始全国范围的完善乡村基础设施建设，目前城乡居民的生产、生活服务设施水平基本已无差距，交通运输、网络通信、饮用水安全、废物处理等公务服务设施通过城市全面辐射农村。

(3)日本、韩国农村基础设施建设发展。日本在开展“造村运动”期间，农业协会将贷款余额的绝大部分用于农村建设和农村居民生活投资，有效促进了农村的发展。吴宁等通过对日本农村的建设发展进行调查研究发现，日本农村基础设施建设的资金来源主要是政府的直接投资，农业协会组织向农民提供低息或者免息贷款，再通过政府的利息补贴重新调节民间资本又转回农村，而且还另外设立了专门的金融机构支持农村基础设施建设和农田基本建设，这为提高农村基础设施建设水平，推动农村经济发展提供了足够的资金支持。日本的农村建设管理主要包括四部分:①对村民住房的统一规划管理;②针对不同的基础设施建设设立专门的投资机构进行投资管理;③农村污水治理、垃圾处理等生态环境保护设施的建设管理,为农村的生活环境和生态环境提供了可靠的保证;④鼓励村民参与政策的制定和建设的管理,充分发挥村民的内生作用。

韩国在“新村运动”时期,注重加强与完善农村公路、住房、电力、饮用水安全等方面的建设。其主要由政府直接出资,以完善农村居民的生活、生产基础设施建设,还设立了一整套的监督、考察、质量评估体系,来对可能产生的社会效益进行评估。唐相龙认为韩国所进行的农村改革和农村建设对促进韩国整个社会的发展产生了重大的正面影响,基本上解决了城乡不协调、不平衡发展的问题。农村的水利、交通、网络通信、教育医疗等基础设施建设与城市基本上已无差别,并且针对基础设施建设的管理维护颁布了一系列的法律法规,同时积极采纳村民的建议,充分发挥政府的主导作用、村民的主体身份、社会的参与管理,建成了真正意义上的“新农村”。

(4)印度及其他国家农村基础设施建设发展。印度相对美国、德国等国家来说是一个发展比较落后的国家,但其政府面对他们自身存在的发展缺陷,也颁布了一系列促进农村发展的政策措施。比如对农村最基本设施的投资建设,通过修建公路、普及电力等来完善交通运输建设,实施饮用水工程和厕所工程解决饮水和环境卫生问题,在适宜的地区发展互联网设施,促进农村地区的发展和农业水平的提高等。农村基础设施建设也为印度就业率的提高做出了重大贡献,使得大量贫困人口脱贫,缩小了城乡各方面的差距。

斯科特·舒尔茨利用人口统计学和区域经济不平等发展指标对西班牙农村交通基础设施投资状况进行了分析评价。结果表明,落后的农村基础设施体系拉大了城乡差距,但随着对农村基础设施的大量投资及网络等现代化技术的普及,区域差距降低,城市与农村基本上实现了平等的交通、基础服务和商品的使用机会,但农村地区根本上的发展劣势还是没有完全改变。

3.文献研究述评

笔者通过对国内外学者在农村基础设施方面所做的相关研究进行梳理发现,无论是国外还是国内,农村基础设施的建设情况都是农村发展关注的重点，从规划、融资、建设到管理、维护，这一整套流程都需要严谨、合理的体制机制支撑。从以上文献中可以看出，对农村基础设施的研究更倾向于实践应用，在研究方式上一般是截取某一部分或某一阶段进行研究，其中提到的很多方法和政策建议都正在应用到农村建设发展实践中。虽然诸多学者针对农村基础设施的各个方面都有了比较全面、系统的研究，但目前研究中还存在以下不足：第一，部分学者的研究成果无法真正应用到实践，理论研究与发展实际脱节，不能完全解决在实际建设中遇到的相关问题；第二，对农村基础设施建设质量评价方面的研究较少，这部分需要更多的人来进行更加深入的研究，继而解决目前面临的诸多问题。

第二节　农村基础设施建设在乡村振兴战略中的地位和作用

乡村振兴战略是我国政府领导根据当前我国农村的发展实际和未来的发展趋势而提出的具有全局性、战略性的规划，体现出了新时期实现城乡一体化发展和解决我国“农业、农村、农民”问题的政策性内容，在促进农村现代化过程中起着关键的作用。农村基础设施建设作为战略内容中的一部分，既包括了水、电、路、气等最基本的设施建设，也涵盖了网络、科技、信息、物流等促进农村社会发展的综合性设施建设。

一、农村基础设施建设质量在乡村振兴战略中的地位

1. 实现“产业兴旺”的保障

随着社会经济整体发展水平的提升，信息科学技术在农村的发展普及，人们对农村产业的定义已不仅仅局限于简单的农业生产了，而是将农业与其衍生出来的其他产业相结合发展的综合性产业，比如将农业与服务业结合起来发展的农业文化景观、农业生态环境景观等。农村产业呈现出纷繁复杂的发展趋势，国家应制定相应的体制机制支持这种趋势的发展，将各地具有特色的产业

发掘出来，联合当地科研院所及农业大学等研发机构，对农产品进行加工、包装，增加其附加值。尽量研发和推广简单易操作的农业机械和相关的科学技术，使其应用到综合性的现代化农业生产中，推进农村的产业振兴。

“产业兴旺”对农村基础设施建设提出了更加硬性的要求：农村基础设施的建设完善，农村产业发展所需的相应政策保障，以及与当前农业农村发展相适应的科学技术应用是新时期农村产业发展的强有力保障。事实上，完善配套的基础设施不仅是私人农户有效投入的决定条件，也是影响农村产业延伸发展的客观因素。农民的培训教育、科研成果的推广使用是现代化农村产业发展的源泉，日益成长为农村产业发展的内生动力。

2.实现“生态宜居”的内容

农村人居环境从根本上得到改善，居民生活所需的各项服务设施齐全，生态环境得到综合治理，就是“生态宜居”的目标。我国的农村人居生活环境还面临着许多未解决的问题：一是生态环境破坏严重，部分地区的小企业或者居民为了短期利益，随意排放没有经过处理的废气污水，对农村的空气、水、土壤造成严重的污染；二是林区或者牧区居民对林木的乱砍滥伐、对草原的过度开垦等违规行为没有得到完全的控制；三是居民环境保护意识低，垃圾废弃物不经过分类直接随意堆放，部分地区的居民住房与猪舍、鸡舍等牲畜住处相邻，住户区空气污染严重。此外，农村饮水及厕所等设施建设不健全的问题也依然显著。

乡村振兴战略对农村生态环境治理提出了更高的要求，以畜禽粪污综合利用率、村庄绿化覆盖率、对生活垃圾进行处理的村占比、农村卫生厕所普及率四个主要指标为代表，以具体的指标值进行考核，其中畜禽粪污综合利用率是约束性指标，其他三个均为预期性指标。指标的实现是以相配套的基础设施为支撑的，“生态宜居”的实质性内容就是农村基础设施的完善程度，继续将农村基础设施建设摆在农村发展的首要位置，满足农村居民对基础设施的生产生活需求，“生态宜居”的目标也将为期不远。

3.实现“乡风文明”的载体

当前农村居民的文化生活环境受到外来文化的影响比较大，传统的生活习惯和文化娱乐方式已经发生了重大改变。城市居民的多种文化活动在农村地区有了普及，但部分地区的经营活动偏离了本来的发展方向，赌博等不良风气盛行，农村的大量生产、生活资金流入到不良的经营活动中。这种不良风气，不仅影响农村经济的发展，也对“乡风文明”建设构成威胁。

“乡风文明”属于农村社会精神文明建设的范畴，它的建设发展需要一定的载体。“乡风文明”不是硬件设施，它的建设也不是一蹴而就的，是在长期的发展过程中累积下来的优良风俗，因此，应该根据各地不同的文化习俗来建设和发展现实需要的载体，促进乡村精神文明建设。如农村文化广场建设、图书室、电影院及文化休息站建设等，通过以上硬件设备的供给来推动农村的“乡风文明”建设。“乡风文明”建设的另一重要方面是农村居民思想意识的转变和综合素质的提高。完善农村地区的现代化信息基础设施，引进现代化的科技并通过职业培训等方式来给居民传授相应的操作和使用技能，提高农民本身的文化素质和道德观念，从而推进“乡风文明”建设的顺利进行。

4.促进“治理有效”的基础

“治理有效”是乡村在建设过程中的政治保障，合理、有效的治理才能从根本上调动农民发展农业、建设农村的积极性和主动性。“治理有效”是基层领导与农村居民相互管理、相互监督的一种承上启下的综合管理体系。基层领导通过法规体制对民众相关不合理或者不规范的行为进行管理和约束，民众也要积极发挥主体身份，对领导的越轨行为监督举报，由更高一级的管理者进行惩处。通过多种方式激励和号召农民积极发挥其主体性的作用，参与到乡村的管理过程中来。

实现“治理有效”的要求，需要从多方面着手，其中一个重要的渠道就是农村基础设施的供给和完善。农村的发展离不开基础设施的建设，而基础设施的有效供给必须要以乡村政治上的“治理有效”为条件，这样就可以将推进和实现基础设施的有效供给作为突破口，带动和促进乡村民主治理进程的实现。农村基础设施涉及农民的集体利益，因此在建设过程中要征询农民的意见，按需供给。从规划建设到监督考核等一系列步骤都经过合理、有效的程序才能合法有序进行，“治理有效”对基础设施的有效供给产生直接的影响。农村基础设施无论是政府还是社会投资建设，都少不了农民的参与，农民对于基础设施的需求更需要一套完善的政治程序来保证其能够传达和重视。

保证基础设施的有效供给、程序推行的合法有效及相关配套工作的顺利展开，就会进一步促进和加强农村“治理有效”任务的实现。

5. 实现“生活富裕”的条件

十八大以来，在各项惠农政策的支持下，农村经济取得了前所未有的发展成就，农民的物质生活水平上了一个更高的台阶。精准扶贫政策的推行，使我国农村贫困人口减少6 853万，贫困地区居民的生活条件有了明显的改善，道路、水利等基本的设施在贫困农村地区有了较高的普及率。但是我国城市与农村、农村与农村之间，居民所享有的公共服务设施供给水平还存在较大差距。生活在农村的居民一般要比城市居民付出更多的努力才能享受到与城市居民相当的服务，这对农民来说是极不公平的。

通过对交通、能源、水电等基础设施的投资建设，来极大地完善农业的生产环境、农民的生活环境、农产品的流通环境、农业科技的应用环境。生产生活环境的改善将带动农村各项产业的发展，进而吸引更多的社会资源进入农村，支援农村发展。农民的生活水平提高了，其消费水平也会随之提升，农村整体的经济也将向前迈进一大步。农村基础设施的有效供给是使农民收入增加、生活质量水平提高、农村人居环境大幅改善的必要条件。

二、农村基础设施建设质量在乡村振兴战略中的作用

农村基础设施在乡村振兴战略中的作用如图 6-1 所示。

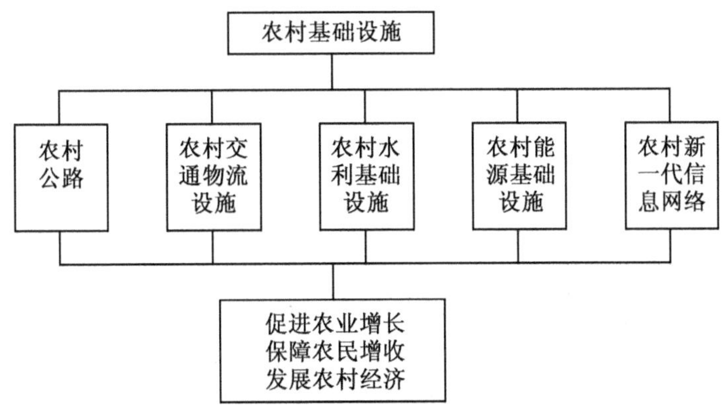

图 6-1　农村基础设施在乡村振兴战略中的作用

1. 对农业增长的作用

农业的快速发展建立在完善的基础设施之上，农村基础设施对农业增长的作用主要体现在预防作用、促进作用和保障作用三个方面。

(1)预防作用。预防作用主要是农村水利、信息、网络等基础设施的建设为农业发展提供的便利，如农业信息服务站及农村气象局等基础设施服务机构对可能发生的自然灾害或农产品可能面临的市场风险做出预测，尽量减少农民的损失。农民进行生产、生活的另一个大的阻碍是对理论知识掌握水平低，这样就导致了其在实际操作技术性的机器时无法最大限度发挥应有的水准。他们也对农产品市场环境不了解，更多的是盲目跟风的生产，最后可能会面临农产品滞销等问题。农民对市场发展趋势及可能存在的风险无法做出专业的判断，因此在农业生产过程中会面临许多未知的风险。在此种情况下农村基础设施的预防作用对农业增长做出了极大的贡献。

(2)促进作用。为促进农业的发展，我国在农业生产方面投入了大量资金促进农业发展的基础设施建设，使得农业的生产成本降低了不少，也给农民带来了经济效益。如农田水利灌溉设施建设、江河治理、农业科技推广、农产品生产和运输过程中提供一些交易场所及交易设施等基础设施服务。为解决农村居民在储藏和销售方面遇到的问题，政府应致力于扩大市场信息网络化的覆盖，提供信息化的服务，尽可能地为农产品拓宽交易渠道和流通路径。基础设施的建设完善，避免了农产品在生产、储藏、流通、销售整个过程中可能面临的风险，为农业的增产增收奠定了基础。

(3)保障作用。农村基础设施的保障作用主要是以农业保险、农业信贷、农业补贴及农民教育的形式存在。农民通过为种植风险较大的农产品购买保险及政府联合农村信用社等服务于农村的金融机构为农户提供免息贷款，来保障自己的基本利益。政府为部分地区的农业生产提供一定的补贴，让农民在发展农业生产过程中有了基本的保障，也有效激发了农民的生产热情。通过对农民进行职业技能的培训，帮助其掌握基本的生产技能，提高农民自身发展农业的能力，有效防止可能出现的农民生产能力水平跟不上现代化农业信息科学技术发展的问题。政府还可通过与当地的大学、农业科研机构合作，为农民聘请相关领域的农业专家传授适合当地农业发展的种植、养殖技能，帮助农民走上发家致富的道路，为农业发展提供技术和资源保障。

2.对农民增收的作用

(1)为农民提供更多的就业机会。随着现代化信息网络在农村的发展普及，农村劳动力的转移成本下降，从事农业生产的人数逐年减少。农村基础设施的持续建设完善，为农村劳动力的转移提供了更多的就业机会，从事农村基础设施方面人数的增多，有效提高了农民的收入水平。基础设施建设、管理、维护、修整等各个环节对劳动力需求较大，农村居民一般也会有较强的参与意愿，因为这是他们获得额外收入比较有效的途径。劳动职位有修建公共设施的建筑人员，维护农村公共设施的养护人员，农村公共设施的管理人员、现代化农业机械的操作人员等。农村基础设施能增加农民收入的另一方面是道路桥梁、水利水电等直接关乎农业生产的基础设施建设，使得在农业的生产过程中减少了损耗，降低了农业生产成本，提高了其产品的附加值，这也是增加收入的一种方式。农村合作社、互联网、信息服务站等的建设完善，有效降低了农产品的交易成本及市场信息不对称可能造成的损失，对农产品销售过程中可能面临的市场风险的预测起到了不可估量的作用。

(2)对提高农民素质产生积极的影响。教育设施与农民培训设施的完善，直接影响着农村居民的劳动力素质水平。新时期现代化互联网教育、农民专业技术培训、村干部培训等农民教育，已基本上普及到全国各个乡镇，每年有大量的农民通过技能培训教育，掌握了适合当地农业、林业、牧业、渔业发展的知识和技术，从而走上发家致富的道路。

我国土地流转制度的改革，使得农村土地集约化生产有了明显的改善，随着乡镇企业发展，农民进城就业，农村土地开始向个人流转。部分农民通过土地流转政策的支持，有了大面积的土地，并且将培训所学得的知识、技术合理运用到农业生产中，充分利用农业合作社、农业信息服务站等设施提供的便利，增加农产品的附加值，拓宽销售渠道，最终不仅增加了个人收入，而且发展了当地整个农村的经济。

3.对农村发展的作用

(1)农村基础服务设施条件改善。农村基础服务设施主要包括农村教育、医疗、卫生、文化、体育、通信、日常生活资料供应等基础设施。下面以具体事例说明农村基础设施的建设完善对农民日常生活的影响。

通过对甘肃省上沙沃镇的调查发现，该镇各个村的基础服务设施的建设在2012—2017年间有了很大的提高。中小学基本沿用往年基础设施建设方案，但是对教室、操场进行了翻修，购置了大批教育设施器材，并且在2015年建立了一所乡镇幼儿园，保证了幼儿的教育问题。添置了新的体育器材，满足居民的休闲活动场所。均衡投放垃圾箱，设立垃圾池、垃圾填埋场，建造公共厕所等使居民的生活环境有了大的改善。2015年，在已有乡镇卫生院的基础上，地方政府又为各个村分别投建了村卫生室，满足村民小病药物的供给及农村合作医疗的有效推进。在通信及日常生活用品方面，移动网络的普及，以及小型商店的开放都为居民生活提供了便利。通过各类设施的建设，上沙沃镇居民的生活水平有了明显的提高，人居环境也有了较大的改善。

(2)农村人居环境总体改善。经过国家政府推行的一系列支农、惠农政策，农民的收入逐年增长，物质生活条件越来越充裕，精神生活越来越丰富。农村总体人居环境的改善，使乡村旅游得到了发展，越来越多的人走进乡村，或旅游或居住，为乡村带来了各种资源，农村的生活越来越精彩。

第三节　我国农村基础设施建设的现状与问题

一、我国农村基础设施建设的现状

我国农村基础设施的建设相较于发达国家来说发展的历程较短，城乡间建设水平差距明显，农村的基础设施供给明显落后于城市。但经过近年来我国支农、惠农政策的推行，基础设施的供给日益完善。新时期面对新的农村社会经济发展环境，国家提出了应对乡村发展相对完善的《国家乡村振兴战略规划(2018—2022)》。本节内容主要是对农村基础设施建设重大工程的五个方面进行简单的分析。

1.公路设施

公路是农村最基本的设施类型，它的建设完善直接影响着农村各项事务的顺利开展，在最新提出的规划中，将公路建设作为我国农村基础设施建设重大工程的一个方面，将具备条件的建制村道路的硬化率达 100%作为约束性指标，为我国农村道路的建设完善提供了参考依据。

通过查阅国家交通运输部网站关于农村公路建设的相关资料和国家统计局的相关数据资料，笔者发现，2017 年末，我国农村公路的修建已取得了相当可观的成就：总里程达到了 400.9 万千米，乡镇通公路的普及率达到 99.99%，具备条件的建制村普及率达到 99.98%，我国农村公路建设在具备建设条件的建制村基本上已普及。公路的建设完善是农村其他生产活动顺利开展的基础和保障，在新时期，建设出真正能为农民生产生活带来便利、带来经济效益的道路是农村公路建设的目标。

2. 交通物流基础设施

随着互联网在农村的建设普及和国家对农村互联网等信息网络设施投资力度的不断加大，农村居民对互联网的接受能力和使用水平越来越高，带动了农村淘宝等各种网络购物的发展。网络购物提供的便利和优惠，为农村地区其他类设施的建设完善提供了发展动力，尤其是交通物流设施的建设发展。国家也出台了一系列优惠政策，积极支持物流公司在农村的入驻和电子商务在农村的发展，有效促进了农村交通物流基础设施的快速发展，为农村营销市场的发展创造了良好的条件，带动了农村物流业的快速发展。据统计，2018 年上半年，农村消费品市场零售额比 2017 年增长 10.5%，增速高出城镇市场 1.3%，农村市场占社会消费品零售总额的比重为 14.4%，比 2017 年提升了 0.1%。农村市场环境保持良好的发展态势。

3. 水利基础设施

通过查阅国家水利部的相关统计数据，笔者发现，近年来我国农村地区的水利设施建设成效显著，尤其是对贫困地区的水利设施进行了新建或重建。目前，我国已累计解决农村贫困地区 1.1 亿人口的饮用水安全问题，农村饮用水安全得到了较大的改善，饮用水普及率和农业设施灌溉率分别在 70%和 75%以上，农业灌溉新增面积 1300 多万亩(约8 667平方千米)。通过对老化、多年失修的水利设施进行修理，总共解决和改善了 400 多个贫困县区的水土治理和河道修筑工程中存在的问题，面积约 4.1 万平方千米；集中供水和节水灌溉等大型工程115项在建，分别分布在贫困区和一般区；在洪水和旱涝易发地区兴建了7 700多座防洪加固等设施。为改善我国农村河道污染严重的问题，共对1.36万千米大中小支流及河流的水污染进行了处理，在旱区共修筑167座水库，尽可能为旱区农作物及居民提供支援。水利设施的建设完善为农村居民的生命财产安全提供了基础的保障。

4.能源基础设施

能源是社会发展运作的基础物质条件，能源的合理配置使用是关乎国家乃至全人类命运的发展。我国一直以来积极提倡新能源的使用，在保护生态环境和生存环境方面做出了巨大的贡献。近年来，我国将农村能源基础设施的建设使用作为农村可持续发展的重要方面，自2003年以来，国家农业农村部同国家发展改革委员会累计安排中央资金400多亿元，累计推广节能炉3 100多万台、太阳能热水器4 770万台、太阳灶200多万台、太阳房2 500多万平方米。2017年，国务院明确提出我国农村要发展以沼气和天然气为主要生产生活原料。为了鼓励农民的生产热情，政府推行了许多的补贴政策，如购买农机具补贴、养殖补贴、农村能源使用价格补贴、沼气池免费投资建设等，为农村能源基础设施的建设完善提供了充裕的资金支持和政策保障。

5.新一代信息网络设施

我国95%的行政村已通宽带。最近几年我国将农村信息网络设施建设的重点放在了边远地区及贫困县区的网络通达和4G网络建设上面，而对于比较发达地区的农村主要是电子商务的普及和促进农村营销市场发展的农村淘宝等的引进和建设。目前已正式批复支持1.2万个行政村建设4G基站。通过查阅统计局公开数据，截至2018年4月底，全国共建成运营益农信息社19.9万个，累计培训村级信息员62.6万人次，为农民和新型农业经营主体提供公益服务8 177万人次，开展便民服务2.78亿人次，实现电子商务交易额175亿元。新一代信息网络设施建设是未来农村基础设施建设需要重点关注的方向，虽然当前我国农村地区对云计算、高性能计算机等新一代科技化产业工程的应用水平不高、普及率不大，但经过未来几年的建设完善及人才的引进，农村新一代信息网络发展不仅是方向也是目标。

二、农村基础设施建设质量的问题分析

1. 农村道路质量差覆盖率低

农村公路建设目前面临的主要问题是质量差、普及率及硬化率未达标。我国各地农村社会经济发展水平差距较大，地方政府的财政能力和民间资本的储存水平不均等，导致在基础设施方面投入的资金差额大，对农村公路建设的技术及质量指标目前还未形成一套健全的体系进行考量，为了应对国家政策所规定的建设要求，部分地区容易出现监管不严、偷工减料的现象，最终造成公路建设的质量问题。偏远山区或者林区等地由于自然环境条件恶劣，道路的投资建设受限，农村道路"最后一公里"问题还未找到合适的方法解决。

2. 交通物流基础设施不完善

我国农村交通物流基础设施网络建设的总体发展趋势良好，但存在的问题依旧很突出。首先是农村物流站点的普及率较低，服务设施不完善，农村交通物流设施建设各省份地区间、地区内部建设差距较大；其次是部分农村地区的公路交通设施和发展交通物流所需的配套设施建设还不完善，成为农村物流快速发展的重要障碍因素；再次是受各地气候、水文等自然因素的影响，自然环境条件受限地区交通网络设施建设发展缓慢，相应地，其交通物流设施的建设也受到很大程度的制约。

3. 水利设施不健全

农村水利是密切关乎农村居民日常生产、生活的必要设施类型，整体来看，我国农村饮用水和水利灌溉设施的普及率和覆盖率水平高，发展趋势良好，防洪设施的维修和新建也取得了不错的成果。但还是存在着一些问题，如农村的饮用水设施、灌溉设施、防洪设施等的建设水平与乡村振兴规划的指标要求还有一定的差距；部分农村地区的水利设施年久未修，维护不到位，设施老化、腐化严重，存在安全隐患；西部山区及边远地区部分农村居民的饮用水问题尚未解决，"靠天吃饭"的现象依然大范围存在，农民基本的生产、生活用水问题仍未得到普遍的解决。以上现象是当前我国农村地区水利设施建设面临的亟待解决的问题。

4. 能源设施利用效率低

我国农村地区能源基础设施利用效率低，主要表现在以下几点：一是对煤炭等不可再生能源的使用量仍然较大，这违背美丽乡村人居环境建设的目标；二是秸秆焚烧及冬天取暖的煤炭等的燃烧对农村环境造成了严重的污染；三是新能源使用价格较高，阻碍了农村居民使用新能源的热情，农民出于各方面因素的考虑，可能会继续拒绝对新能源的使用；四是农民的环保意识没有从根本上改变，这是最重要的制约因素。这些问题的解决最重要的还是要依靠国家政策和资金的支持。

5. 信息网络设施方面的人才缺乏

农村新一代信息网络设施建设存在的问题大致可以归结为以下几类：①农村地区信息设施建设及使用方面的人才匮乏；②资金需求量非常大，资金投入还未找到合适的筹资渠道；③农村地区的自身发展受社会因素与自然环境因素的影响较大，制约新一代信息网络设施的建设普及；④农村地区的经济发展水平较低及相应的配套设施建设不完善，使得新一代信息网络在农村发展滞后。

第四节　农村基础设施建设质量评价体系构建

一、评价体系构建方法

本研究通过层次分析法来构建农村基础设施质量评价体系，以我国农业农村部网站及各地区人民政府门户网站所列举的部分县区或乡镇为线索，参考国家发展改革委员会最新提出的《国家乡村振兴战略规划（2018－2022年）》，在查阅和梳理大量资料，并研读众多专家、学者研究成果的基础上，建立了评价体系与评价模型。主要思路如图 6-2 所示。

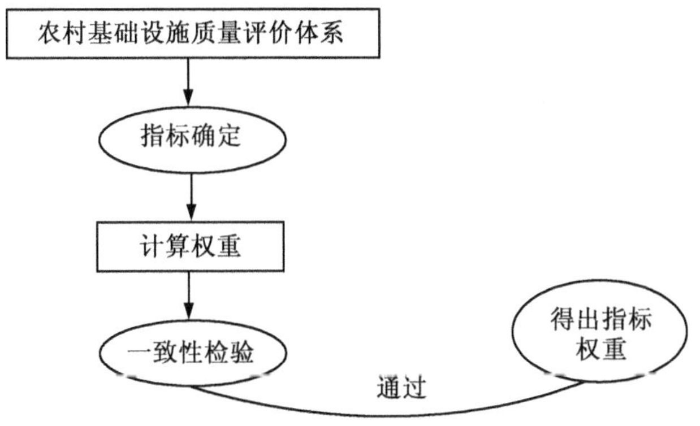

图 6-2　农村基础设施质量评价指标权重计算的思路

二、评价指标

1. 选取依据

农村基础设施的建设水平已成为衡量农村经济发展水平及农民生活质量的重要标志。本文主要结合乡村振兴战略的相关内容及最新颁布的乡村振兴战略规划，在查阅国家交通运输部、水利部、能源局和信息部统计的数据及相关规定指标的基础上，选取农村公路建设、农村交通物流基础设施网络建设、农村水利基础设施网络建设、农村能源基础设施建设、农村新一代信息网络建设五个方面作为农村基础设施质量评价体系的一级指标。一级指标下设二级指标，二级指标主要也是结合相对应部门颁布的文件或者国家政策的规定进行设置的。

2. 选取原则

构建合理的评价指标是进行客观、准确评价的首要条件，因此，评价指标的选取应遵循以下基本原则：

(1)科学性原则。指标的选取应该符合当下我国的发展实际，在前沿性政策的指导下，采用科学的方法，客观反映农村基础设施的现状和发展趋势，进行评价指标的构建。

(2)代表性原则。农村基础设施是一个复杂、庞大的体系，因此在选取指标的过程中要选出其中最具代表性的几个，以进行评价指标的构建。

(3)可行性原则。指标的选取和构建应该是立足实际的，不可出现假大空的臆想型指标，要在客观存在的基础上进行评价指标的选取构建。

3.指标体系的构建

在农村基础设施质量评价指标选取依据及选取原则的基础上，结合前人研究取得的成果，构建出由一级指标“农村公路建设、农村交通物流基础设施网络建设、农村水利基础设施网络建设、农村能源基础设施建设、农村新一代信息网络建设”和相对应的二级指标“建制村道路硬化率、道路通客车率；仓储设施覆盖率、村级物流服务点覆盖率；饮用水覆盖率、农业水利设施覆盖率、抗灾防洪设施覆盖率；用户供电覆盖率、清洁能源使用户数比率；电子商务普及率、4G网络覆盖率、村级信息服务站覆盖率”构成的相对科学合理的农村基础设施建设质量评价指标体系。指标建设和具体内容主要参考了我国2018年颁布的《国家乡村振兴战略规划(2018－2022年)》里面关于农村基础设施建设的相关指标标准、美丽乡村建设指标标准和国家交通运输部、水利部、能源局等网站公布的建设要求和标准(见表6-1)。

表6-1　农村基础设施质量评价指标体系

名称	一级指标	二级指标	具体内容
农村基础设施质量评价A	农村公路建设B1	建制村道路硬化率C1 道路通客车率C2	村主干道路进出通畅，村主干道路硬化率100%
	农村交通物流基础设施网络建设B2	仓储设施覆盖率C3 村级物流服务点覆盖率C4	仓库利用率达到90%以上，共同配送率达到50%以上
	农村水利基础设施网络建设B3	饮用水覆盖率C5 农业水利设施覆盖率C6 抗灾防洪设施覆盖率C7	注重抗旱、防风等防灾基础设施的建设和配备；提高农村居民的饮用水安全；加大对农业灌溉设施的普及力度
	农村能源基础设施建设B4	用户供电覆盖率C8 清洁能源使用户数比率C9	减少木、草等传统燃料的直接使用；推广使用清洁能源；使用清洁能源的农户数比例≥70%
	农村新一代信息网络建设B5	电子商务普及率C10 4G网络覆盖率C11 村级信息服务站覆盖率C12	98%的行政村通光纤；村级信息服务站覆盖率达到80%

三、评价指标权重确定

确定各指标的权重主要是根据桑提等人提出的一致矩阵法而来。具体标注如表 6-2 所示。

表 6-2　成对比较矩阵标度

标度	含义
1	两个对象比较，一样重要
3	两个对象比较,一个比另一个轻微重要
5	两个对象比较,一个比另一个显然重要
7	两个对象比较,一个比另一个非常重要
9	两个对象比较,一个比另一个极其重要
2,4,6,8	两对象判断的中间值
倒数	两个对象比较,一个比另一个重要性弱

1. 一级指标的权重计算和一致性检验

(1)权重计算。依据历年中央一号文件中对加强农村基础设施建设方面的规定和乡村振兴战略的内容,以及国家对“三农”问题方面的相关政策指示,结合该领域部分专家、学者的研究成果,利用层次分析法和成对比较矩阵的标度表,可以得到一级指标的比较关系见表 6-3(表中具体指标直接用字母来代替)。

表 6-3　一级指标的比较关系

A	$B1$	$B2$	$B3$	$B4$	$B5$
$B1$	1	3	2	4	5
$B2$	$\frac{1}{3}$	1	$\frac{1}{3}$	3	4
$B3$	$\frac{1}{2}$	3	1	2	3
$B4$	$\frac{1}{4}$	$\frac{1}{3}$	$\frac{1}{2}$	1	3
$B5$	$\frac{1}{5}$	$\frac{1}{4}$	$\frac{1}{3}$	$\frac{1}{3}$	1

整理得到一级指标的判断矩阵：

$$A=\begin{bmatrix} 1 & 3 & 2 & 4 & 5 \\ \frac{1}{3} & 1 & \frac{1}{3} & 3 & 4 \\ \frac{1}{2} & 3 & 1 & 2 & 3 \\ \frac{1}{4} & \frac{1}{3} & \frac{1}{3} & 1 & 3 \\ \frac{1}{5} & \frac{1}{4} & \frac{1}{3} & \frac{1}{3} & 1 \end{bmatrix}$$

首先，因为此时矩阵为 5×5 矩阵，则先计算各行元素乘积的 5 次根：

$\sqrt[5]{1\times3\times2\times4\times5}=2.605$ $\sqrt[5]{\frac{1}{3}\times1\times\frac{1}{3}\times3\times4}=1.059$

$\sqrt[5]{\frac{1}{2}\times3\times1\times2\times3}=1.552$ $\sqrt[5]{\frac{1}{4}\times\frac{1}{3}\times\frac{1}{3}\times1\times3}=0.608$

$\sqrt[5]{\frac{1}{5}\times\frac{1}{4}\times\frac{1}{3}\times\frac{1}{3}\times1}=0.354$

其次，将计算结果正交化（先将各数相加，再用每个数除以相加之后的和），得出各要素 $B1$、$B2$、$B3$、$B4$、$B5$ 的优先级向量：

$$2.605+1.059+1.552+0.608+0.354=6.178$$

$B1$ 的优先级向量为：$\frac{2.605}{6.178}=0.422$

$B2$ 的优先级向量为：$\frac{1.059}{6.178}=0.171$

$B3$ 的优先级向量为：$\frac{1.552}{6.178}=0.251$

$B4$ 的优先级向量为：$\frac{0.608}{6.178}=0.098$

$B5$ 的优先级向量为：$\frac{0.354}{6.178}=0.057$

各要素的优先级向量即为各要素的相对权重。

(2)一致性检验。

根据公式 $\lambda_{\max}=\sum_{i=1}^{n}\frac{(AW)_i}{nW_1}$，$(AW)_i$ 为向量 AW 的第 i 个分量，(Wi) 第

i 个特征向量，计算判断矩阵的最大特征根 λ_{max}。

$$AW=\begin{bmatrix} 1 & 3 & 2 & 4 & 5 \\ \frac{1}{3} & 1 & \frac{1}{3} & 3 & 4 \\ \frac{1}{2} & 3 & 1 & 2 & 3 \\ \frac{1}{4} & \frac{1}{3} & \frac{1}{3} & 1 & 3 \\ \frac{1}{5} & \frac{1}{4} & \frac{1}{3} & \frac{1}{3} & 1 \end{bmatrix}\begin{bmatrix} 0.422 \\ 0.171 \\ 0.251 \\ 0.098 \\ 0.057 \end{bmatrix}=\begin{bmatrix} 2.114 \\ 0.917 \\ 1.342 \\ 0.515 \\ 0.300 \end{bmatrix}$$

最大特征根 $\lambda_{max}=\frac{1}{5}\left[\frac{2.114}{0.422}+\frac{0.917}{0.171}+\frac{1.342}{0.251}+\frac{0.515}{0.098}+\frac{0.300}{0.058}\right]=5.235$

为了避免农村基础设施的各项指标的判断出现逻辑错误，在这里采用比较判断矩阵偏离一致性 CI 与比较判断矩阵平均随机一致性指标 RI 的比值 CR 来检验其一致性，即 $CR<0.1$，表示判断矩阵具有满意的一致性。

$$CI=\frac{\lambda_{max}-n}{n-1}=\frac{5.235-5}{5-1}=0.059$$

$RI=1.12$（AHP 平均随机一致性指标 RI 取值，如表 6-4 所示，5 阶矩阵即为 1.12）

$$CR=\frac{CI}{RI}=\frac{0.059}{1.12}=0.053<0.1$$

表 6-4　1—5 阶矩阵随机一致性指标

矩阵阶数	1	2	3	4	5
RI	0	0	0.52	0.89	1.12

通过一致性检验证实上述判断矩阵具有满意的一致性，比较计算得到的权重是可信的，也充分说明对农村基础设施进行质量评价所选取的五项指标是科学可行的。

2.二级指标的权重计算和一致性检验

用相同的方法求二级指标各要素的相对权重。

(1)权重计算(见表 6-5)。

表 6-5　农村公路建设 B1 的二级指标比较关系

$B1$	$C1$	$C2$
$C1$	1	3
$C2$	$\frac{1}{3}$	1

整理得到 $B1$ 的二级指标判断矩阵：

$$B1=\begin{bmatrix}1 & 3\\ \frac{1}{3} & 1\end{bmatrix}$$

计算各行元素乘积的 2 次根：

$$\sqrt[2]{1\times 3}=1.732 \qquad \sqrt[2]{\frac{1}{3}\times 1}=0.577$$

得出各要素 $C1$、$C2$ 的优先级向量：

$$1.732+0.577=2.309$$

$C1$ 的优先级向量为：$\frac{1.732}{2.309}=0.750$

$C2$ 的优先级向量为：$\frac{0.577}{2.309}=0.250$

各要素的优先级向量即为各要素的相对权重。

(2)一致性检验。

$$BW1=\begin{bmatrix}1 & 3\\ \frac{1}{3} & 1\end{bmatrix}\begin{bmatrix}0.750\\ 0.250\end{bmatrix}=\begin{bmatrix}1.50\\ 0.50\end{bmatrix}$$

$$\lambda_{\max}=2.00$$

$$CI=\frac{\lambda_{\max}-n}{n-1}=0$$

$$CR=0<0.1$$

(3)权重计算(见表6-6)。

表 6-6 农村交通物流基础设施网络建设 B2 的二级指标比较关系

$B2$	$C3$	$C4$
$C3$	1	$\frac{1}{5}$
$C4$	5	1

整理得 $B2$ 的二级指标判断矩阵：

$$B2=\begin{bmatrix}1 & \frac{1}{5}\\ 5 & 1\end{bmatrix}$$

计算各行元素乘积的2次根：

$$\sqrt[2]{1\times\frac{1}{5}}=0.0.447 \qquad \sqrt[2]{5\times1}=2.236$$

得出各要素 $C3$、$C4$ 的优先级向量：

$$0.447+2.236=2.683$$

$C3$ 的优先级向量为：$\frac{0.447}{2.683}=0.167$

$C4$ 的优先级向量为：$\frac{2.236}{2.683}=0.833$

各要素的优先级向量即为各要素的相对权重。

(4)一致性检验。

$$BW2=\begin{bmatrix}1 & \frac{1}{5}\\ 5 & 1\end{bmatrix}\begin{bmatrix}0.167\\ 0.833\end{bmatrix}=\begin{bmatrix}0.344\\ 1.718\end{bmatrix}$$

$$\lambda_{\max}=2.003$$

$$CI=0.003$$

$$CR=0.002<0.1$$

(5)权重计算(见表 6-7)。

表 6-7　农村水利基础设施网络建设 B3 的二级指标比较关系

$B3$	$C5$	$C6$	$C7$
$C5$	1	3	4
$C6$	$\frac{1}{3}$	1	3
$C7$	$\frac{1}{4}$	$\frac{1}{3}$	1

整理得 $B3$ 的二级指标判断矩阵：

$$B3=\begin{bmatrix}1 & 3 & 4\\ \frac{1}{3} & 1 & 3\\ \frac{1}{4} & \frac{1}{3} & 1\end{bmatrix}$$

计算各行元素乘积的 3 次根：

$$\sqrt[2]{1\times3\times4}=2.289 \qquad \sqrt[2]{\frac{1}{3}\times1\times3}=1 \qquad \sqrt[2]{\frac{1}{4}\times\frac{1}{3}\times1}=0.437$$

得出各要素 $C5$、$C6$、$C7$ 的优先级向量：

$$2.289+1+0.437=3.726$$

$C5$ 的优先级向量为：$\frac{2.289}{3.726}=0.614$

$C6$ 的优先级向量为：$\frac{1}{3.726}=0.268$

$C7$ 的优先级向量为：$\frac{0.437}{3.726}=0.11728\approx0.117$

各要素的优先级向量即为各要素的相对权重。

(6)一致性检验。

$$BW3=\begin{bmatrix}1 & 3 & 4\\ \frac{1}{3} & 1 & 3\\ \frac{1}{4} & \frac{1}{3} & 1\end{bmatrix}\begin{bmatrix}0.614\\ 0.268\\ 0.117\end{bmatrix}=\begin{bmatrix}1.890\\ 0.827\\ 0.361\end{bmatrix}$$

$$\lambda_{max}=3.074$$

$$CI=0.037$$

$$CR=0.071<0.1$$

(7)权重计算(见表 6-8)。

表 6-8　农村能源基础设施建设 B4 的二级指标比较关系

$B4$	$C8$	$C9$
$C8$	1	6
$C9$	$\frac{1}{6}$	1

整理得 $B4$ 的二级指标判断矩阵：

$$B4=\begin{bmatrix}1 & 6\\ \frac{1}{6} & 1\end{bmatrix}$$

计算各行元素乘积的 2 次根：

$$\sqrt[2]{1\times 6}=2.449 \qquad \sqrt[2]{\frac{1}{6}\times 1}=0.408$$

得出各要素 $C8$、$C9$ 的优先级向量：

$$2.449+0.408=2.857$$

$C8$ 的优先级向量为：$\frac{2.449}{2.857}=0.857$

$C9$ 的优先级向量为：$\frac{0.408}{2.857}=0.143$

各要素的优先级向量即为各要素的相对权重。

(8)一致性检验。

$$BW4=\begin{bmatrix}1 & 6\\ \frac{1}{6} & 1\end{bmatrix}\begin{bmatrix}0.857\\ 0.143\end{bmatrix}=\begin{bmatrix}1.715\\ 0.286\end{bmatrix}$$

$$\lambda_{max}=2.0005$$

$$CI=0.0005$$

$$CR<0.1$$

(9)权重计算(见表 6-9)。

表 6-9 农村新一代信息网络建设 B5 的二级指标比较关系

$B5$	$C10$	$C11$	$C12$
$C10$	1	$\frac{1}{5}$	$\frac{1}{3}$
$C11$	5	1	4
$C12$	3	$\frac{1}{4}$	1

整理得 $B5$ 的二级指标判断矩阵：

$$B5=\begin{bmatrix}1 & \frac{1}{5} & \frac{1}{3}\\ 5 & 1 & 4\\ 3 & \frac{1}{4} & 1\end{bmatrix}$$

计算各行元素乘积的 3 次根：

$$\sqrt[z]{\frac{1}{5}\times\frac{1}{3}\times 1}=0.405 \qquad \sqrt[z]{4\times 5\times 1}=2.714 \qquad \sqrt[z]{3\times\frac{1}{4}\times 1}=0.909$$

得出各要素 $C10$、$C11$、$C12$ 的优先级向量：

$$0.405+2.714+0.909=4.028$$

$C10$ 的优先级向量为：$\frac{0.405}{4.028}=0.100$

$C11$ 的优先级向量为：$\frac{2.714}{4.028}=0.674$

$C12$ 的优先级向量为：$\frac{0.909}{4.028}=0.226$

各要素的优先级向量即为各要素的相对权重。

(10)一致性检验。

$$BW5=\begin{bmatrix}1 & \frac{1}{5} & \frac{1}{3}\\ 5 & 1 & 4\\ 1 & \frac{1}{4} & 1\end{bmatrix}\begin{bmatrix}0.100\\ 0.674\\ 0.226\end{bmatrix}=\begin{bmatrix}0.310\\ 2.078\\ 0.469\end{bmatrix}$$

$$\lambda_{max}=3.086$$

$$CI=0.043$$

$$CR=0.695<0.1$$

3. 结果分析

经过计算与验证，农村基础设施质量评价各项指标的权重可以归纳如表 6-10 所示：

表 6-10　农村基础设施质量评价体系各项指标权重值

名称	一级指标	权重值	二级指标	权重值
农村基础设施质量评价 A	农村公路建设 $B1$	0.422	建制村道路硬化率 $C1$	0.750
			道路通客车率 $C2$	0.250
	农村交通物流基础设施网络建设 $B2$	0.171	仓储设施覆盖率 $C3$	0.167
			村级物流服务点覆盖率 $C4$	0.833
	农村水利基础设施网络建设 $B3$	0.251	饮用水覆盖率 $C5$	0.614
			农业水利设施覆盖率 $C6$	0.268
			抗灾防洪设施覆盖率 $C7$	0.117
	农村能源基础设施建设 $B4$	0.098	用户供电覆盖率 $C8$	0.857
			清洁能源使用户数比率 $C9$	0.143
	农村新一代信息网络建设 $B5$	0.057	电子商务普及率 $C10$	0.100
			4G 网络覆盖率 $C11$	0.674
			村级信息服务站覆盖率 $C12$	0.226

从以上农村基础设施质量评价一级指标的权重值可以看出，农村公路建设＞农村水利基础设施网络建设＞农村交通物流基础设施网络建设＞农村能源基础设施网络建设＞农村新一代信息网络建设，说明其重要性也呈现此规律。就当前的发展现状及前人研究的成果来看，上述权重大小反映出的规律具备合理性。

二级指标中，建制村道路硬化率（0.750）、村级物流服务点覆盖率（0.833）、饮用水覆盖率（0.614）、用户供电覆盖率（0.857）、4G 网络覆盖率（0.674），这五项指标的权重较大，相比之下其重要性较强，而其他几项则重要性相对较弱。各项指标的重要性强弱不是一成不变的，也会随着农村社会经济发展水平的提高而发生变化。

第五节　农村基础设施建设质量评价实证分析

一、案例区选择

我国地域广阔，地区间发展的差异化明显，为了使得研究更加充分，研究的结果更具有说服性，本文在选择地区实证研究时，沿我国长江经济带的省份中选择了在气候、水文、降水等自然环境条件大致相同的六个县区作为研究对象（见图 6-3），分别为：浙江省杭州市富阳区、江苏省昆山市、安徽省怀宁县、湖南省岳阳县、四川省长宁县和贵州省水城县。研究对象的数据来源主要依据国家农业农村部网站、国家发展改革委员会网站，以及相关文件、杂志和报纸报道及各地地方人民政府网站和统计局的数据资料。

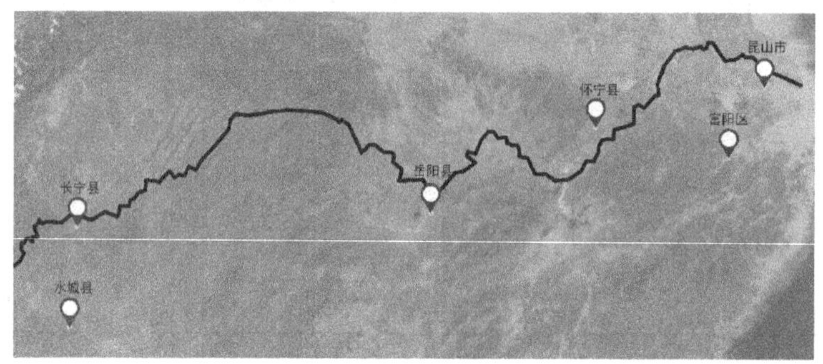

图 6-3　六个案例区地理位置分布

二、分析步骤

通过文献参考的方法收集案例地区关于农村基础设施建设方面的数据，然后对数据进行规范化处理，再用处理后的数据乘以各项基础设施的权重值，而后获得评价数据，用以衡量案例区农村基础设施建设的质量水平高低（见图 6-4）。

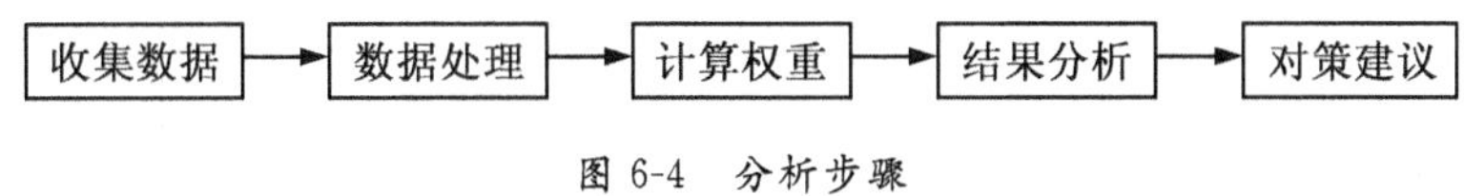

图 6-4　分析步骤

三、质量评价

1. 案例区现状介绍

(1)富阳区。富阳地处浙江省西北部、杭州市西南，辖 5 个街道 19 个乡镇，276 个行政村，户籍人口 67.2 万。据统计，2017 年全区的生产总值达到了 776.4 亿元，其中农林牧渔业产值为 66.1 亿元，增长幅度较大。

富阳区农村公路建设普及率及硬化率达 100%，农村公路大多已升级成等级公路；目前全省建设改造 18 000 个村级农村物流服务点、打造 10 家农村物流品牌企业、20 个农村物流创新发展项目、30 个农村物流服务重点站场，以上设施的完善将有效促进富阳区农村交通物流的发展。2018 年仓储设施覆盖率上升 3.8%，全区绿色储粮比例已达 50%以上；全区农村饮用水范围涉及 24 个乡镇(街道)、276 个行政村，户籍人口 67.2 万。2017 年富阳区实施农村河道整治建设长度为 15.4 千米，项目涉及万市镇葛溪、龙门镇剡溪等 10 个乡镇街道 14 条农村河道，共完成新建、加固堤岸长度 9.975 千米。农村水利设施网络建设的服务范围 100%全覆盖。“十二五”期间，富阳全区供电可靠率一直保持在 99.96%左右，“十三五”期间天然气使用户数年均增速为 36%左右，全区煤炭消费占能源消费比重降到 34%以下，清洁能源比重提高到 50%以上，非化石能源占比提高到 14%以上。全区积极探索电子商务应用，截至 2015 年底，全区有农业龙头企业 130 家，杭州市级 57 家，省级 6 家，农业企业从事电子商务 40 多家，农产品跨境电商 7 家，农村电商为民服务网点 150 个，农产品电商服务平台 1 个，电子商务示范企业 10 家。

(2)昆山市。昆山地处江苏省东南部，行政管辖区四区八镇，2017 年末统计户籍人口为 86.3 万，其中农村人口 35.9 万。2018 年统计年鉴显示，2017 年昆山市生产总值为 3 520.35 亿元，农林牧渔业总产值 55.51 亿元。

截至 2017 年底，昆山市农村公路总里程达 1 393.968 千米，农村公路附属桥梁总座数 1 332 座，其中包括县道 174.207 千米，乡道 448.136 千米，村道 771.625 千米。农村道路硬化率和普及率达到 100%，目前致力于等级公路的建设。农村交通物流设施的普及情况与各镇区的经济发展水平相一致，普及水平也较高，如陆家镇聚集了大量的大型工厂，经济整体水平较高，其交通物流设施也较为健全；周庄镇以旅游业著称，其交通物流设施的建设也是非常完善的。农田水利有效灌溉面积 95.9%，农用水泵覆盖率 100%，农村居民用水设施普及率 100%，农村水利设施的覆盖率达到了 100%全覆盖。从对各种能源使用情况的角度进行分析，天然气的使用比率消费量为购进量的 99.9%，对各类清洁能源的使用综合比率为 90%以上，在以上的比率中包括了农村与城市总体的使用情况，而农村清洁能源的适用比率在 60%左右。2014 年昆山的 2 个省级电子商务示范村——姜杭村和阳澄湖村实现网上交易额 7 599 万元。2016 年，昆山继续引进电子商务企业 56 家，累计引进电子商务企业 86 家。

(3)怀宁县。怀宁地处安徽西南部，户籍人口 70.468 5 万，总户数 20.519 万，其中农村人口 46 万，辖 20 个乡镇，243 个行政村(社区)。2017 年全县生产总值达到了 218.9 亿元。

怀宁县共修建农村公路 1 102 千米，总投资 8 亿元。预计 2019－2020 年，将实施扩面延伸工程 700 千米，实行路长制，2018 年建设农村公路 224.435 千米，完成生命安全防护工程 496.4 千米。目前村通道路已 100%硬化，组通道路硬化率达 60%。乡镇一级的物流站点覆盖率达 100%，村级物流的最后一公里问题还未解决，仍以邮政为主，其他类的物流站点覆盖度较低。安徽省加快“智慧皖粮”建设，已有 1 个省级平台、16 个市级平台、100 个智能粮库联网运行。农村饮水安全工程已完成，山洪灾害防御投资完成率达 95%。目前，全县 19 个贫困村已全部通上自来水，总受益人口 41 498 人；全县 11 074 户 32 184 贫困人口实现饮水安全；怀宁县累计投入建设资金 2 500 万元，建成农村户用沼气池 1.28 万个，建造户用沼气池 1 423 口。2017 年以来，20 个乡镇建成乡(镇)农村电商运营中心，邮乐购、农村淘宝、和沐生活、原味怀宁四家承建企业村级电子商务服务站覆盖行政村 243 个，村级电商服务站点覆盖率达到 100%，实现了县乡村三级公共服务全覆盖，243 个行政村代购代销、代寄代发、快递进村出村全覆盖。

(4)岳阳县。岳阳县位于湖南省东北部,辖14个乡镇,161个行政村,户籍总人口72万,其中农业人口59万。经过查阅统计资料,2017年岳阳县全县生产总值315.25亿元,农林牧渔业总产值54.96亿元。

2017年底,湖南省全省农村公路普及率和硬化率实现100%,乡镇和具备条件的建制村通水泥路或沥青路,建制村通客车率达98.91%。2017年,投资建立了160个村级物流服务站。2017—2018年投入财政资金8 000多万元,解决了20.77万农村人口饮水安全问题,计划到2020年农村自来水普及率达80%,行政村供水覆盖率达到100%。截至2019年,全县防汛抗旱共展开各类工程近1 000处,完成土石方1 400万立方米,完成水利建设总投资近6.8亿元,解决了3 000余口山塘的清淤扩容加固问题,但因计划和资金有限,全县还有2 300多座骨干山塘没有进行整治。2012年,全年新增农村户用沼气9 993口,联户沼气和养殖小区沼气池135处,岳阳县畜禽粪污资源化利用建设沼气池398口,全力发展管道沼气惠民,向新墙镇进塘、寺塘、周邓等村的1 000余户居民供用管道沼气,提倡低碳生产生活,改善农村人居环境。全县目前在农村电子商务方面设施普及水平较低,建有36个农村淘宝村级服务站。

(5)长宁县。长宁县位于四川盆地南缘、宜宾市腹心地带,辖5乡13镇,269个行政村,30个社区。户籍总人口46.72万,其中农村人口20.54万。2017年地区总产值130.53亿元,农林牧渔业产值25.72亿元。

农村公路建设方面,新改建农村公路1 100余千米,建设“四好农村路”示范路120余千米,其中县、乡、村道均不少于30千米。2017年底,通村公路里程达1 526千米,41.943千米县乡道改善提升工程已全面动工。全县18个乡镇269个建制村2 086个生产小组,2018年完成17个乡镇通黑化路,269个建制村通水泥路,1 198个村社通硬化路,村社通硬化路率达57.43%,85%的农户联户路硬化或石板化。预计至2020年新改建农村公路1 088.78千米以上,其中通村社道路782.68千米,实现“社社通”。井江乡三条农村客运线路,基本涉及井江乡14个村;宜叙高速公路涉及下长镇、梅白乡、长宁镇等11个乡镇,宜珙线的开通也涉及长宁县的8个乡镇;但还是有个别村庄未能涉及。交通物流发展还处于发展阶段,物流村级服务站覆盖率低,以邮政为主,覆盖至乡镇一级,部分经济发展较好的行政村,也建立了服务点。农村饮水安全工程建设取得显著成效。“十二五”期间，累计解决了18个乡镇74个行政村7.4万人的饮水安全问题，2017年，投入323.4万元新建供水管网20余千米，解决开佛镇两合村、古河镇幸福村等10个村建卡贫困户安全饮水问题，并全面解决全县9 330户贫困户、3 252人的饮水及农业生产用水困难问题。全县需颁发小型农田水利工程3 124处，完成颁证3 046处，颁证率达97.5%。从2018年4月18日起县水务局安排专人对全县12座小(一)型水库和30座小(二)型水库及部分非工程措施点位开展防汛检查。古河镇防洪工程建设，拟保护古河镇场镇及周边农村，保护人口5 000余人，保护耕地160亩。乡集镇河道水毁整治设计，于2016年5月开工建设。积极推进农村能源基础设施，开通了民用天然气，天然气用气客户近32 150户。2015年长宁县实施了农村电网改造工程，预计使用资金2.3亿余元，为农村新一代信息网络设施的发展打好了基础，建有农村电子商务服务点92个。

(6)水城县。水城县位于贵州省西部、六盘水市核心腹地，下辖11镇、4街道和10民族乡，485个行政村，户籍人口93万，其中农村人口67.18万。2017年水城县统计公报显示，全县地区总产值258.25亿元。

水城县农村公路行政村通达率达100%、通客车率达86%；农村交通物流基础设施被纳入重点建设对象，已建成县级物流集散中心2个、冷链物流中心1个、农村物流中转站30个；建成水库3座、在建水库6座，总库容12 019万立方米；建成水电站7座，总装机容量41万千瓦。水城县累计解决31.5万农村人口饮水安全问题。水城县成为绿色能源示范县，80%以上农户生活能源主要由清洁能源提供，能源服务体系范围覆盖80%以上农户；已建成县级电子商务公共服务中心2个，农村物流中转站30个，农村电商服务站点224个，目前全省建设了1万个村级电商综合服务站、1 000个农村电子商务孵化园、100个县级电子商务运营服务中心。

2.质量评价数据处理与结果分析

(1)数据处理。利用案例区现状介绍中的数据，结合各县区的农村社会经济发展现状，如农业人口数、建制村的数量等。由于自然村数据收集较为困难，因此对各项指标数据的收集、计算及权重的计算统一以行政村一级为基本单位。数据统一标准化后得到六个县区各项农村基础设施建设现状，如表6-11所示。

表 6-11　六个县区各项农村基础设施建设现状

名称			建设现状					
			富阳区	昆山市	怀宁县	岳阳县	长宁县	水城县
农村基础设施质量评价	农村公路建设	建制村道路硬化率(%)	100	100	100	100	100	100
		道路通客车率(%)	100	100	100	99	91	86
	农村交通物流基础设施建设	仓储设施覆盖率(%)	50	70	30	22	10	7
		村级物流服务点覆盖率(%)	100	100	100	33	23	28
	农村水利基础设施建设	饮用水覆盖率(%)	100	100	100	96	77	47
		农业水利设施覆盖率(%)	100	100	100	95	98	83
		抗灾防洪设施覆盖率(%)	100	100	95	75	70	62
	农村能源基础设施建设	用户供电覆盖率(%)	100	100	100	100	100	100
		清洁能源使用户数比率(%)	50	60	56	14	32	80
	农村新一代信息网络建设	电子商务普及率(%)	100	100	100	22	34	46
		4G 网络覆盖率(%)	100	100	100	100	100	100
		村级信息服务站覆盖率(%)	100	100	85	76	53	61

(2)结果分析。权重的计算方法主要是利用上表中计算所得到的各项指标的占比大小乘以第四章农村基础设施各项指标的权重值，就可以得到各县区农村基础设施建设的指标权重(见表 6-12)。

表 6-12　六个县区农村基础设施各项指标权重

名称	一级指标	二级指标	权重					
			富阳区	昆山市	怀宁县	岳阳县	长宁县	水城县
农村基础设施质量评价A	农村公路建设 B1	建制村道路硬化率 C1	0.750	0.750	0.750	0.750	0.750	0.750
		道路通客车率 C2	0.250	0.250	0.250	0.248	0.228	0.215
	农村交通物流基础设施建设 B2	仓储设施覆盖率 C3	0.084	0.117	0.050	0.037	0.017	0.012
		村级物流服务点覆盖率 C4	0.833	0.833	0.833	0.275	0.192	0.233

名称	一级指标	二级指标	权重					
			富阳区	昆山市	怀宁县	岳阳县	长宁县	水城县
农村基础设施质量评价A	农村水利基础设施建设 B3	饮用水覆盖率 C5	0.614	0.614	0.614	0.589	0.473	0.289
		农业水利设施覆盖率 C6	0.268	0.268	0.268	0.255	0263	0.222
		抗灾防洪设施覆盖率 C7	0.118	0.118	0.112	0.088	0.083	0.073
	农村能源基础设施建设 B4	用户供电覆盖率 C8	0.857	0.857	0.857	0.857	0.857	0.857
		清洁能源使用户数比率 C9	0.072	0.086	0.080	0.020	0.046	0.114
	农村新一代信息网络建设 B5	电子商务普及率 C10	0.100	0.100	0.100	0.022	0.034	0.046
		4G 网络覆盖率 C11	0.674	0.674	0.674	0.674	0.674	0.674
		村级信息服务站覆盖率 C12	0.226	0.226	0.192	0.172	0.119	0.138

通过对以上数据的统计分析可以看出，一个地区的国民生产总值及农林牧渔业的生产总值情况直接关系着该地的发展水平，一般国民经济发展水平越高的地区，基础设施建设水平越高，各项服务设施越健全完善。

对各县区农村基础设施建设质量评价可以看出，富阳区农村基础设施建设已经取得了非常高的成就。当前的弱项在仓储设施和能源设施两个方面，所以应将更多的资金投入在这两个方面的建设上，对于其他类的建设应该继续完善和提档升级。昆山市农村基础设施建设水平与富阳区不相上下，部分设施的建设水平还高于富阳区，作为全国经济发展水平第一县，其各项设施建设配备非常齐全，资金、技术、人才的充裕为基础设施建设的快速发展提供了基础和保障。

怀宁县的公路与水利设施建设与富阳区和昆山市的建设水平相当，达到了乡村振兴的建设指标要求。但其他类设施的建设与建设的指标还有一定的差距，也是今后需要加大力度建设的主要方面。岳阳县农村基础设施建设水平相对而言还是比较落后的，公路和水利设施还有少部分地区没有普及，能源、物流、信息网络设施里面的部分指标是非常低的，这也反映出岳阳县目前农村基础设施建设的短板，其仍应以基础设施建设为主，运用合理的融资方式，投入人力、物力，推动整个基础设施体系的全面发展。

长宁县和水城县的建设水平相当，各项设施的建设与富阳区和昆山市相比还非常滞后。各项设施基本上都没达标，指标距离目标差距最大的还属于物流和信息网络设施的建设。总体来说，目前的建设水平还处于加强基础阶段，首先应完善农村公路和水利设施的建设，其次要加大对能源和物流设施的投资力度，最后应尽快找出促进农村新一代信息网络发展的有效措施。

四、各地区农村基础设施建设质量综合对比分析

研究结果表明，各地区农村基础设施的建设水平自东向西表现出明显的下降趋势。富阳区与昆山市农村基础设施的建设水平明显高于其他四个地区，其农村公路与水利设施已全面完成乡村振兴的目标要求，并逐步向更高级的设施类型转变。而其他四个地区在公路和水利设施方面虽然取得了很大的建设成就，但离目标还有一定的距离。农村能源基础设施的普及力度最大的属水城县，水城县是全国清洁能源使用示范县，其普及度已达到乡村振兴战略规划的目标要求，其次是昆山市，其中岳阳县的建设水平最低。由以上的研究分析可以得到如下结论：

(1)各地区随着经济发展水平的下降，农村基础设施建设水平也下降。

(2)公路设施和水利设施建设水平普遍较高，这与我国推行的“村村通”“康庄工程”及“四好农村路”建设等重大工程密切相关。

(3)六个地区建设指标均未达标的是仓储设施，而对于清洁能源的使用只有水城县达到了乡村振兴规划的指标要求。

(4)各地区建设水平差距较大的属于物流设施和新一代信息网络设施，富阳区和昆山市基本上已完成建设要求，而长宁县和水城县还处于建设的起步阶段，水平较低。

总体来看，当前我国农村基础设施的建设水平东部地区明显高于中部地区，中部地区高于西部地区。因此，各地区应根据当地目前的发展现状做出建设规划，着力补齐乡村人居生产生活环境条件的短板，继续以更高的标准来满足农村居民生产、生活需求，为当地实现乡村振兴目标做出战略规划和战略部署。

第六节　结论与政策建议

一、主要结论

本研究以农村基础设施为研究对象，分析了农村基础设施建设质量在乡村振兴战略中的地位和作用，以及我国农村基础设施建设的现状，通过层次分析法构建农村基础设施建设质量评价指标体系，将指标体系分为两个层次。结合国家的相关政策文件及专家的研究成果，按各项指标对农村居民生产生活的重要性和必须性，确定各项指标的权重大小，并沿长江经济带选择了富阳区、昆山市、怀宁县、岳阳县、长宁县和水城县六个地区进行实证研究，得出以下结论：

(1)农村基础设施对乡村振兴战略五个要求的实现起着基础作用和保障作用，对促进农业增长、农民增收、农村发展，以及最终实现农业农村的现代化有着不可动摇的地位和重要作用。

(2)通过层次分析法计算确定了农村基础设施各项指标的权重，农村公路、农村水利基础设施、农村交通物流基础设施、农村能源设施、农村新一代信息网络设施各项指标的权重分别为 0.422、0.251、0.171、0.098、0.057，从权重值的大小可以看出各项基础设施的重要性强弱，以及对农民生产、生活的影响大小。

(3)通过对富阳区、昆山市、怀宁县、岳阳县、长宁县和水城县六个县区的实证分析可明显看出，我国东部、中部、西部各地区农村基础设施建设水平差距较大，东部地区水平最高，中部地区次之，西部地区最低。

二、提升农村基础设施建设质量的政策建议

从全文的分析可以看出，当前我国沿长江经济带农村基础设施建设的总体发展趋势良好，尤其是农村公路和农村水利设施普及率和覆盖率较高。而

不同发展水平的地区建设现状有着较大差距。本文在我国农村基础设施建设现状分析的基础上，构建农村基础设施质量评价指标体系，以东、中、西部地区的典型县区为例进行实证研究。针对研究的结果，总结出以下建议：

1.东部地区继续提档升级

从对六个县区的比较分析可以看出，我国沿长江经济带东部地区农村基础设施的建设水平较高，公路及水利设施的建设已达到乡村振兴战略规划的目标要求；交通物流设施、能源设施和新一代信息网络设施建设取得了不错的成就。因此，进一步加快公路、水利等基础设施的提档升级，物流、能源等基本设施的建设完善，新一代信息网络设施的推广普及是当前的主要方向。

我国东部农村地区经济发展水平高，民间资本的储存量大，企业等社会资本的投入力度也非常大，农村整体的发展水平与城市的差距越来越小，部分农村地区甚至超越了城市。城市的基础设施向农村地区的辐射力度在加大，民间资本及社会资本向农村基础设施建设的偏移也在增大。政府充足的财政保障也为农村地区基础设施的建设提供了足够的资金、技术、人才支持。因此，加快基础设施的继续提档升级是东部农村地区基础设施的发展趋势和方向。

2.中部地区加强普及完善

从以上的分析中可以看出，我国沿长江经济带中部地区农村基础设施建设水平与东部地区有着较大的差距，少部分地区关乎居民最基本生产、生活的道路、水利等基础设施还没有达到建设要求，普及率和覆盖率还较低；对于农村交通物流设施、能源设施和信息网络设施的建设还处于中等建设水平。目前应该将建设重点放在对公路、水利设施的完善和物流、能源及信息网络设施的大力投资建设上。

当前我国中部农村地区的民间资本也有大量的积累，民营企业做得有声有色，社会资本的投入量在逐年提高，对于城市郊区等部分地区，大城市的增长极辐射发挥了很大的作用。继续加大政府的投入，汇集更多的民间资本及社会资本投入到农村基础设施建设，进一步提高建设水平。利用人才引进等政策措施促进乡村人才振兴，最大限度发展农村经济，改善农村人居环境，才能将乡村振兴战略规划的指标落到实处。

3.西部地区投资基础建设

西部地区主要是以沿长江经济带的怀宁县和水城县为例，通过对比分析可以看出，该地区农村的发展水平相对于东部地区和中部地区来说是比较落后的。其中农村公路及水利等基础性设施建设的供给水平与乡村振兴规划的指标还有一定差距，部分设施的建设还未满足农村居民的生产生活需求；农村交通物流及农村新一代信息网络等基础设施的建设还处于起步阶段，普及率还很低，基本上是到乡镇一级或者覆盖部分行政村。总体来说还很落后，但对于4G网络的普及建设也算取得了很好的成绩。

对于我国西部农村地区来说，农村基础设施建设应该致力于公路、水利等基础设施的建设普及，保证每一位村民都能享受到公共设施带来的便利；在有条件的地区继续加强农村交通物流设施和农村能源设施的建设，合理定价、合理收费，改变农村居民的消费观念，推广使用新能源，进而保护和改善农村人居环境；培养和引进农村信息化的人才，有效推进农村新一代信息设施的建设和宣传。推动西部地区农村经济的发展，将乡村振兴战略的总体要求落到实处。

第七章　科技进步与农村经济发展

第一节　科技资源投入与农业经济增长的关联分析

一、科技资源投入与农村经济增长

农业科技支持与社会化服务体系的水平直接影响农业生产经营的投入成本和产出效率，加大农业科技投入是体现中国共产党的十七大以来提出的促进城乡统筹、实现城乡公共服务均等化和以工补农、以城带乡等政策的具体落实。为了认识农业科技投入与农业经济增长的关系，我们以浙江省为案例，把农业投入的全社会科学研究与试验发展（R&D）经费支出、科技经费筹集额和科技人员数作为最基本的科技投入内容，并通过灰色系统理论中灰色关联法计算出科技投入和农业经济增长之间的关联度，然后与全国总体平均情况进行比较分析进而改善，以利于使农业科技资源投入更加有效，也利于促使不同类型科技资源的投入配比更加科学。

1. 背景与意义

发达国家的经验证明，科技进步对经济发展的促进作用越来越明显，是经济发展的不竭动力。全球经济总量从战后不足 1 万亿美元到现在的 32 万亿美元，增长了数十倍，欧美发达国家的科技进步对经济增长的贡献率也从 20 世纪 70 年代的 50%提高到现在的 80%。斯科特·舒尔茨研究表明：美国战后农业生产的增长，其中 80%是由科技贡献的。我国是农业大国，虽然农业在国民经济中所占比重越来越小，但农业的国民经济基础地位不可动摇。2011 年中央政府工作报告指出：强化农业科技支撑，着力推进农业科技进步，发展壮大农作物种业，大规模开展高产创建，加大“三农”投入，完善惠农政策，稳步深入推进农业现代化。浙江省是我国经济强省，按照科学发展观精神，各级政府注重全面协调可持续发展，提出科技强省、科技兴农的目标。

实现农业科技战略目标离不开科技投入，增加科技投入是加强科技创新、提高科技水平的重要措施，而科技投入主要由R&D经费支出、科技经费筹集额和科技人员等基本部分组成。其中R&D是创新能力的重要标志，当R&D经费支出占GDP比重达到2%时，表明一个国家或地区具备了基本的创新能力。对浙江省和其他沿海发达省份科技投入与农业经济增长关系的比较研究，能直观地认识到浙江省科技投入在农业经济增长中的作用，对加强农业经济发展，协调产业发展具有一定现实意义。

2.学术研究回顾

关于科技投入对经济增长作用的研究比较普遍，国外研究的主要方向为科技进步对经济增长的贡献率研究。美国经济学家罗伯特·默顿·索洛和英国经济学家戴安·斯旺克的经济增长模型提出了“技术进步对经济增长具有重要贡献”的观点，并首先把技术进步作为经济增长中最具有意义、贡献最大的一个因素单列出来。保罗·罗默把知识增长和技术进步看作是经济长期增长的关键，首次提出内生经济增长模型，模型中除了列入资本和劳动两个生产因素外，还包括了人力资本和技术水平两个影响因素。科林·贝克尔主张把知识分成内生积累的一般性知识和外生的知识两部分，这两部分均对经济增长产生重要的作用。由此，他提出了劳动分工的扩展与知识的积累相互作用的理论。

国内学者对科技投入与经济增长相互关系的研究主要如下：黄鲁成、马丽等运用灰色关联度方法，分别对北京和宁夏进行分析，表明科技经费支出对经济增长的影响较为显著。米传民等运用灰色关联法研究江苏，表明科技人员投入对经济增长有着更为显著的推动作用。朱春奎、王海鹏通过建立不同时间序列的科技投入和经济增长二者之间的误差修正模型，分别揭示了财政科技投入与经济增长的动态均衡关系，科技投入与经济增长之间的双向因果关系。王贻志等把科技投入变量引入到生产函数中，测算出上海市各行业的科技投入的贡献率。罗佳明、王卫红运用广义差分回归分析测算出 1953—2001 年科技投入对我国经济增长的贡献率约为 17.16%。王宁、刘黎明等对未来农业科技投入总量进行灰色预测，研究表明现有农业科技投入增长达不到国家粮食综合生产能力的最低需求，必须加快农业科技投入增长步伐。本文主要通过全国和浙江 2001—2008 年的统计数据，利用灰色系统理论计算科技投入与农业经济增长之间的灰色关联度，揭示两者之间的关系。我们研究的目的是获得科技资源投入与农业经济增长的关联规律，这一规律是不受时代局限的普适性规律，同时出于目前可以验证的目的，我们选择了 2001—2008 年这一组具有观察意义的连续数据，而没有选择最新的数据。

二、浙江省农业科技投入的样本数据

浙江省的农业科技投入主要包括农业科技经费和农业科技人员两个部分。

1. 科技经费筹集的样本数据

根据全国和浙江统计年鉴、科技统计年鉴和统计公报的数据，科技经费筹集额名义增长率一直都高于第一产业产值增长率。从统计情况来看，全国科技经费筹集额从 2001 年的2 589.4亿元增至 2008 年的9 123.8亿元，2008 年经费筹额是 2001 年的 3.52 倍，同时期第一产业产值是 2001 年的 2.15 倍。相比全国科技经费筹集额增长情况，浙江省 2008 年的数值是 2001 年的 5.43 倍，而第一产业产值仅为 2001 年的 1.66 倍。各项指标都呈现一直增长的趋势，不过增长速率有快有慢，其中 2004 年、2007 年全国科技经费筹集额和第一产业产值出现较大波动，2004—2006 年浙江省出现较大波动。总体来说，科技经费筹集情况较好，科技经费筹集增长和第一产业产值增长并不总是同步，甚至有些年份出现了增长降速，主要是因为从科技投入到转化为生产力有滞后性，一般在科技投入高增长的两到三年后，经济增长效益才能得到体现。2001—2008 年的科技经费筹资和农业经济增长情况也说明浙江省重视科技投资，科技发展的研发后劲比较充足(见表 7-1)。

表 7-1　2001—2008 年全国和浙江省科技经费筹集额和农业经济增长数据

年份	2001	2002	2003	2004	2005	2006	2007	2008
全国								
科技经费筹集(亿元)	2 589.4	2 938	3 459.1	4 328.3	5 250.8	6 196.7	7 695.2	9 123.8
名义增长率(%)	—	13.46	17.74	25.13	21.31	18.01	24.18	18.56
第一产业产值(亿元)	15 781.3	16 537	17 381.7	21 412.7	22 420	24 040	28 627	34 000
名义增长率(%)	—	4.79	5.11	23.19	4.7	7.22	19.08	18.77
浙江省								
科技经费筹集(亿元)	129.28	162.24	207.46	272.84	374.24	476.08	581.75	702.83
名义增长率(%)	—	25.49	27.87	31.51	37.16	27.21	22.20	20.81
第一产业产值(亿元)	659.78	685.20	717.85	814.10	892.83	925.10	986.02	1095.43
名义增长率(%)	—	3.85	4.77	13.41	9.67	3.61	6.59	11.09

2. 科技研发费用的投入样本数据

科研经费的筹集额说明社会科技投入状况，但其中并没有完全使用在科学研究领域，而 R&D 经费支出更能说明科技投入和经济增长的关系，由于农业领域 R&D 数据统计收集存在一定困难性，所以本文主要是对全国和浙江省 2001—2008 年 R&D 经费支出和农业经济增长进行的统计(见表 7-2)。

表 7-2 2001—2008 年全国与浙江省 R&D 经费支出和农业经济增长情况

年份	2001	2002	2003	2004	2005	2006	2007	2008
全国								
R&D 经费支出（亿元）	1 042.5	1 287.6	1 539.6	1 966.3	2 450	3 003.1	3 710.2	4 616
名义增长率（%）	—	23.51	19.57	27.71	24.59	22.58	23.55	24.41
第一产业产值（亿元）	15 781.3	16 537	17 381.7	21 412.7	22 420	24 040	28 627	34 000
名义增长率（%）	—	4.79	5.11	23.19	4.7	7.22	19.08	18.77
浙江省								
R&D 经费支出（亿元）	44.74	57.65	77.76	115.55	163.29	224.03	286.32	345.76
名义增长率（%）	—	28.86	34.88	48.59	41.32	37.19	27.80	20.75
第一产业产值（亿元）	659.78	685.2	717.85	814.1	892.83	925.1	986.02	1095.43
名义增长率（%）	—	3.85	4.77	13.41	9.67	3.61	6.59	11.09

从表 7-2 中可以看出：①2001—2008 年，全国和浙江省 R&D 经费支出都呈现快速增长趋势，其中全国的增长率较为平稳。2004 年，全国和浙江省 R&D 和第一产业的名义增长率都达到最大，特别是浙江省，R&D 的名义增长率达到 48.59%。这也能从侧面说明科技研发投入的快速增加能显著带动经济的增长。②2001—2008 年，全国 R&D 经费支出平均增长率达到 23.7%，浙江省的平均增长率为 34.19%，而同时期全国和浙江省的第一产业产值平均增长率分别为 11.83%和 7.57%，因此 R&D 投入远远高于第一产业产值增长。③浙江省 R&D 经费支出对第一产业产值的增长推动作用远远低于全国的平均水平。

3. 科技人员投入情况样本数据

科技人员是科技创新的主体，在科技创新和技术进步中起着决定作用。

2001—2008 年浙江省科技人员数平均增长率达到 17.24%，不同年份科技人员数增长率差异较大。而 2005—2006 年浙江省科技人员数增长十分突出，主要与浙江省政府的科技人才政策相关。此外，全国的科技人员数量从 2004 年后稳步增长(见表 7-3)。

表 7-3　科技人员数及年增长率

年份	2001	2002	2003	2004	2005	2006	2007	2008
全国								
科技人员数(万人)	314.1	322.2	328.4	348.1	381.5	413.2	454.4	496.7
名义增长率(%)	—	2.58	1.92	6.0	9.59	8.31	9.98	9.31
浙江省								
科技人员数(万人)	13.63	16.39	18.84	20.93	25.78	31.05	34.78	41.31
名义增长率(%)	—	20.25	14.95	11.09	23.17	20.44	12.01	18.78

三、科技投入对农业经济增长的灰色关联分析

灰色系统理论主要用于控制和预测，现在已经广泛地应用在经济、社会等研究领域。灰色理论以“部分信息已知，部分信息未知”的“小样本”“贫信息”等不确定性系统为研究对象，进而已知部分信息的生成、开发，进而分析各种因素的关联性及其量的测度，实现对系统变化规律的认识。该理论的基本思想是根据数列曲线几何形状的相似度来判定其联系的紧密程度，曲线越接近，数列之间关联度就越大，反之则小。

1.数据处理

由于系统中各类因素数据因计算单位不同而差异较大，不便进行比较或难以得到正确的结论，所以在进行灰色关联分析时，一般要进行无量纲化处理。无量纲化通常采用均值法和初值化法，本文采用初值化进行处理。以 2001—2008 年全国和浙江省的序列数据为基础，分别建立灰色关联模型，其

中全国和浙江省的第一产业生产总值用 X_0 和 X_0'表示；R&D 经费支出用 X_1 和 X_1'表示；科技经费筹集额用 X_2 和 X_2'表示；科技人员的投入用 X_3 和 X_3'表示。X_0 和 X_0'是母序列，X_1 和 X_1'，X_2 和 X_2'，X_3 和 X_3'是子序列，建立序列表，经无量纲化处理后，形成相应的母序列和子序列（见表 7-4）。计算公式如下：

$$X(k)=\frac{X(k)}{X(o)}(k=1,2,3,\cdots,n)$$

表 7-4 初值化后的数列

年份	2001	2002	2003	2004	2005	2006	2007	2008
全国								
X_0	1	1.047 9	1.101 4	1.356 8	1.420 7	1.523 3	1.814	2.154 4
X_1	1	1.235 1	1.476 8	1.886 1	2.350 1	2.880 7	3.558 9	4.427 8
X_2	1	1.134 6	1.335 9	1.671 5	2.027 8	2.393 1	2.971 8	3.523 2
X_3	1	1.055 8	1.045 5	1.108 2	1.214 6	1.315 5	1.446 7	1.581 3
浙江省								
X_0'	1	1.038 5	1.088	1.233 9	1.353 2	1.402 1	1.494 5	1.660 3
X_1'	1	1.288 6	1.738	2.582 7	3.649 8	5.007 4	6.399 6	7.728 2
X_2'	1	1.255	1.604 7	2.110 5	2.894 8	3.682 5	4.499 9	5.436 5
X_3'	1	1.202 5	1.382 2	1.535 6	1.891 4	2.278 1	2.551 7	3.030 8

2.科技资源投入与农业经济增长的关联分析

我们利用灰色相关系数计算模型对全国和浙江省的科技资源投入与农业经济增长的关联度进行计算。

$$\eta_i(k)=\frac{\min\min|x_0(k)-xi(k)|+\rho\max\max|x_0(k)-xi(k)|}{|x_0(k)-xi(k)|+\rho\max\max|x_0(k)-xi(k)|}$$

式中，$|x_0(k)-xi(k)|$为第 k 个点 x_0 与 x_i 的绝对误差，$k=1,2,\cdots,i=1,2,3$。

将无量纲化后的比较数列与差值数列进行差值计算，列出对应差数列表，然后再求出 $\min\min|x_0(k)-xi(k)|$ 和 $\max\max|x_0(k)-xi(k)|$。其中，$\min|x_0(k)-xi(k)|$是第一级最小差，表示在 $x_i(k)$序列上找各点与 $x_0(k)$的

最小差，即跑遍 k 选最小者。min min $|x_0(k)-xi(k)|$ 为第二级最小差，表示在各序列找出的最小差基础上寻找所有序列中的最小差，即跑遍 i 选最小者。max max $|x_0(k)-xi(k)|$ 是二级最大差，与二级最小差类似。各比较数列与参考数列的相应绝对差值如表 7-5 所示。

表 7-5 绝对差值

年份	2001	2002	2003	2004	2005	2006	2007	2008	Min	Max
全国										
$\|x_0(k)-x1(k)\|$	0	0.187 2	0.375 4	0.529 3	0.929 5	1.357 3	1.745	2.273 4	0	2.273
$\|x_0(k)-x2(k)\|$	0	0.086 7	0.234 5	0.314 7	0.607 1	0.869 8	1.157 8	1.369 1	0	1.368
$\|x_0(k)-x3(k)\|$	0	0.022 1	0.055 9	0.248 6	0.206 1	0.207 8	0.367 3	0.573 1	0	0.573
浙江省										
$\|x'0(k)-x'1(k)\|$	0	0.25	0.65	1.348 8	2.296 5	3.605 2	4.905 2	6.067 9	0	6.067
$\|x'0(k)-x'2(k)\|$	0	0.216 4	0.516 7	0.876 6	1.541 6	2.280 4	3.005 5	3.776 2	0	3.776
$\|x'0(k)-x'3(k)\|$	0	0.164	0.294 2	0.301 7	0.538 2	0.875 9	1.057 3	1.370 5	0	1.370

在进行计算关联系数与关联度前，需要预设分辨系数，一般用 ρ 表示，取值范围为 $0<\rho<1$，ρ 越小，分辨率越高，当 $\rho=0.546$ 时，最优。这里我们取 $\rho=0.5$。

根据上述关联系数，计算关联度，关联度 $R_i=\frac{1}{n}\sum_{k=1}^{n}\eta i(k)$。对计算得出的关联度按大小进行排序，看各项指标对农业经济增长的影响（见表 7-6）。

表 7-6 关联系数

全国								
$\eta_1(1)$	$\eta_1(2)$	$\eta_1(3)$	$\eta_1(4)$	$\eta_1(5)$	$\eta_1(6)$	$\eta_1(7)$	$\eta_1(8)$	R_1
1	0.858 6	0.751 7	0.682 3	0.550 2	0.455 8	0.394 5	0.333 3	0.628 3
$\eta_2(1)$	$\eta_2(2)$	$\eta_2(3)$	$\eta_2(4)$	$\eta_2(5)$	$\eta_2(6)$	$\eta_2(7)$	$\eta_2(8)$	R_2
1	0.929 1	0.829	0.783 2	0.651 8	0.566 5	0.495 4	0.453 6	0.713 6
$\eta_3(1)$	$\eta_3(2)$	$\eta_3(3)$	$\eta_3(4)$	$\eta_3(5)$	$\eta_3(6)$	$\eta_3(7)$	$\eta_3(8)$	R_3
1	0.980 9	0.953 1	0.820 5	0.846 5	0.845 4	0.755 8	0.664 8	0.858 4

续表

浙江省								
$\eta_1'(1)$	$\eta_1'(2)$	$\eta_1'(3)$	$\eta_1'(4)$	$\eta_1'(5)$	$\eta_1'(6)$	$\eta_1'(7)$	$\eta_1'(8)$	R_1'
1	0.923 9	0.823 6	0.692 2	0.569 2	0.457	0.382 2	0.333 3	0.647 7
$\eta_2'(1)$	$\eta_2'(2)$	$\eta_2'(3)$	$\eta_2'(4)$	$\eta_2'(5)$	$\eta_2'(6)$	$\eta_2'(7)$	$\eta_2'(8)$	R_2'
1	0.933 4	0.854 5	0.775 8	0.663 1	0.570 9	0.502 4	0.445 5	0.718 2
$\eta_3'(1)$	$\eta_3'(2)$	$\eta_3'(3)$	$\eta_3'(4)$	$\eta_3'(5)$	$\eta_3'(6)$	$\eta_3'(7)$	$\eta_3'(8)$	R_3'
1	0.948 7	0.911 6	0.909 6	0.849 3	0.776	0.741 6	0.688 8	0.853 2

上述关联度计算结果显示，全国和浙江省科技投入中的 R&D 经费支出、科技经费筹资额和科技人员与农业经济都存在较强的正相关性（见图 7-1）。其中，全国 R&D 经费支出对农业经济产值的相对关联度为0.638 3，科技经费筹集额对农业经济的相关联度为0.713 6，科技活动人员对农业经济相关联度为0.858 4。相比全国，浙江省各项指标对农业经济的相关联度排序基本一致，说明了科技活动人员对农业经济的推动力更大，但从全国和浙江省的比较来看，浙江省 R&D 经费支出和科技经费筹集额对农业经济的相关联度均高于全国水平，而科技人员对农业经济的相关联，略低于全国水平。

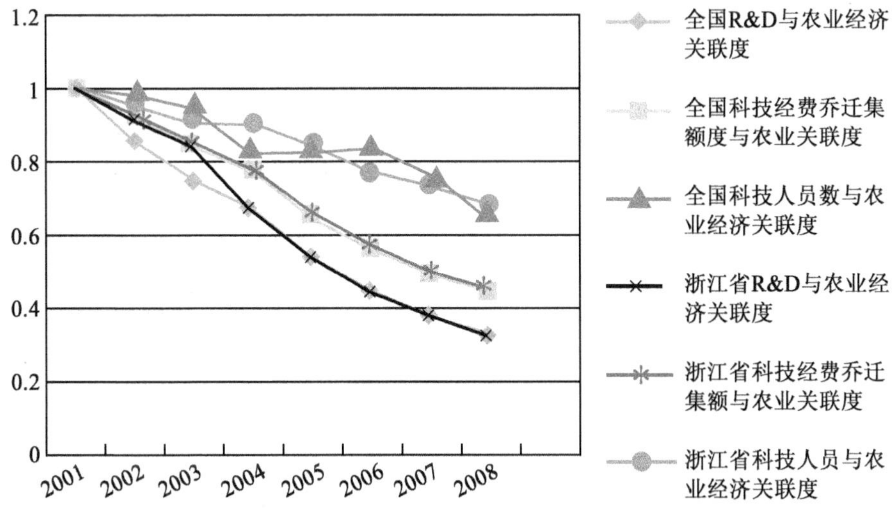

图 7-1 全国和浙江省科技投入与农业经济增长关联系数

四、结语与政策建议

通过上面的相关性计算，可做出具体结论：①全国和浙江省科技投入与农业经济增长存在显著的相关关系，科技投入对经济增长具有重要推动作用，这和以往研究得出的结果相一致。②在 R&D 经费支出、科技经费筹集额和科技人员数等因素中，科技活动人员数对农业经济增长的推动作用更大。与全国相比，浙江省的各项指标关联度均只达到全国平均水平。

科技人员是技术进步的能动因素，现代农业建设过程中急需培养大量科技人才，这也是浙江省增强农业经济的主要手段。浙江省各级政府应加大农业科技资金投入，提高研究经费支出转化为生产力的效率，制订人才引进计划，营造良好的科研环境，进一步激励和发挥科技人员的能动作用，为浙江省各项经济尤其是现代农业经济发展创造良好环境。

第二节　农业科技进步贡献率的区域差异

技术进步是农业经济增长的原动力。本文以浙江省统计年鉴公布数据为基础，文章首先采用 C-D 生产函数法和我国农业科技进步贡献率测算方法，建立基于 C-D 生产函数的增长速度测算模型，利用浙江省 2001－2010 年的农业各指标值，对浙江省农业物质费用和劳动量的投入产出弹性系数进行估计，测算出浙江省农业科技进步对农业经济增长的贡献率，然后对“十一五”期间浙江省 11 个地市的农业科技进步贡献率进行测算，得出结果是浙东北地区农业科技进步贡献率高于浙西南地区，最后对测算出的结果进行分析并提出相应的政策建议。

一、背景与意义

科技进步是作为影响经济增长的一个重要因素被提出来的，美国经济学家爱德华·丹尼森在 1985 年出版的《1929－1982 年美国经济增长趋势》

一书中，对于影响经济增长和科技进步的因素有一个较为全面的分析。据爱德华·丹尼森用增长因素分析法测算的结果，技术进步引起的生产率提高中有60%左右要归功于知识进展，知识的进展是技术进步中最重要的内容，技术进步是科技资源投入和使用的结果。农业科技进步是指农业科学的科技进步、农业管理水平的提高、决策水平与智力水平的进步、农业生产资源的优化、农业劳动者素质和技能的改善等。农业科技进步率除以农业总产值增长率就是农业科技进步贡献率。一个时期农业科技进步的测算公式为农业科技进步率＝农业总产值增长率－物质费用产出弹性×物质费用增长率－劳动力产出弹性×劳动力增长率－耕地产出弹性×耕地增长率。

前人关于农业技术进步的研究，已经取得了丰硕成果。本文在众多学者的研究基础上，采用浙江省"十一五"期间农业发展的时间序列数据，以索洛余值法为基础建立线性生产函数模型，对浙江省的农业技术进步贡献率进行测算与分析。

二、模型设定及分析

目前，定量测算科技进步对经济增长的贡献率的方法主要有两类：一类是生产函数法，如柯布-道格拉斯(C-D)生产函数、超越生产函数、线性生产函数等；另一类是增长速度方程方法。1957年，美国经济学家罗伯特·默顿·索洛首次分离出技术进步对提高劳动生产率的巨大作用，并提出了用于测算科技进步对经济增长贡献的索洛余值法。索洛余值法是目前测定农业科技进步贡献率的主要方法。根据这种方法，朱希刚测算出我国"九五"时期的农业科技进步贡献率为45.16%；蒋和平等测算出1995－1999年农业科技进步率为40.7%；王启现等测算出"十五"期间农业科技进步率为45.68%；贾凤伶等测算出"十一五"期间，天津市农业科技进步贡献率为60.4%。

索洛余值法农业总量生产函数的一般形式可以表示为：

$$Y_t = Ae^{\delta}tK_t^{\alpha}L_t^{\beta}M_t^{\gamma} \quad (\delta > 0,\ 0 \leqslant \alpha, \beta, \gamma \leqslant 1) \tag{7.1}$$

其中 Y_t 是农业总产值，K_t、L_t、M_t 分别为与 Y_t 相应的投入要素即物质费用、劳动力及耕地面积，A 为常数项，t 为时间变量。α、β、γ 分别是物资费用、劳动力、耕地面积的投入产出弹性，δ 是科技进步率。对上述模型两边取对数可转化为如下形式：

$$\ln Y_t = \alpha \ln K_t + \beta \ln L_t + \gamma \ln M_t + \delta t + \ln A$$

两边对 t 求导：

$$\frac{1}{Y_t}\frac{dY_t}{dt} = \alpha\frac{1}{K_t}\frac{dK_t}{dt} + \beta\frac{1}{L_t}\frac{dL_t}{dt} + \gamma\frac{1}{M_t}\frac{dM_t}{dt} + \delta$$

当以年份数据计算时，可取 $dt=1$，并且将 dY_t 换成 ΔY_t，dK_t 换成 ΔK_t，dL_t 换成 ΔL_t，dM_t 换成 ΔM_t，得到如下形式：

$$\delta = \frac{\Delta Y_t}{Y_t} - \left(\alpha\frac{\Delta K_t}{K_t} + \beta\frac{\Delta L_t}{L_t} + \gamma\frac{\Delta M_t}{M_t}\right)$$

改写为：

$$\delta = y - (\alpha k + \beta l + \gamma m) \tag{7.2}$$

其中，$y=\frac{\Delta Y_t}{Y_t}$，$k=\frac{\Delta K_t}{K_t}$，$l=\frac{\Delta L_t}{L_t}$，$m=\frac{\Delta M_t}{M_t}$分别是农业总产值增长率、物质消耗增长率、劳动力增长率和耕地面积增长率。

进而可以得出：

农业科技进步贡献率：$E(A)=\frac{\delta}{y}$

资本贡献率：$E(K)=\frac{\alpha k}{y}$

劳动贡献率：$E(L)=\frac{\beta l}{y}$

土地贡献率：$E(M)=\frac{\gamma m}{y}$ (7.3)

三、实证分析

1. 数据选取

在估计浙江省的农业物质消耗和农业劳动量的产出弹性时，为了保证估计参数的有效性，本文选取浙江省 2001—2010 年的相关数据进行测算。

(1)农业产出量 Y 的确定。该模型中测算的农业科技进步贡献率是定量地确定农业经济中产出量和投入量之间关系的数学表达式，说明的是使用价值的创造过程，所以从理论上讲应当按照实物量来分析产出量，但现实中却很难收集采用实物量的数据，一般情况下只能以产值的形式表示。本文大都选择通用的方式，即采用各地市农林牧渔的总产值（亿元）作为产出量指标，这个数据可以直接从浙江统计年鉴中获得；另外参照近几年来一些经济研究的文献中数据的可比较性，剔除价格因素对农业总产值的影响，将产出量按照某一基年的不变价格换算后的数值再进行运用。本文选取1990年为基期换算后的2001—2010年的数据来进行比较，本数据可以直接从2011年浙江统计年鉴中直接获取。

(2)农业资本量 K 的确定。鉴于数据的易得性，本文选取浙江省各地市农业中间消耗（亿元）作为农业物质费用投入指标，农业中间消耗包括：农业中间物质消耗和对非物质生产部门的劳务支出。具体数据可以通过农业总产值与农业增加值之差得来，也可以直接从浙江省各年的统计年鉴中获取。为了消除价格因素的影响，以1990年为基期，以 K_t 为可比价格，换算公式如下：

$$K_t=\frac{\text{某年农业中间消耗}}{\text{以基年}=100\text{换算的某年农业中间消耗指数}}\times 100$$

(3)农业劳动量 L 的确定。农林牧渔从业人员数（万人），直接从各年浙江统计年鉴中获取。

(4)土地量 M 的确定。目前大部分学者选用耕地面积作为土地量的投入指标，由于农作物播种面积更能反映农业生产的实际情况，本文采用当年农作物播种面积代替耕地面积（千公顷），直接采用年鉴数据。

(5)时间变量 t 的确定。

按照时序取值 $t_{2001}=1, t_{2002}=2, \cdots, t_{2010}=10$。

以上具体指标结果见表7-7。

表7-7 浙江省2001—2010年农业各指标值(以1990年为基期)

年份	农林牧渔业总产值 Y(亿元)	农业中间物资消耗 K(亿元)	农林牧渔从业人员数 L(万人)	农作物播种面积 M(千公顷)
2001	493.16	180.76	937.57	324.59
2002	520.51	192.80	887.53	306.45

续表

年份	农林牧渔业总产值 Y(亿元)	农业中间物资消耗 K(亿元)	农林牧渔从业人员数 L(万人)	农作物播种面积 M(千公顷)
2003	548.92	202.94	827.57	283.44
2004	594.38	222.59	781.49	277.84
2005	629.10	235.84	760.10	283.79
2006	619.83	232.44	717.81	251.62
2007	667.88	255.56	683.32	249.16
2008	708.82	272.40	670.16	248.13
2009	757.41	287.18	657.95	250.48
2010	846.36	316.41	627.43	248.47

数据来源:《浙江统计年鉴(2001—2010年)》

2. 参数估计和回归分析

为避免多重共线性对参数的影响,假设规模报酬不变,于是有 $\alpha+\beta+\gamma=1$。

对式(7.1)变形得:

$$\frac{Y_t}{L_t}=Ae^{\delta}t\left(\frac{K_t}{L_t}\right)^{\alpha}\left(\frac{M_t}{L_t}\right)^{\gamma} \tag{7.4}$$

对上式两边取对数,并令 $Y''=\ln\left(\frac{Y_t}{L_t}\right)$,$K''=\ln\left(\frac{K_t}{L_t}\right)$,$M''=\ln\left(\frac{M_t}{L_t}\right)$,$A''=\ln(A)$。

得到方程:

$$Y''=A''+\alpha K''+\gamma M''+\delta t \tag{7.5}$$

建立线性回归模型:

$$Y''=A''+\alpha K''+\gamma M''+\delta t+\mu(\mu\text{ 为随机误差项}) \tag{7.6}$$

借助计量分析软件 EViews 6.0,利用下表所选择的浙江省 2001—2010 年数据(见表 7-8)对模型(7.6)进行 OLS 估计和回归分析。

结合上面的数据,利用 EViews 软件可得回归结果。

得出回归方程:

$$Y''=1.0052+0.8671K''+0.2131M''+0.0070t \tag{7.7}$$

当显著性水平为0.05时，$t_{临界}=2.447$，$t_{K''}=6.602>t_{临界}=2.447$，而$t_{M''}=1.326<t_{临界}=2.447$，$t_T=0.539<t_{临界}=2.447$，说明该回归模型不够显著，而事实上这两个变量应该对因变量有影响，故对该模型进行多重共线性的检验，通过主成分分析法对模型进行修正，并对该模型进行异方差性检验和自相关性检验，最终确定模型为：

$$Y''=-2.24973+0.450387K''+0.349566M''+0.048236t \tag{7.8}$$

由分析结果可知，$\alpha=0.45$，$\gamma=0.35$，$\beta=1-0.45-0.35=0.2$，$\delta=0.048$。

3. 对浙江省农业科进步贡献率的测算

由浙江省2001—2010年农业各指标值(以1990年为基期)及公式(7.3)可以计算出浙江省农业各指标的增长率、贡献率和农业科技进步率、农业科技进步贡献率，具体数值见表7-8、表7-9。

表7-8 2001—2010年浙江省农业各指标增长率及农业科技进步率

	农业总产值增长率(%)	物质费用增长率(%)	劳动增长率(%)	土地增长率(%)	农业科技进步率/%
全省	6.18	6.42	−4.36	−2.93	4.80

表7-9 2001—2010年浙江省农业各指标增长的贡献率及农业科技进步贡献率

	物质费用贡献率(%)	劳动贡献率(%)	土地贡献率(%)	农业科技进步贡献率(%)
全省	46.75	−14.13	−16.57	77.67

由表7-8可知，2001—2010年浙江省农业各指标增长率及农业科技进步率和2001—2010年浙江省农业各指标增长的贡献率及农业科技进步贡献率都是按照1990年为不变价格测算的，从测算结果可以看出，2001—2010年浙江省的农业总产值增长率为6.18%，保持一个不错的发展势头。其中物质费用增长率为6.42%，对农业总产值的贡献率为46.75%；农业科技进步率为4.8%，对农业总产值的贡献率为77.67%。另外，由表7-8、表7-9中还可以看出，浙江省农业劳动力数量和农作物播种面积都在下降，农业劳动力数量下降4.36%，农作物播种面积下降2.93%，而且对农业总产

值的贡献率分别为－14.13％和－16.57％。表中的计算结果可以从总体上反映浙江省农业经济的发展情况：浙江省农业科技进步贡献率在促进农业总产值增长中所占份额为77.67％，超过了物质费用的投入和其他农业指标的贡献率，成为农业总产值增加的主要因素，说明浙江省在转变农业增长方式方面取得了较大的进展，科技进步对农业发展的促进作用已经达到很高的水平，已逐步迈向内涵式扩大再生产的增长模式；物质费用增长率高于农业总产值的增长率，且对农业总产值的贡献率达46.75％，这说明资金投入对于农业总产值的增长仍然起着重要的作用，因而多渠道筹集资金，加大农业的投资力度，提高资金利用率，仍然是促进农业经济增长的重要举措。

4.对浙江省各地市农业科技进步贡献率的测算

为了对浙江省11个地市的农业科技贡献率进行分析，本文统一选取以上的投入产出系数，即$\alpha=0.45$，$\beta=0.2$，$\gamma=0.35$，对浙江省11个地市的农业科技进步贡献率进行测算，具体操作同上，分别选取各地市的农业生产总值、农业中间物质消耗、农林牧渔从业人员数、农作物播种面积作为测算农业科技进步贡献率的产出和投入指标。通过对浙江省11个地市的数据整理(数据可从浙江省2006－2010年统计年鉴中获得)，分别算出11个地市的农业总产值增长率、物质费用增长率、劳动增长率和土地增长率，然后根据公式(7.2)和公式(7.3)测算出各个地市的农业科技进步率和农业科技进步贡献率。具体结果如表7-10、表7-11所示。

表7-10　浙江省11个地市农业各指标增长率和农业科技进步率

地区	农业总产值增长率(％)	物质费用增长率(％)	劳动增长率(％)	土地增长率(％)	农业科技进步率(％)
杭州市	4.75	4.77	－3.37	－0.94	3.60
宁波市	7.86	6.10	－3.82	－1.05	6.25
温州市	5.47	4.19	－3.68	－1.03	4.68
嘉兴市	6.63	6.77	－4.53	－0.74	4.74
湖州市	8.50	7.57	－6.14	－1.31	6.78
绍兴市	7.46	5.94	－2.46	1.46	4.77

续表

地区	农业总产值增长率(%)	物质费用增长率(%)	劳动增长率(%)	土地增长率(%)	农业科技进步率(%)
金华市	8.93	8.31	－2.15	1.61	5.06
衢州市	5.77	10.33	－2.34	0.37	1.46
舟山市	3.86	0.79	－3.86	－1.88	4.93
台州市	5.97	3.60	－6.99	－1.58	6.30
丽水市	5.14	3.97	－3.25	－2.13	4.75

表 7-11　浙江省 11 个地市农业各指标增长的贡献率和农业科技进步贡献率

地区	物质费用贡献率(%)	劳动贡献率(%)	土地贡献率(%)	农业科技进步贡献率(%)
杭州市	45.22	－14.19	－6.95	75.92
宁波市	34.94	－9.72	－4.69	79.46
温州市	34.46	－13.46	－6.58	85.57
嘉兴市	45.99	－13.67	－3.88	71.56
湖州市	40.06	－14.44	－5.40	79.78
绍兴市	35.84	－6.60	6.83	63.93
金华市	41.87	－4.83	6.31	56.64
衢州市	80.58	－8.13	2.25	25.30
舟山市	9.27	－20.01	－17.05	127.78
台州市	27.14	－23.40	－9.25	105.51
丽水市	34.78	－12.63	－14.48	92.32

(1)农业指标增长率的变化。通过对浙江省 11 个地市农业科技进步贡献率的单独测算,在 2006－2010 年这个阶段中,各地市的农业总产值增长率都保持在 3%以上,其中湖州、金华两地增长率超过 8%。物质费用增长率也有相应的增长,从表 7-11 中我们可以看出衢州的物质费用增长率最高,其次是金华。而农业劳动力始终是负增长率,湖州和台州保持了较高的负增长率,这说明了浙江省各个地市的农业劳动力在不断减少。土地投入也呈现出不断减少的趋势,但没有劳动力减少的速度快,除了绍兴、金华、衢州三地,其余

均为负增长率，丽水市的农作物播种面积近几年来急剧减少。

（2）农业科技进步贡献率差异比较。直观来看，舟山、台州、丽水的农业科技进步贡献率较高，衢州落后的情况较严重，11 个地市中超过全省农业科技进步贡献率水平（77.61%）的有宁波、温州、湖州、舟山、台州、丽水，而杭州、嘉兴、绍兴、金华、衢州均低于全省水平。其中舟山和台州的农业科技进步贡献大于 1，结合当年的数据比较发现：农业劳动增长率为负，且下降幅度较大；土地指标负增长率也较大，物质费用的增长率明显低于农业总产值的增长率，可见农业科技在其中发挥了重要的作用。而衢州在农业科技进步贡献率方面离全省乃至其他地市仍有很大的差距，从表 7-10、表 7-11 中不难看出，衢州市农业科技进步贡献率仅为 25.3%，为全省最低。横向比较可以发现：2006—2010 年，衢州市的农业物质费用增长率将近是农业总产值增长率的两倍，农业物质费用的贡献率高达 80.58%，在农业总产值的增长要素中占主导地位。尽管农业劳动力投入有所下降，但是土地投入仍然呈现正的增长率，这足以说明衢州市的农业总产值的增长主要还是依靠农业物质投入和播种面积的增加，农业科技发挥的作用并不是很大，仍属于较粗放的农业经营模式。

（3）农业科技进步贡献率区域差异。根据表 7-11 中浙江省各个地市农业科技进步贡献率，得到浙江省农业科技进步贡献率的区域差异（见图 7-2）。总体来看，浙东北地区的农业科技进步贡献率要高于浙西南地区，舟山市的农业科技进步贡献率最高达 127.78%，衢州最

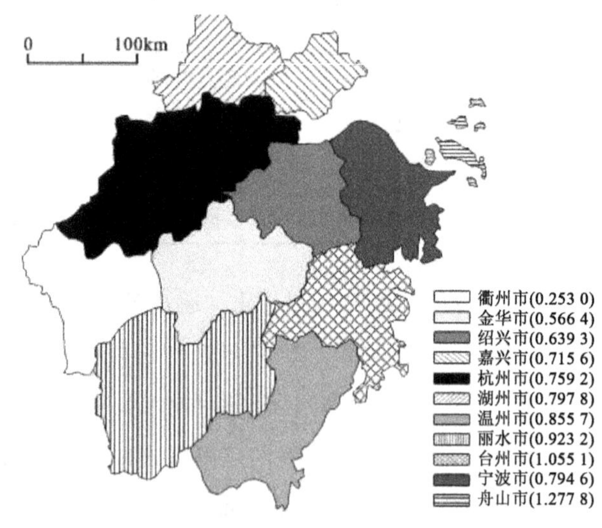

图 7-2　浙江省各地市农业科技进步献率的空间差异

低，仅为25.3%，因此浙东北地区各市的农业科技进步贡献率总和大于浙西南地区。具体来看，浙江省各地市的农业科技进步贡献率高低分布不均衡。浙东北地区各地市间农业科技进步贡献率的差距不大，大部分在全省农业科技进步贡献率平均水平上下浮动；而浙西南地区内部各个地市的农业科技进步贡献率之间存在较大差距，台州、丽水两地的农业科技进步贡献率在全省名列前茅，而衢州却只有25.3%，为全省最低。

四、结论和建议

1. 两点结论

(1)浙江省农业科技进步贡献率为77.67%，物质费用贡献率为46.75%，劳动贡献率为－14.13%，土地贡献率为－16.57%，可以看出：浙江省农业经济主要依靠农业科技进步和农业物质投入要素推动，农业科技贡献率高于物质费用贡献率。

(2)浙江省农业科技分布不均，浙东北地区的农业科技进步贡献率要高于浙西南地区，而且浙西南地区内部也存在差异。

2. 两项建议

(1)浙江省整体农业科技水平较高，科技进步对农业经济的推动作用大，随着经济的不断发展，应继续发挥科技在农业经济增长中所起的作用，走科技兴农之路。针对农业科技水平不高的地区，必须提高农业科技的含量，促进农业科技向农业生产力转化，转变农业经济的整体增长方式。

(2)浙江省农业科技整体分布不均，浙东北高于浙西南，且浙西南地区各市农业科技水平分布也不平衡，各地区差异较大，整体农业科技进步贡献率低。针对这种情况，浙江全省应注重整体的统筹协调发展，共同促进整个农业经济进步。

第八章　乡村振兴目标下的乡村规划

第一节　研究背景与意义

一、研究背景

乡村衰退是全球共同面临的挑战，但在我国，“三农”问题尤为凸显。与此同时，乡村依然肩负着保障粮食安全、保护生态环境、传承传统文化、保证数亿农民增收的重要使命。乡村振兴迫在眉睫。中国共产党的十九大报告中提出“坚定实施乡村振兴战略”，使乡村振兴正式上升到国家战略层面。从浙江省的实践看，县域是乡村建设的基本载体，也是实施乡村振兴战略的基本平台，而村镇规划是推进乡村振兴的基础工程。村镇规划的区域空间尺度是县、县级市（区）及以下乡镇、村等三级空间单元的区域发展规划，最小尺度为村域，最大尺度为县域。

优化村镇规划是在乡村振兴目标下促进乡村产业升级、生态优化的关键之举，可以说是乡村振兴战略的关键。通过对现行县域村镇规划的研读，我们可以知道村镇规划的主要职能分为四个方面：一是通过合理的空间布局和公共基础设施的科学配置，提高居民生活质量；二是通过挖掘整合村镇、乡村优势资源，推动乡村产业发展；三是通过对村镇各项建设进行指导，促进乡村集约发展；四是通过保护传统村落与传统建筑，延续与传承传统文化。这不但把握了村镇规划的核心任务，而且也基本上认识到了村镇规划既包括概念性的发展规划，也包括建设性的物质规划内容。实际上，村镇规划的职能涵盖了村镇的社会、经济、文化、生态、村落、历史、发展新空间等方方面面的内容。当前制约乡村振兴的还是对村镇规划重视程度不够，村镇规划存在缺乏前瞻性、科学性、严肃性的问题，规划的随意性较大，不能有效指导村镇建设。

为此，本研究基于乡村振兴这一目标，深刻剖析乡村振兴战略下村镇规划的主要任务及推进途径，采用实地调研和理论研究相结合的方法，解析乡村振兴目标下村镇规划的新内涵，提出针对性的规划策略，以期更好推进乡村振兴目标的实现。

1.政策背景

城市与乡村是一个有机体，只有两者协调发展、相互支撑，才能实现区域的健康可持续发展。自1978年改革开放以来，社会经济获得空前发展，中国社会发生翻天覆地的变化。尤其是工业化与城市化的改革，促使产业结构、城乡空间结构、社会结构持续改变，城乡差距不断缩小，一体化趋势日益明显，在不断发展中，实现城乡一体化、建设美丽乡村成为我国新时代的重要战略。长期以来的城乡二元制发展战略，极大地制约了乡村区域的发展，并成了当下国家经济转型升级、区域空间优化、实现中华民族伟大复兴进程中的重要制约因素。2017年10月，中国共产党第十九次全国代表大会在北京召开，习近平总书记在会上提出实施乡村振兴战略，指出“要坚持农业农村优先发展，按照产业兴旺、生态宜居、乡风文明、治理有效、生活富裕的总要求，建立健全城乡融合发展体制机制和政策体系，加快推进农业农村现代化”。至此，乡村振兴战略上升为国家战略，它指明了乡村地域空间必须按照生产、生活、生态、文化和治理等全面和谐的发展目标予以优化。

2.实践背景

乡村自然、自发的发展过程，必然存在着一定的不可知性及盲目性。在政府主导下有意识、目标明确、有计划性地推动乡村发展进程，通过科学、合理的规划，可以在最大限度内避免乡村的长期发展所存在的盲目性，提高发展的综合效益。

2008年开始施行的《中华人民共和国城乡规划法》明确规定，将乡规划和村庄规划纳入城乡规划体系。在城乡一体化的大背景下，乡村规划受到了越来越多的关注，对于由科学、合理的规划来指导乡村健康发展具有积极的意义。但是，乡村规划的主流仍然是自上而下的思路，即以城市规划思维作为乡村建设总纲，指导乡村社会、土地、人口如何实现城市化，具体而言，现有思路是据城市的发展需求来编制乡村规划，将乡村置于城市的从属位置，而不曾将乡村作为主体进行思考。

二、研究目的及意义

1.研究目的

本节基于乡村振兴的目标，剖析现行县域村镇规划建设现状，从镇、村两个维度剖析村镇规划问题及原因，基于乡村振兴战略思想，提出村镇规划策略，加强产业规划和生态安全规划，统筹兼顾村镇规划及注重民众参与，将乡村特色和优势彰显出来，切实推进乡村区域的振兴。一方面，剖析乡村振兴战略内涵，化解乡村发展矛盾，解决乡村建设冲突，高质、高效地推进乡村建设，推动区域经济发展，提高区域竞争力；另一方面，基于国家政策指导，结合村镇实情，探索出与城市相契合的乡村振兴路线，实现多维度、全方位的发展，最终达到乡村全面振兴的目的。

2.研究意义

(1)理论意义。本节选择诸暨市村镇作为研究对象，通过梳理现行县域村镇规划体系，剖析现有问题，结合乡村振兴内涵，提出适合乡村发展的可行路线，同时以实际案例作为研究论据，以保证研究结论的可靠性。本节研究在某种程度上填补了村镇规划研究体系，对各地域乡村振兴战略实践提供指导，也为同类地区打造地方特色乡村的研究奠定基石，具备较强的理论意义。

(2)实践意义。从近年的乡村建设实践效果来看，大量的村镇规划未能有效地指导乡村建设，即便是政府部门投入大量资源推进乡村建设，但乡村中的固有问题，如发展乏力、秩序紊乱等依然难以得到根治。本节结合乡村振兴战略，分析村镇规划的现状及问题，有针对性地提出与乡村地域相适宜的规划策略，以期提高诸暨市村镇规划的科学性和可操作性，并为其他区域的乡村发展提供经验、借鉴。

第二节　相关理论问题

关于乡村的特征、结构和历史演变等全面认识的理论体系就是乡村论。乡村区域规划首先要对乡村做一个全面深入的认识和了解，只有认识乡村的本质特征和基本规律，才有可能制订出科学的乡村区域规划。对乡村的认识越深入，编制的乡村区域规划越能指导乡村发展。

一、相关基础理论

1. 乡村区域发展理论

(1)人、地和谐关系理论。该理论为人类活动的所有经济领域的发展提供了理论依据。与城市经济地域空间相比，乡村区域的经济发展更能直接地体现出人、地关系，乡村经济地域的人口、资源、环境、发展(PRED)协调也就显得更加重要。PRED是村镇规划关注的核心问题，关系到规划内容是否科学、合理，因此应该贯穿规划的始终。因乡村经济的发展直接受到土地、资源、环境的制约，乡村的发展必然要回归到可持续发展之路。然而，我国乡村经济的发展已明显偏离了可持续发展的道路。近年来，乡村发展过程中暴露的问题越来越多，各类矛盾也日益尖锐和复杂化，这些问题和矛盾已成为我国乡村振兴的巨大障碍，清醒地认识这些问题十分必要且紧迫。在村镇建设规划、产业规划、土地利用规划、重大建设项目的论证等方面，应明确可持续发展这一主旋律。

(2)市场共同体理论。市场共同体对于市场共同体—生产共同体—区域村镇体系的多元乡村复合空间的形成具有积极的促进作用。就社会学或人类学的层面而言，关于中国乡村社会基本结构方面最具有代表性的研究为日本学者所倡导的村落共同体假设，以及美国学者所倡导的基层市场共同体假设。如果基于社会—经济—聚落的层面综合考察乡村的发展，那么现实当中，就地域空间层面而言，市场共同体和生产公共体是复合的，其中“前店后厂”和“下店上厂”都属于比较具有代表性的微观空间组织模型；对于中观尺度层面上的小城镇而言，基本上都是围绕大型专业市场而构建的外围式城镇空间结构；而对于区域尺度层面，则是立足于区域专业市场体系而形成的区域城镇体系，比如最具代表性的就是大唐和山下湖。所以，在专业市场的积极促进作用下，通过市场共同体—生产共同体—区域城镇体系的空间复合能够更加有效地实现城镇化。

(3)城乡关系理论。“城乡融合”的概念最早是由恩格斯提出的。他在《共产主义原理》中提到：“通过消除旧的分工，进行生产教育，变换工种，共同享受大家创造出来的福利，以及城乡融合，使全体成员的才能得到全面的发展。”列宁在《关于全俄中央执行委员会和人民委员会的工作》中也提出了“电气化将把城乡连接起来，在电气化这个现代高技术的基础上组织工业生产，就能清除城乡建设的悬殊现象”的观点。

目前有大量关于对城乡关系进行解释的理论，其中的城乡联系理论将有助于更好地指导村镇规划。该理论对城乡当中所存在的联系及相应的作用进行了揭示。城镇与其区域存在着非常紧密的联系。城镇化的发展受制于自身所具备的区域条件，只有当区域具备某种条件之后才能够形成城镇。就历史的层面而言，随着第二产业开始逐步分化于第一产业，在独立发展的基础之上越来越集中发展，之后才形成了城镇，其形成的基本条件是农业发展的水平必须要具备一定高度，并且农产品和劳动力出现了富余，从而使商业、手工业等能够逐步地脱离农业，在漫长的岁月当中聚集成为城镇。由此不难看出，城镇和乡村的发展并非是孤立的，城乡关系所体现的就是各个历史阶段城乡联系的状态和内容，这种城乡联系带有非常鲜明的时代阶段特色，在城乡空间结构上得到了具体体现。

(4)比较优势理论。各个乡村拥有不同的市场、资源禀赋，区位优势也不尽相同，导致不同的区域间乡村产业发展水平也参差不齐。且因为这些都属于动态变化的因素，当其发生变化的同时也会引起区域差异的改变。所以，村镇产业规划除了要将自然资源因素统筹考虑在内，还必须要与当地的资金、技术及市场条件等因素相结合，在此基础之上合理规划和设计产业布局，以使其自身优势能够得以最大限度发挥，确保生产分工的合理性。以农业产业为例，其比较依赖于自然资源，各个地区条件不同，优势产业也不尽相同，因此必须要确保区域优势得到充分发挥，使各地的产业更具当地特色。而对于乡村的第二、三产业来说，应当基于优化配置的原则合理优化空间布局。

2.乡村空间组织理论

(1)城市—地区理论。城乡互动型空间结构的具体特征表现如下：

①通道特征：以网络式将辐射式取而代之。对于我国而言，辐射式是城乡空间结构最为显著的表现特征，基于此而形成的必然是垂直的城乡关系，其中的互动功能相对缺乏，乡镇从某种意义上来讲成了城市的从属。就空间结构层面而言，中心城市的向心性比较强烈，对乡村具有支配作用，并且经济和其他活动主要也是围绕城市而进行的单向空间竞争。而在网络式的空间结构当中，垂直联系被水平联系所取代，由此将会大幅减少基于个体城市对今后发展规模及目标进行确定的情况，变得更加注重结合区域发展背景予以确定。②节点特征：既注重拓展大城市，同时也注重集中小城镇。立足于整体发展及城乡互动，多中心结构必将成为区域空间发展的趋势，使相对集中的开放空间系统能够充分融合到城市化空间系统当中，在拓展大城市的同时充分结合小城镇的集中发展。就城乡的总体发展而言，扩展大城市可以使圈层式扩张的趋势得到有效避免，使中心城市拥挤不堪的问题得到有效解决，最终使各个处于区域空间中的城镇增强彼此之间的互动，形成有机统一的整体。③产业特征：充分结合农业产业化发展来延伸城市加工、制造业的价值链。在城乡一体化的指导思想下，城市产业将会与乡村产业之间更加频繁地进行互动。为了使加工制造业的价值链得以延长，促进区域产业簇群竞争力的有效提升，必须要坚持以区域优势的最大限度发挥为基本原则来确定地方性中心城市的主导产业，特别是要充分衔接农业产业化发展，在延伸乡村工业上游价值链的同时，也能够延伸城市加工制造业的下游价值链。④城镇空间生长：生长开始由盲目变得越来越理性。处于封闭环境下的城乡发展，城市空间出现了很多盲目性的扩张。其中城市政府在其中发挥着主导的作用，所以城市发展目标当中的长官意志非常明显。总而言之，要充分结合区域的整体情况。随着城乡一体化的深入发展，中心城市在拓展自身空间的过程当中，既要将交通、生态、供水及用地等因素考虑在内，同时还要与区域经济的

成长轴相结合。

(2)空间组织理论。空间结构主要包括多个联系比较密切的功能区。就区域经济学的层面而言，空间结构指的是彼此相互联系的区域经济的各个功能板块所构成的特定空间图式。通过何种方式对空间结构进行确定，即怎样判断应当优先发展整体空间中的哪些地区，重点发展的对象应当为哪些地区，首要的工作就是合理地组织区域。并且，在空间层面上合理组织区域，是确保地域分工思想得以有效贯彻执行的必要手段。

产业空间结构理论的最终目的是对产业布局规律进行总结，并对比较适合的组合形式进行探索，以区域发展的最优为根本目标，从理论层面充分支持产业空间的优化。其中，增长极理论、地域综合理论等都是比较具有代表性的理论。各个村镇为了谋求更多的利益，在产业发展上往往具有盲目性，导致形成了较为分散的产业布局。分散布局的乡村产业已经不再具有显著的成本优势。随着竞争的日益激烈，村镇产业规划必须要对布局进行优化以使成本能够有效降低，促进竞争力的进一步提升。产业布局必须要以空间为落脚点，要想更好地进行村镇规划，就需要充分借助这些理论对乡村地域空间集聚或扩散的规律进行分析预测，有助于更好地指导各个产业空间的聚合方式等。

(3)空间结构重组理论。区域空间结构需要随区域发展变化情况实时地进行结构重组，以适应区域经济发展的新要求。乡村区域随着乡村社会结构、经济布局结构、人口分布结构、交通等基础设施结构的变化而不断变化，因此不断地重组和优化乡村区域空间结构是十分必要的。

乡村区域的空间结构是在乡村内外长期的政治、经济、社会、文化等诸多因素共同作用下逐步形成的相对稳定的结构，其中起关键作用的是乡村产业结构重构的调整。

区域的空间结构具有一定的“结构惯性”，只有当区域内外的诸多要素、条件发生重大变化时，区域空间结构才会缓慢地自我调整以适应新的发展形势，并形成新的空间格局，但是这种重组总是滞后于区域社会、经济的发展，表现为对产业结构重构的阻碍。因此，人为干预和科学引导空间结构的重组显得非常有必要。

(4)牵引空间理论。2006年,陈修颖首次提出了牵引空间概念理论。他指出:片段化发展的价值链导致地方空间分异的加速,最终使得拥有不同功能和地位的等级产业空间形成。对于该空间体系而言,对经济发展具有有效促进作用的优秀地域,通常就被称之为牵引空间,地域轴、经济走廊、城市经济区等都是其具体的表现形式。不管区域拥有什么样的等级规模,都会有相应的牵引空间。牵引空间是能够对区域水平提升具有促进作用的优秀地域。

其特征如下:①创新与活力。对于牵引空间而言,创新氛围的营造就是其最显著的优点,能够充分激发活力。②权力与责任。由于牵引空间与经济的总体增长息息相关,所以其所拥有的特权相对较多,政府通常都会以此手段来对区域经济发展进行干预。其中贸易、税收、财政及政策等各个层面都可能会存在相应的特权。而拥有多大特权在很大程度上是由政府的期望值所决定的,最大期望就是能够使其牵引功能最大限度的发挥,由此也产生了牵引空间的责任。在民族责任的驱使下,牵引空间除了要立足于自身来制订发展战略,作为统领整个空间体系的管理者,必须还要立足于全局,积极对整个域内的产业分工与协作进行协调,确保协调效应得以充分发挥,同时还要从思想意识上高度重视竞争对自身的促进作用,积极主动对接精英空间。③基础条件优越。只有确保基础条件的完备,才能够实现全要素生产素(TFP)的最佳组合,使投入产出比的比值达到最高。具体而言,就是要保证人口素质能力达到较高的水平、资金实力比较雄厚、区位优势比较明显等。④现代化的产业结构。产业结构特征实际上就是区域发展阶段的具体体现。对于整个空间体系而言,牵引空间属于发展的最高阶段,聚集了大量的新兴产业,拥有较为发达的服务业,制造业也属于价值链的最前端。牵引空间最显著的优势在于无需对产业进行全面转型,传统产业几乎不存在任何的区际转移障碍,无需面对较大的升级压力。⑤优秀的现代企业。大量的龙头企业聚集在该区域内,等级较高的牵引空间往往会汇聚大量的跨国公司总部或分支机构。⑥高水平的新产业空间。很多牵引空间的现代生产能力都会汇聚到新产业空间当中,集中体现了区域的竞争力水平。而牵引空间的等级则主要取决于新产业空间的数量、规模及水平等。⑦精英城市。多个高级城市汇聚在牵引空间当中,因此属于所有节点级别当中最高的。

按照城市地区理论不难得知，此类城市通常情况下都属于国际大都市，更有甚者应当划归到全球城市行列。而对于牵引空间等级相对较低的，主要以区域性中心城市或城市群为核心。⑧高度开放的市场体系。要想实现与被牵引区域之间的良好互动，首先必须要保证市场空间的开放性，借助于市场的作用实现对区域间生产力要素的流动进行优化，通过辐射发展落后地区形成带动效应。

3. 乡村产业组织理论

(1)农业发展阶段理论。经济发展的阶段性特征非常显著，各个阶段的结构特点都不尽相同。在国民经济当中，农业属于不可或缺的构成部分，其发展的阶段性特点也比较显著。就总体而言，我国农业发展的背景是我国尚处于社会主义初级阶段，正在从传统农业逐步转变为现代农业，并且农业生产开始变得越来越高效、集约。我国学者比较认同的观点是，按照原始农业、传统农业及现代农业三个阶段对农业发展进行划分。就经营方式方面而言，农业发展主要包括两个阶段，即粗放农业及集约农业。其中，后者又包括了技术集约、资本集约及劳动集约。就收入水平方面而言，农业发展主要分为三个阶段，即温饱阶段、小康阶段及富裕阶段。虽然划分的标准和角度不一样，各个阶段拥有不同的称谓，但是从这些理论中不难发现，在现实中客观存在着农业发展的阶段性特征。

国家农业农村部软件科学委员会课题组指出，通过统筹分析农业生产的增长方式及供求关系等要素不难得知，农业发展的阶段具体有三个：最初阶段极度缺乏农产品，主要的目的是解决温饱问题，发展的关键驱动力在于数量发展；第二阶段，农产品基本上能够满足需求，此时主要的目的在于促进产品质量的提升、实现对产品结构的优化、促进农民收入的增长等，重点在于优化调整技术、资本的结构；第三阶段，农产品形成了多元化的供给局面，农业发展开始越来越依赖于信息及知识等资源，主要在于促进效率的有效提升、获得更强的市场竞争力、获得高质量的生活等，此时已经处于现代化农业发展阶段，更加注重信息、技术及资本的集约发展。通过比对我国现阶段的发展水平可发现，我国已经完成了第一阶段，目前尚处于第二阶段的发展初期。

(2)产业集聚理论。新产业区理论指出，区域产业集聚的关键驱动力在于区域环境网络的创新发展及具有弹性的专业化生产。一方面，随着越来越普及的定制式柔性生产方式，企业之间必须要高度重视彼此之间的信息沟通，生产的及时性要求，使得产供销各个环节的结合程度更加紧密，并使个性化的需求得到充分满足，同时还能够实现外部范围经济和规模经济；另一方面，产业集聚的驱动因素就在于环境及网络方面的创新发展。在相同文化背景及制度当中所孕育和发展的区域网络创新，必将有助于改善区域创新环境，而区域创新网络和区域创新环境之间的有效互动，对于更好地发展产业集聚和新产业区将产生积极的推动作用。

由于缺乏较为集中的布局，加上各自都以实现自身利益最大化为目标，导致无法有效地共享资源，也难以有效地集聚要素，各个市场主体各自为战，从而降低了传统农村产业的竞争力，其产业不仅规模相对较小，且技术水平也比较低。随着市场化和信息化的不断发展，乡村产业发展的竞争压力也变得越来越大，通过在布局方面加强集中程度，使各个参与方能够协同配合，促进环境的创新发展，进而实现产业竞争力的有效提升。村镇产业规划要注重合理优化产业布局，针对创新环境制订切实有效的措施，促进“新产业区”在乡村的落地。

(3)产业结构理论。产业结构理论实际上就是所谓的配第—克拉克定理。威廉·配第认为，正是由于收入水平在各个产业当中参差不齐，劳动力才会从收入较低的产业转移到收入较高的产业当中。珂林·克拉克在配第研究成果基础上，实证分析了劳动力转移在国外的现状，认为随着日益提升的经济水平，第一产业的劳动力会逐渐转移到第二产业，最终会转移到第三产业。就三大产业当中劳动力构成来看，降幅比较明显的为第一产业，显著增加的为第二、三产业。乡村振兴与否在很大程度上取决于产业结构的合理与否，乡村振兴必须要优化调整现有的产业结构，由此才能够更好地发展乡村经济。因此，在村镇规划中必须要深入研究现状及暴露出的不足，对导致产业结构的影响因素进行分析，并对其发展趋势做出预测，确保能够制订出更加科学、合理的村镇规划。

二、学术研究基础

1. 国外成果

国外乡村问题出现得较早，涉及乡村规划的研究起步较早，发展也较为成熟，对国内村镇规划具有较大的参考作用，通过梳理相关参考文献，简单总结如下：

(1)村镇规划理论研究。西方国家对乡村研究起步较早，已经形成了较为完整的理论体系，许多著作中有所体现。如托马斯·齐宾和罗伯特·沃特金斯1991年所著的《人在乡村：乡土英国的社会转变研究》、史蒂芬·切利1994年所著的《乡村转变与规划：二十世纪的英格兰和威尔士》、怀特·格尔格1996年出版的《乡村规划》，以及尼克·加伦特在2008年所著的《乡村规划导论》等。

沃克·弗里希沃特等人肯定了规划对于乡村振兴的作用。如1999年，沃克·弗里希沃特指出，农村整体规划比单一的农业政策更有利于乡村发展。1999年，格林·罗雷研究了英国乡村发展的困境，指出要解决乡村发展问题，必须统筹城乡，合理规划。库珀·布赖恩特等人探讨了乡村规划中的土地、景观的多功能利用，整合不同土地用途和乡村景观，注重乡村空间环境修复与乡村可持续发展。詹姆斯·霍斯多姆认为，乡村产业规划应当以农业为基础，同时依靠非农产业发展。斯科特·海耶等认为保护乡村特色应当是乡村地区重要的规划目标，要选择合适的乡村开发策略，保护乡村特色。

(2)村镇规划方法研究。国外针对乡村规划的研究形成了差异化的规划方法。不少学者强调需要融合地理、规划、景观建筑、人类学等学科来综合研究乡村的功能和发展驱动力。一般而言，乡村规划是采用现状调查方法，查阅各种经济、社会、文化、自然资源属性、居民需求等基础资料并据此编制规划的程序，而随着乡村发展的质量要求不断提高，乡村规划的关注点和重点转向规划的过程。

日本学者星野敏将村民参与型乡村规划体系的要素扩展为规划内容、规划方法、规划程序、规划编制、参与的方式、实施的方法体系、村民主体类型的组织体系。普兰·阿弗里克将乡村规划分为内容、组织、方法三个部分。

(3)村镇规划的管理。发达国家对于村镇规划的管理,主要体现在健全法律体系和公众参与两方面。如韩国制定了七十余部法律法规用以指导乡村发展,内容涉及农村产业规划及环境保护规划等,法律体系较为完善;英国以《城乡规划法》为引领,编制大量专门针对乡村地区发展的专项规划,主要包括《乡村法》《乡村和乡村道路法》等;日本关于乡村建设管理的法规在十五部以上,而所有针对乡村发展的法律法规在一百部以上。

不少国家将公众作为乡村规划管理的主体,如美国、英国、德国和荷兰等分别在乡村规划的公众参与体系、法律体系完善等方面推动公众参与的实施。

2. 国内成果

随着乡村振兴战略的提出,村镇规划又成了学界研究的热点领域。村镇包括小城镇和村庄,对于村镇规划的研究一般认为是从小城镇开始并扩展到村庄的。20 世纪 80 年代开始,由于重视小城镇在城市化过程中的作用和地位,小城镇成为学术界相关学科的热点研究对象。20 世纪 80 年代中期以来,以费孝通为代表的学者把小城镇研究提高到一个新的层次,城市规划学开始进入小城镇规划的领地,并有不少理论研究成果问世。而村庄规划的研究起步较晚,发展缓慢。2006 年之后国家政策开始向乡村倾斜,并于 2008 年颁布实施了《中华人民共和国城乡规划法》,一直以来侧重城市的规划理念开始改变,将村镇规划提到了与城市规划同等的高度,进而提出了城乡统筹、城乡一体的理念,但是村镇规划的受重视程度仍然有待提高。直到中国共产党第十六届五中全会提出建设社会主义新农村的重大任务之后,各地的村镇规划实践不断深入,对村镇规划的研究也进一步深化。

(1)村镇规划的理论。尽管从规划技术层面来说,村镇规划当中有些地方比较类似于城市规划,但是也存在很多不同的地方,村镇规划不应该对城市的做法照搬照抄,否则,很难获得成功。对乡镇规划而言,应当更加注重理论规划与当地的实际情况相结合,突出自身的特色,同时还要注重保护资源和土地,既要做到重点突出,同时又要保证一定的超前性,只有这样才能够更好地实施新农村规划。

龚蔚霞等认为,传统规划方法已经难以适应农村规划的现实需要,新农村规划将彻底改变自身的内容、理念等。崔明认为,应当将前期研究、区域研究作为小镇规划的重点，并将弹性规划机制引入其中。杨志恒在2006年指出，随着市场经济的不断发展，城郊城镇规划必须要将传统观念彻底摒弃，要与当地的实际相结合，并要加强生态的保护和资源的合理利用，确保发展的可持续性。然而，村镇规划基本上都是服务于城镇化。明辉等则在研究当中首次提出了全新的概念，即“特色规划”。刘健慧提出，村镇规划很难通过单一的城市规划学科实现，必须要对多学科资源优势综合利用，才能够制定出更加科学、合理的村镇规划。顾朝林等认为，必须要在“三规”协调和全域覆盖的基础之上制定村镇体系规划。陈志文认为，在村镇规划建设中必须要高度重视保护各种历史文化遗产。梁湖清对比村镇规划与土地规划当中存在相同点和不同点，找到了有效协调两者的方法。胡毅结合现阶段村镇规划中所暴露出的不足预设了相应的问题解决方案：必须要在保护的基础之上制定村镇规划，在编制规划的过程当中要对差异因素给予高度重视，要引导村民广泛参与到规划过程中，在实施规划的过程当中要注重合理规划集体建设用地。他还指出，村镇规划必须要防止陷入被城市化的误区，使村镇的历史痕迹得以较好地被保留。

(2)村镇规划的方法。赵民等认为，所规划控制和引导等主要针对的是公共设施配置、农村基础教育、村庄人均指标等 。宁启蒙基于统筹发展城乡的层面指出，要充分融合村庄、镇及区域规划的内容，其中主要包括三点，即实施规划、建设规划和体系发展规划等，并深入分析和研究了城乡产业互动、空间统筹等。李彦霖在2013年对现阶段村镇规划编制当中所暴露出的不足进行了分析，认为应当注重规划的多层次性，更加科学、合理地制定规划。杨飞在2016年指出，乡村规划既要重视顶层设计，同时又要注重基层的参与。赵毅等在2016年认为在编制乡村规划的过程当中，首要的环节就是进行调查分析，然后制订相应的目标策略，再进行空间落实，最后是完成实施的保障等。

(3)村镇规划的管理。学者们对当前我国村镇规划的管理展开了思考和研究。高中岗认为，规划依法行政应该包括体制、机制和法制三个方面。汤海孺、柳上晓等通过对杭州乡村规划管理的研究提出了适合乡村发展的管理路径。谭宇文等提出，分区分级的空间管控策略框架，强调空间规划布局与配套机制政策相结合，形成一个体现全域空间发展特点、实施应用性较强的空间管治模式。罗小龙等人认为，乡村变化和乡村问题导向下的乡村规划远不止是村镇规划。房艳刚认为，乡村规划应成为治理我国乡村的综合性顶层政策工具。汤海孺等从规划管理的角度，分析了乡村规划管理中公众参与不足，提出了“自上而下”的管理体制并使之与“自下而上”的自组织模式相结合。李开猛等通过对广州美丽乡村规划的实证研究，提出“全方位”村民与规划管理的方法。边防等探讨了在决策、规划和实施三个层面实现多途径的公众参与来提高公众参与规划管理的强度和深度。

3. 几点评价

经过国内外众多学者的努力，村镇规划的理论得到了长足的发展，对村镇规划布局的研究也经历了一个从无到有、从简单到复杂逐步完善的过程。这些成果涉及规划理论、方法及组织管理等，对村镇规划实践和村镇规划研究的促进具有重大作用。国内学者对于村镇规划的研究，从单一物质空间规划理论开始，逐步深入乡村规划基础研究，剖析不同视角下村镇规划的内涵，探索村镇规划的新方法。而国外乡村规划实践和研究，偏重于乡村规划建设的特色化和品质化，强调规划设计和实施的系统性，以及自下而上的公众参与，对我国乡村规划具有较大的借鉴和参考作用。但是，国内外研究也存在一些不足：

(1)大部分研究都侧重于村镇规划建设的某一方面，比如产业发展、生态保护、旅游发展、资源保护与开发、政策研究等，而对这些要素缺乏必要的整合，且缺乏操作性较强的、科学的策略与方法来指导村镇规划。

(2)对此进行研究的学者多来自不同的专业领域，集中于人文地理、旅游管理、区域经济学、公共管理等学科，对村镇规划的研究视角和研究的侧重点截然不同。城市规划领域涉及村镇规划的研究成果还不够全面，多数研究是从旅游产业导向型村镇规划设计、特色古镇或历史文化名镇的保护开发等方面开展的。

(3)在现有的研究中，虽有少部分学者基于乡村振兴目标来研究村镇规划问题，但研究的深度和广度都还有待加强，仍需进一步丰富和完善。

综上所述，基于乡村振兴的目标，深入研究村镇规划已然非常迫切。作为城乡规划管理工作者，亟须分析与总结当前村镇规划中存在的诸多问题，提出切实可行的解决问题的对策及方法，以指导乡村振兴目标下村镇规划的制定和实施。

第三节　乡村振兴背景下的乡村规划

一、乡村振兴背景下的乡村规划新变局

1.我国现行规划体系

我国的“计划”早于“规划”，“计划”也重于“规划”。在很长一段时间里，中国的“规划”和“计划”是同时并存的，规划没有受到应有的重视。我国自2005年将五年计划改称为五年规划后，规划才成为区域和城市发展过程中空间安排和资源配置的重要决策手段。自2008年《中华人民共和国城乡规划法》正式施行后，中国的规划体系逐步完善。

(1)宏观战略规划。宏观战略规划即国土规划，核心内容是确定国家或区域社会经济发展的总体目标，确定重点发展区域。如我国的五年计划(规划)、主体功能区规划等。

空间规划的核心内容是确定国家或区域的优先发展地区(优区位)，如“八五”的沿海发展战略、“九五”的西部大开发战略、“十五”的振兴东北战略、“十一五”的中部崛起和沿海三大都市圈战略、“十二五”的长江经济带战略、“十三五”的拓展发展新空间等。

(2)区域规划。确定区域空间内各种社会经济活动和基础设施建设的空间安排。

空间规划重点内容：区域问题诊断及重大关键问题的空间解决方案，陆地及海洋主体功能区划，确定区域内重点发展的节点、轴带和地区，区域发展战略及战略实施路径，产业结构优化升级与产业布局，其他区域发展重大问题的空间解决途径。

(3)城市规划。城镇体系规划：城镇空间布局和规模控制，重大基础设施的布局，为保护生态环境、资源等需要严格控制的区域。确定区域城镇发展的“三结构一网络”：①产业结构；②空间结构；③规模结构；④通道网络。

城市总体规划：确定城市性质、规模和空间形态，禁止、限制和适宜建设的地域范围，各类专项规划等。

城市详细规划(包括控制性详细规划和修建性详细规划)：控制性详细规划即确定城市内部各类用地界线，实施城市空间结构控制；修建性详细规划主要是进行工程规划，对城市道路、绿地、工程管线进行空间布局。

(4)镇域规划。镇总体规划：确定镇的发展布局、功能分区、用地布局、综合交通体系，禁止、限制和适宜建设的地域范围，各类专项规划等。规划区范围、规划区内建设用地规模、基础设施和公共服务设施用地、水源地和水系、基本农田和绿化用地、环境保护、自然与历史文化遗产保护及防灾减灾等内容，应当作为镇总体规划的强制性内容。

专项规划：综合交通、水利防洪、市政工程、公共服务设施、廊道等专项规划。

控制性详细规划：对重要建设项目或区域的整体布署，确定城市内部各类用地界线实施城市空间结构控制。

(5)村庄规划(见表 8-1)。村庄建设规划：村庄建设规划应当从农村实际出发，尊重村民意愿，体现地方和农村特色。内容应当包括：规划区范围，住宅、道路、供水、排水、供电、垃圾收集、畜禽养殖场所等农村生产、生活服务设施，公益事业等各项建设的用地布局、建设要求，以及对耕地等自然资源和历史文化遗产保护、防灾减灾等具体安排。

表 8-1　现行规划体系

区域规划层面	宏观战略规划 区域规划 城镇体系规划

续表

城市规划层面	城市总体规划（包含市域城镇体系规划） 城市专项规划 城市分区规划 控制性详细规划 修建性详细规划 城市设计（重点地块）
镇规划层面	镇总体规划（包含镇域村庄布点规划） 专项规划 控制性详细规划
村规划层面	新农村规划 村庄建设规划 村庄整治规划 其他特色规划

2. 乡村振兴背景下的乡村振兴规划新特点

（1）中国特色社会主义进入新时代。2017 年 10 月，在中国共产党第十九次全国代表大会上，习近平总书记首次提出“新时代中国特色社会主义思想”。这个新的发展阶段，党的执政方式和基本方略有重大创新，发展理念和发展方式有重大转变。新时代对“三农”问题的解决及乡村建设提出了新要求、新目标。

（2）生态文明建设和绿色发展新时代。十九大报告指出，建设生态文明是中华民族永续发展的千年大计。必须树立和践行“绿水青山就是金山银山”的理念，坚持节约资源和保护环境的基本国策，实行最严格的生态环境保护制度，形成绿色发展方式和生活方式，建设美丽中国和美丽乡村。

（3）实施乡村振兴战略新时代。习近平总书记在十九大报告中首次提出“实施乡村振兴战略”，这是党中央对“三农”工作做出的一个全新战略部署，是农业、农村发展到新阶段的新要求，也是决胜全面建成小康社会的一项重要任务。实施乡村振兴战略的总要求是坚持农业、农村优先发展，努力做到“产业兴旺、生态宜居、乡风文明、治理有效、生活富裕”，加快推进农业农村现代化。

（4）融合发展成为区域发展的战略方向。中国区域经济发展经历了近 40 年的城乡二元割裂发展，城市和乡村发展差距越来越大，“三农”问题的出现实质上就是二元经济发展的结果，现在是实施“工业反哺农业，城市带动乡村”的新城乡关系战略的转型时期。为此，“三农”问题的解决应当跳出乡村，从城乡关系的高度找到突破口。并且，需要推进城乡融合发展战略，实施四大融合，即三产融合、“三生”融合、城乡融合、农旅融合。

二、乡村振兴规划的主要任务

实施乡村振兴战略要全面贯彻党的十九大精神，牢固树立创新、协调、绿色、开放、共享的五大发展理念，按照“产业兴旺、生态宜居、乡风文明、治理有效、生活富裕”乡村振兴战略的总要求，开展经济、政治、文化、社会和生态文明“五位一体”的建设。

1.“产业兴旺”目标下的乡村产业规划

乡村振兴与美丽乡村建设，产业兴旺是重点。具体规划内容包括：①高效、生态的现代农业规划。促进基础产业绿色生态，促进延伸产业转型升级，促进融合产业蓬勃发展；②三产融合发展的新经济新业态设计；③农业向农旅文结合的新业态方向转型的设计；④培育新型农业经营主体的方案；⑤传统乡村特色产业发展规划；⑥农业景观示范带建设工程、现代农业园区和田园综合示范区建设工程、民生特色景观农业基地建设工程等其他工程的布点规划。

2.“生态宜居”目标下的生态建设规划

乡村振兴与美丽乡村建设，生态宜居是关键。具体规划内容包括：①持续改善农村人居环境。以农村垃圾分类治理、“五水”共治等为主攻方向；②深入推进城乡综合环境整治；③保护、保留乡村风貌，开展田园建筑示范；④实施乡村绿化、美化、序化、亮化行动。

3.“乡风文明”目标下的乡村文化规划

乡村振兴与美丽乡村建设，乡风文明是保障。具体规划内容包括：①传承发展农村优秀传统文化；②立足乡村文明，在保护传承基础上，创造性转化、创新性发展，推动遗产文化的合理适度利用；③加强农村公共文化建设，健全乡村公共文化服务体系；④文化礼堂建设，丰富农村文化业态；⑤农村公共文化产品开发和服务供给规划。

4."治理有效"目标下的乡村治理规划

乡村振兴与美丽乡村建设，治理有效是基础。要做到：①加强农村基层党组织建设；②创新组织设置和活动方式，实施农村带头人队伍整体优化提升行动，整治不正之风；③深化村民自治实践；④提升乡村德治水平；⑤建设法治乡村；⑥建设平安乡村。

5."生活富裕"目标下的乡村民生规划

乡村振兴与美丽乡村建设，生活富裕是根本。为此要：①农民的创收增收渠道设计；②农民创业创新平台建设；③加强农村社会保障体系建设；④推进健康乡村建设；⑤推动农村基础设施提档升级；⑥推进农村可再生能源开发利用；⑦加快通信宽带网络的全覆盖；⑧加强防灾减灾救灾能力建设。

三、乡村振兴的推进途径规划

1.新型农村城镇化工程

农村小城镇是乡村区域发展、乡村振兴的关键节点，也是乡村区域经济增长的增长极。推动新型农村城镇化，可有效地带动乡村区域社会、经济和文化的振兴。

2.城乡一体化工程

乡村问题的解决不应局限于乡村内部视角。站在城乡关系的新高度解决"三农"问题，很多问题便迎刃而解。城乡一体化的关键途径是实现城市基础设施向乡村延伸、城市公共服务向乡村覆盖。因此推进城乡一体化，促进城乡融合发展，是实现乡村振兴的战略性途径。

3.乡村社会秩序重建工程

乡村社会秩序重建是乡村有序化的关键。历史经验证明，中国古代乡村秩序化是建立在村落共同体的紧密熟人关系、宗族治理和乡绅权威的基础上的，人治高于法治。现代乡村社会虽然注重法治，但不能废弃人治。建立在普世价值基础上的道德仍然是约束村民社会行为的主要力量。因此，应当有扬弃地复兴村落共同体和乡村社会的秩序稳定机制。

4.农业产业结构转型升级工程

传统农业建立在小农社会的土壤中，商品率低、规模小，目标是自给自足。显然小农经济生产模式无法改善乡村经济发展状况。因此，传统农业应当在产业组织、空间布局、主导产业和价值链等诸多环节上进行优化升级，现代农业、生态农业、循环农业、三产融合农业等先进农业业态是乡村产业结构优化升级的目标。

5.乡村文化建设工程

乡村文化是中国传统文化最主要的组成部分，中国优秀的传统文化主要植根于乡村。乡村耕读文化孕育了中华民族优秀的民族素养。记住乡愁、留住乡韵是乡村振兴的主要内容。建设乡村文化工程与乡村文化传承、乡村文化氛围培育同样重要，要防止重设施建设、轻氛围培育的不良倾向。

6.农村基层组织建设工程

农村基层组织具有政治职能但又不同于政治组织，起到乡村社会稳定、经济秩序优化、民情民意传递、当地方针政策执行的主要作用。基层组织的办公场所、经费来源和行动力培育是乡村基层组织建设规划的三个主要方面。

7.乡村人口空间优化工程

乡村人口的空间分布反映了乡村社会、经济和自然环境的空间格局。实际上，随着乡村社会经济的变迁、土地利用结构的变化和居住对自然环境要求的改变，乡村人口的空间分布都在不断的变动中。因此，适时地根据各种变局调整优化乡村人口的空间分布格局，对建设乡村的理想家园，改善居住条件，促进社会的有序发展十分重要。主要途径是下山移民规划、村庄布点规划等。

第四节　基于乡村振兴目标的规划案例分析

一、特色工业带动型镇域规划

店口镇位于浙江省诸暨市东北部，处于杭州、绍兴和诸暨城关三城市的中间位置，距三城市均在半小时车程内。店口北与杭州市萧山区接壤，东与绍兴市漓诸镇交界，南与诸暨市直埠、江藻、山下湖、阮市四镇相接，西邻次坞镇。浙赣电气化铁路和杭长高铁自北向南穿越境内(西部)，诸湄公路、03省道东复线穿越镇区，西距杭金衢高速公路8千米(次坞出入口)，北距杭金衢高速公路11千米(萧山临浦出入口)。

2017年，镇域土地面积105.7平方千米，户籍人口65 583人。镇区经济发达，是全国发展改革试点镇和全国闻名的五金产业重镇。2017年全镇实现生产总值150亿元，人均GDP达到2.3万美元，经济实力位列绍兴市经济强镇首位，是诸暨市域副中心，北翼的经济、文化教育中心。

一个“三不靠”的山区镇，信息闭塞，交通不便，从1970年制造第一颗铜螺丝开始，店口人民一直在铜的世界里进行他们的制造和贸易。50年来，店口人民一直辛勤地深耕于自己的领域，磨炼着竞争力，形成了独特的“店口经验”。

“店口经验”引领店口人走出浙江“资本市场第一镇”，走入“联合国开发计划署试点镇”“全国发展改革试点镇”“华东地区首个乡镇级金融安全小区”，致力于把店口打造成中国小城市发展样本。

1.规划背景

店口镇城镇总体规划面临发展背景的重大改变：国家和省级层面新常态、转型升级、新型城镇化推动；诸暨市域层面智慧城市、小城市培育、白塔湖湿地公园建设等各项任务推进；店口镇解放湖开发、白塔湖保护、低效土地整理利用等具体建设项目深入实施，正对店口镇的未来发展产生深刻影响。可以说，店口正处于经济、社会转型发展的关键时期，其空间发展方式也应相应转变。

(1)区域背景：杭州和金义大都市区发展，店口成为桥头堡。近年来，浙江省杭州大都市区、绍兴中心城市、金义都市区发展迅猛，而位于杭绍金义几何中心的店口镇面临着从空间和功能上融入都市区，提升规模和品质的重大机遇。

其中对店口镇影响最大的是杭州都市区。近年来杭州市正在快速推进提升城市品质的新城(如富阳东洲新城、创新创意产业新城，临安青山湖科创新城)，杭州对郊区的经济辐射加强，功能外溢加快，特别是创新创意、休闲旅游等产业在杭州大都市区外围蓬勃兴起。诸北区域(店口、次坞、应店街、直埠、江藻、山下湖)的区位优势将随着杭州二绕与轨道交通的延伸而得到进一步放大,店口正成为诸暨市承接杭州辐射的桥头堡。

(2)镇域背景:增量空间捉襟见肘,规模扩张难以为继。2003 版《杭州市城市总体规则》(以下简称《总规》)和 2009 版《总规》实施期间是店口镇社会经济发展和城镇规模扩展最为迅速的时期,随着新的行政中心和市场的建立,原店口和湄池两大组团(镇)实现了相向、融合发展,沿中央大道的发展轴线基本确立,新的城镇结构已经形成。

然而,在多年的规模扩张后,如今留给店口镇的可用增量空间寥寥可数,除了解放湖片区外,基本上没有大规模的扩展空间(下泗湖规模小且发展方向、方式尚未确定);并且目前店口镇的人均用地规模已经远远超出国家标准甚至省内同类型城镇(小城市)。

2015 年,店口镇国内生产总值达 134 亿元,按常住人口计人均 GDP 达 1.9 万美元,经济发展已进入工业化后期,正在向后工业化阶段迈进。在资源问题(可建设用地、水资源)、生态问题(白塔湖保护、水系治理)、产业问题(传统优势下滑、新生优势不明)、空间问题(老镇区混杂、老厂区退改)、人口问题(老龄化人口红利下降)等多重影响下,原有的规模扩张路径难以为继,必须转变发展模式,建立创新业态和新型城乡空间。

2. 历次规划及空间演变

(1)1999 年,根据《店口—湄池组合城镇总体规划》,店口、湄池独立发展(见图 8-1、图 8-2)。店口的城镇发展主要依托产业发展,而产业发展起源于 20 世纪 70 年代的小五金工业,采取前店后厂的发展模式,经过 80 年代的发展,90 年代的腾飞,特别是 1994 年建成的中国南方五金城,使店口进入工业与市场相互促进,产销一体化发展的新时期,随后通过股份制改革,兴起了一大批大中型龙头企业。

在这一过程中,店口和湄池原本是两个独立的镇,二者在城镇空间上各自独立拓展,镇中心相距约 5 千米,产业用地也分为两大片。但由于店口和湄池的产业类型高度相关,彼此的经济联系十分密切,对市场等生产服务的需求也高度一致,因此在 2000 年前后便出现了融合发展的需求。

1999年，两镇合作编制《店口—湄池组合城镇总体规划》，致力于整合两个城镇，并首提打造新中心的概念。2001年，店口、湄池两镇在建制上正式合并为店口镇。

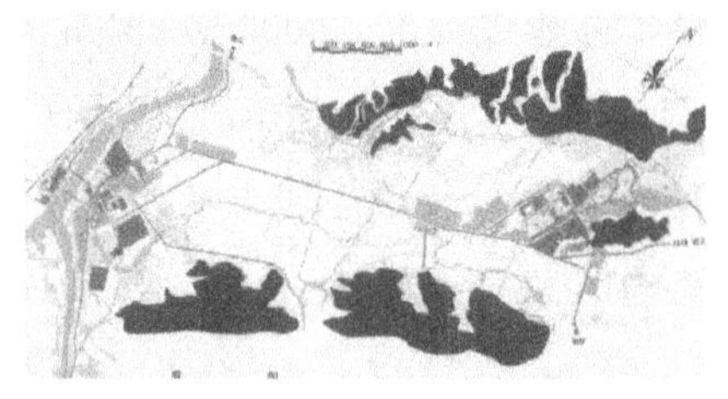

图8-1 1999年店口镇、湄池城镇现状

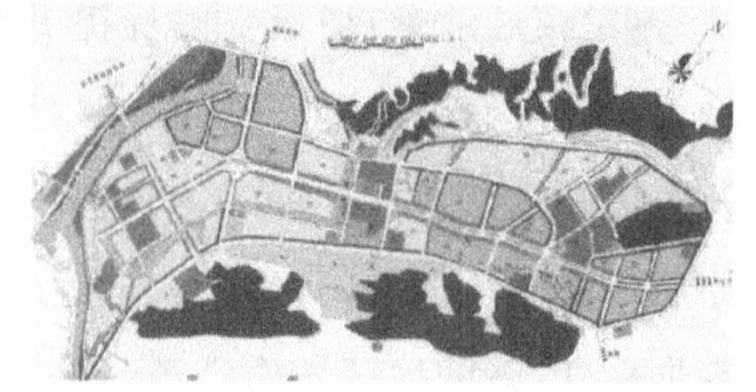

图8-2 1999年店口、湄池组合城镇规划

(2)2003年，根据《浙江省诸暨市店口镇总体发展规划》，店口、湄池合并为店口镇后建设新中心，迅速确定在原有两个镇区之间建设新的行政中心，服务两翼，将空间距离由5千米缩短至2.5千米，带动店口、湄池的相向、融合发展(见图8-3、图8-4)。

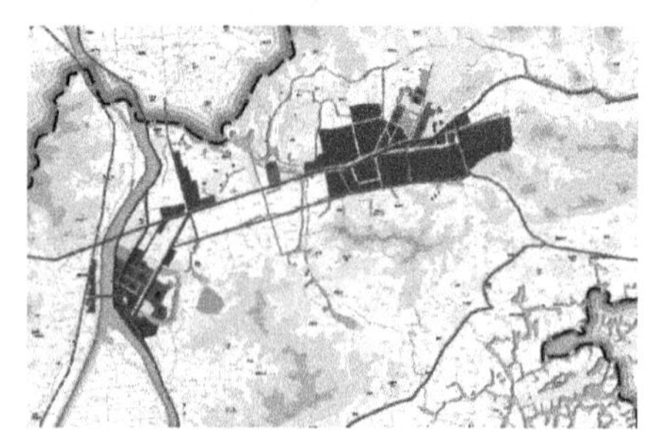

图8-3 2003年店口、湄池城镇现状

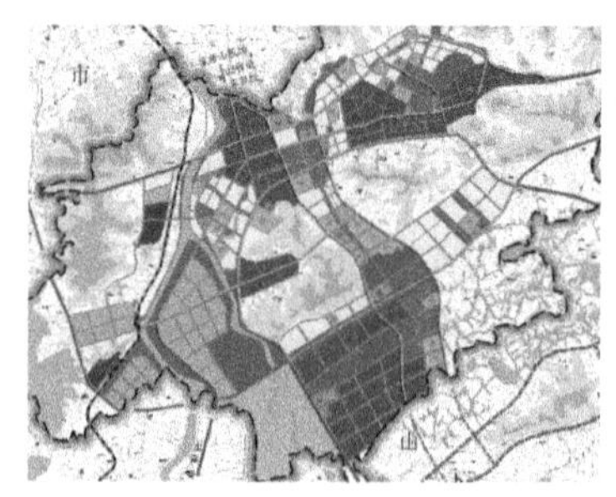

8-4 2003年店口总体发展规划

2000年后是省内城镇经济腾飞和空间跃进时期，店口镇的龙头企业逐步进行了多元化投资和资本运作，形成了极具竞争力的产业集群，同时对建设空间的需求非常旺盛，出现了跳出店口、湄池，向白塔湖跃进的发展思路。

2003年，店口镇编制《浙江省诸暨市店口镇总体发展规划》，围绕行政中心规划镇区新中心，在店口、湄池两个组团内发展居住和产业用地，在白塔湖西侧规划第三个大规模的产业组团，并通过南北向公建轴线相连。

(3)2009年，根据《诸暨市店口镇总体规划》，强化东西、相向融合(见图8-5、图8-6)。2000年后，店口、湄池并没有按照规划预期融为一体，两个城镇片区发展的惯性仍在延续，新的行政中心、新市场建设减弱了这一发展速度，但并未从根本上打破这一空间发展格局，仅又增加了由行政、市场、医疗、文化中心构成的另一个核心，从而形成了“双组团、三核心”的城市空间格局。

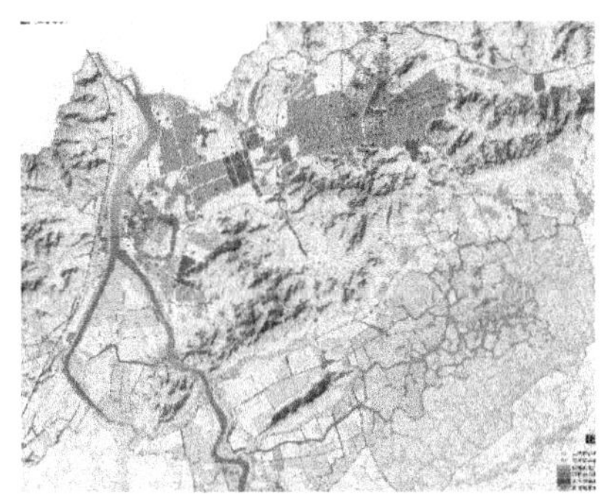

图 8-5　2009 年店口镇用地现状

图 8-6　2009 年店口镇用地规划

2009 年，启动编制《诸暨市店口镇总体规划》，更正了跨猛虎山南向发展的思路(受到农保、湿地公园制约，且与现状店口、湄池空间距离远，功能联系弱)，转而重点打造店口、湄池之间的联系轴线，打造出“一枢轴、三节点、四组团”的结构。

在规划方案中，将中央大道与露笑路作为发展轴，打通行政文化—市场—总部研发—商业功能的公建枢轴，承担店口城市功能。

(4)2015 年，城镇空间基本成型，增量下降，存量上升。2009 年以来，现行总体规划实施情况较好，“一枢轴、三节点、四组团”的规划结构基本确立，城镇空间也基本成型、稳定。

当前仅解放湖尚有较大规模的增量空间，店口、湄池组团的存量用地进入更新周期，沿中央大道两侧工业用地开始自发退二进三，出现了明确的空间转型需求。

3. 面向乡村振兴的镇域规划困境

(1)土地资源困境。土地供应大幅下降。如图 8-7、图 8-8 所示，2008 年之前，店口镇国有土地年出让面积约 30 公顷，金额约 1 亿元；2010－2013 年面积没有大幅增加，但是平均金额超过 5 亿元；2014 年面积降至 15 公顷左右，金额降至6 232万；2015 年面积仅 2 公顷，而金额也仅为1 637万元，不足最高点的 3%。

2010—2012 年是规模扩张的“黄金三年”，2012 年土地供应的量和价均达到高点，表现出对用地的强烈需求。2014 年之后，受到宏观经济的影响，新常态下土地供应大幅下降，呈现量、价齐跌的态势。

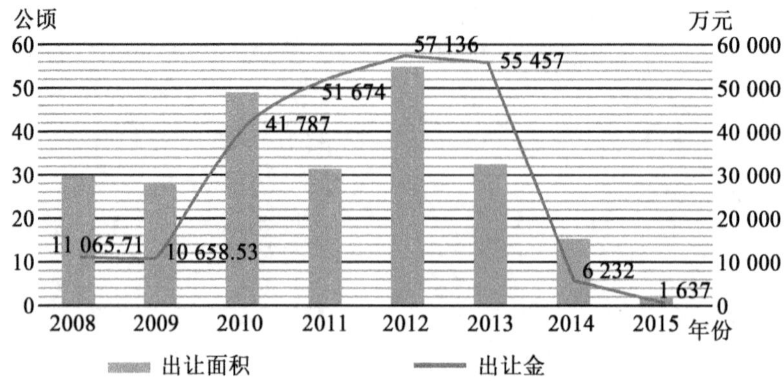

图 8-7　店口镇 2008—2015 年供地面积和出让金

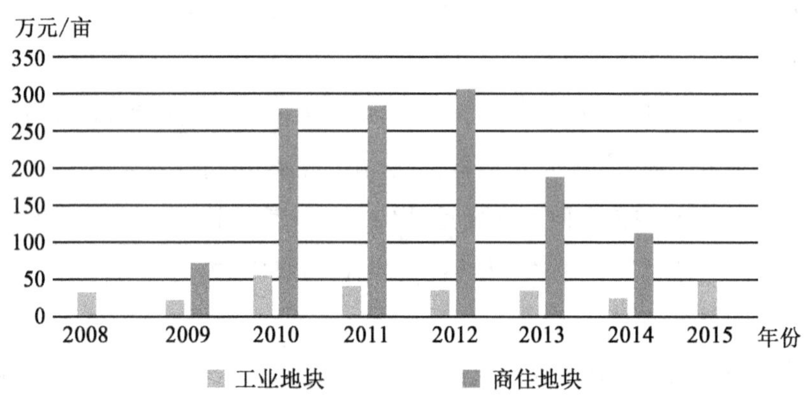

图 8-8　店口镇 2008—2015 年出让地块均价

(2)用地价格振幅缩小。如图 8-9、图 8-10 所示，2008—2015 年，工业用地平均价格浮动区间为 23～51 万元/亩，商住用地平均价格浮动区间为 71～305 万元/亩，总体而言工业价格更为稳定。2010—2012 年，通过拍卖方式出让的用地价格溢价非常高(无论是工业还是商住)，2012 年商住用地最高，超过 600 万元/亩，“抢地”现象突出。2014 年后，土地市场降温明显，工业用地和商住用地的价格回归到平均水平，振幅也大大缩小。2015 年没有商住用地出让，传统的土地财政面临较大挑战。

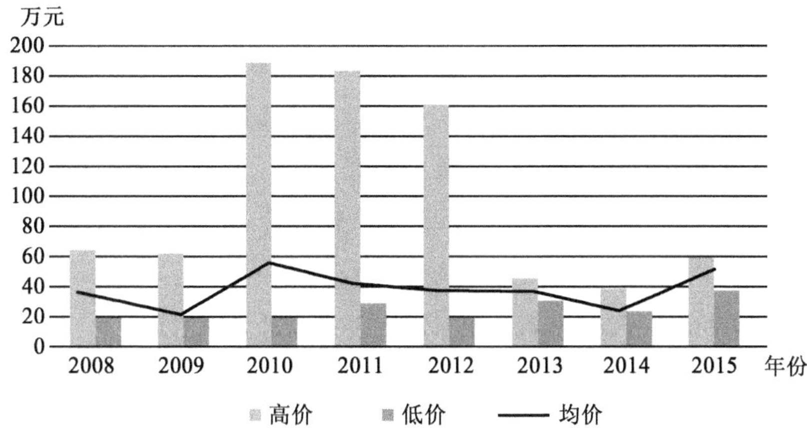

图 8-9　店口镇 2008—2015 年工业用地价格

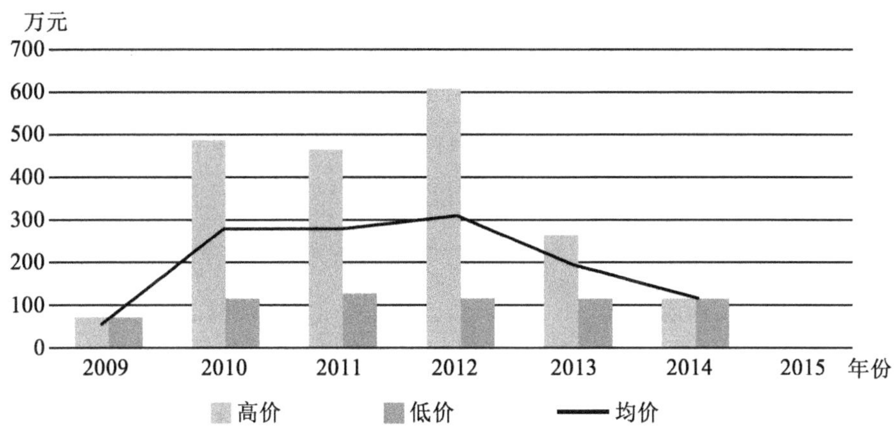

图 8-10　店口镇 2008—2015 年商住用地价格

(3)供地类型以营利性为主，公共设施、基础设施供地较少。2008—2015 年，店口镇的土地供应以工业、商住用地为主，用于提升城市服务水平，改善居民生活条件的公共设施和基础设施相对较少。

2. 产业发展困境

(1)乡村三产融合不够。2014 年之前，店口镇的 GDP 和工业产值均呈稳步上升趋势，虽然工业产值在 2014 年后有所回落，但生产总值、农民收入仍然稳步上升，财政收入也维持稳定。这说明经过多年的产业培育后，店口镇已经进入稳定的"税收财政"阶段，对"土地财政"的依赖程度相对减小。农业经济效益难以提升，主要原因是农旅融合、三产融合发展不够，优势农产品的产业集聚不够，农业产业集群培育不够。乡村振兴战略下的产业兴旺任务艰巨。

(2)第二产业长期居于主导地位，2017 年的产业体系相比 2008 年产业更多元、均衡。自 2001 年开始，店口镇的第二产业比重一直保持在 70%左右，第二产业非常稳定，是店口经济的重要支柱。

2017 年，店口镇形成了铜加工、新型管业、制冷、五金机械、汽车配件五大支柱产业，相较于 2008 年(上版规划基期)，产业门类更为丰富和均衡，铜加工、制冷接替传统的五金机械和铝型管件，成为产业发展的龙头。

此外，与第二产业配套的专业市场也呈现较好的增长态势，运行十分稳定，在第三产业中占据绝对主导。第二、三产业联动发展情况较好。

(3)人口分布困境。数据采用店口镇公安部门提供的 2009—2015 年户籍人口和 2011—2015 年外来人口，统计中取 2011—2015 年，户籍人口中有村庄的调整和村改居，也按照名称统一归并，统计单元以 2015 年最新的村居为准(23 个)，部分统计单元如湄池非农、店口非农等在总数统计中计入，在分村统计中忽略(见图 8-11)。

图 8-11　2015 年店口镇村居区划

①人口密度大，外来人口数量庞大，乡村振兴难度大增。2015 年店口镇常住人口约 10.8 万人，总人口约 12.5 万人，外来人口占半数以上。2015 年店口镇户籍人口 64 653 人，外来人口 59 948 人，外出人口没有一手数据，但店口镇户籍、外出人口比较稳定，取全国第六次人口考查的 16 800 人，2015 年店口镇常住人口(户籍＋外来－外出)107 801 人，外来人口比重达到 55.6%，总人口(户籍＋外来)124 601人。人口密度大、外来人口数量庞大，对乡村振兴战略实施难度加大，尤其是基层治理、乡风文明两方面的压力巨大(见图 8-12)。

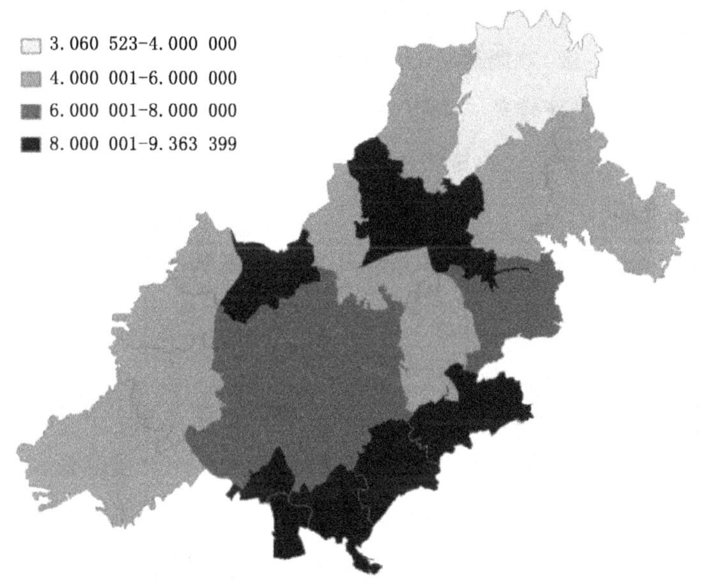

图 8-12　2015 年户籍人口分村密度

②人口分布不均衡。由于外来人口主要分布在企业集中的店口社区、湄池社区，镇域人口分布极不均衡，给基础设施布局、公共服务设施布局带来不确定性。店口镇 2015 年外来人口为 59 948 人，2011—2015 年，外来人口呈先增后减的倒 V 形走势，2011 年约 4 万人，2014 年到达一个顶峰(7 万人)，人口变化幅度较大，不过 2012—2015 年基本上维持在 6 万人左右。

数量上，外来人口主要集中在店口社区、江东社区，以及原老镇区周边的湄东社区、牛皋社区、中里村、亭凉树下村，人口分布和工业企业或者就业机会高度相关。店口社区外来人口 24 439 人，占镇区外来人口比重高达 40.8%；江东社区、湄东社区外来人口 12 192 人，占镇区外来人口比重为 20.3%。

密度上，店口社区密度最高，达到 32.8 人/公顷，湄东社区、江东社区其次，其余村庄、社区相对较低。

经济发展进入“新常态”后，外来人口数量有所减少，2015 年外来人口较同期减少约 1 万人。人口减少的区域主要是镇区建成区，其中工业企业集中分布的店口社区减少 5 015 人，江东社区减少 3 976 人。而中里村和亭凉树下村由于近几年增加了一些中小企业，外来人口反而有所增加。

(4)镇村空间融合困境。村庄镇区空间融合但产权不同。周边大量村庄用地与镇区紧密连接，空间融合，但土地所有权归属不同。村庄基础设施建设水平低下，生活水平较差。城市内部及周边存在大量“半城市化”的、原村庄转变成的社区居委会。各村均存在工业点，对环境影响较大。

4.规划战略

(1)总体战略——应对“新常态”，从增长规划到提质规划。针对国家新常态大背景，诸暨市的店口镇依现实条件和发展态势，本次规划以“转型”为主题，重点实现以下四个方面的转变：

①规划目的——由拉开发展框架转向提升城镇质量。在新型城镇化战略下，近年来浙江省密集出台了“美丽乡村”“五水共治”“美丽县城”“小城镇环境综合整治”等一系列创新举措，希望进一步节约集约利用现存量土地，提升城镇化质量。同时期，以深圳、上海为代表的沿海发达地区在土地利用出现拐点，存量用地规模超过新增用地的情况下，也提出“存量规划”新举措，以期通过规划转型顺应经济转型。

在此背景下，既有城乡发展模式，又有以“增量”为核心的城乡规划范式，正一步步转变为以“质量”为核心的新阶段。

②技术方法——由增量空间布局转向增量存量并重空间布局。自 2008 年至 2017 年，店口镇第二产业所占 GDP 比重一直维持在 70%左右，依靠的就是持续拓展建设空间。而经过多年的规模扩张后，2017 年留给店口镇可用的增量空间寥寥可数，除了解放湖片区外，基本上没有大规模的扩展空间(下泗湖规模小且发展方向、方式尚未确定)；并且 2017 年店口镇的人均用地规模已经远远超出国家标准甚至省内同类型城镇(小城市)。

在土地指标、生态环境等多重制约下，继续延续规模拓张的传统路径已经不太现实，原有滚动式开发、更新的城镇发展模式受到了挑战，在没有空间进行"腾挪"的情况下，城市的更新需要在存量空间中实现自我优化，规划方法也需要由拉框架、拓规模的布局型规划转为切实考虑城市空间中的利益相关者的政策型规划，从协商管控角度进行精细化布局。

③重点空间——由店口湄池组团转向生态湿地公园。自1999年版《总规》开始，店口镇的主要发展空间都集中在店口、湄池老镇区，新的行政中心的建设使二者相向、融合发展，但仍然是局限在猛虎山以北。

未来随着建设空间的制约和功能完善的需求，有必要跨越猛虎山，由店口湄池向白塔湖迈进。一方面，破解现状固化的城市空间结构，利用白塔湖湿地公园的生态优势完善城市服务功能；另一方面，通过功能的提升实现与周边乡镇的衔接和协作，实现诸北片区的融合发展。

(2)空间战略——西拓南进，内部优化。城镇建设空间分析已经明确了店口镇的增量空间和存量空间分布，同时也基本明确了未来的空间战略。

①西拓南进。增量空间有解放湖、下泗湖、白塔湖三个片区。一方面需要顺应城镇既有方向和未来临杭产业区的建设，由湄池组团沿浦阳江进一步向西、向南拓展，发展解放湖片区和下泗湖片区，为先进智造、高新环保等新兴产业提供空间；另一方面应该在转型的主题下，跨越猛虎山向南迈进，合理利用白塔湖湿地公园，补充完善店口镇相对欠缺的城市服务功能。

②内部优化。存量空间主要分布在店口、湄池老镇区，行政中心周边更新诉求相对较小。老镇区由于历史原因，同时存在"住宅更新、厂区退改、强度提升、设施完善、环境改善"等多重需求，需要通过分析利益相关者的诉求和店口镇政府的实施能力，科学、精细地调整现状用地性质，挖掘空间潜力，增加发展弹性。

5.基于乡村振兴的规划特色

(1)城乡空间一体化。城镇组群发展是诸暨又一特色，诸如诸北(见图8-13)城镇组群涉及店口、阮市、山下湖、江藻四镇及直埠镇部分区域，行政区划较为复杂，按《中华人民共和国城乡规划法》规定，单一城镇无法就多个城镇进行具有合法性的总体规划，而城市总体规划又囿于规划深度限制，对此城镇组群只能进行框架性研究，无法在具体建设操作层面对组群进行规划控制。但从诸暨实际来看，现状还有3个街道、24乡镇，城镇数量设置过多，规模过小，又各自为政，导致经济发展规模效益低下，许多乡镇甚至片区中心城镇均存在人口少，集镇服务功能很弱等突出问题，结果是既无法有效推进城市化，也无法带动城乡一体化发展。

图 8-13　诸北区域统筹发展示意图

随着诸暨市"北承南接"空间战略的深入推进，店口镇成为向北承接杭州都市区和绍兴中心城市的桥头堡，迎来了新的发展机遇。在"诸北副城"的定位下，店口镇需要跳出自身范围，围绕白塔湖国家湿地公园这一生态核心，从诸北五镇联动发展的角度来重新审视"诸北副城"，并对空间发展进行重新架构。

①诸北五镇基础良好，需统筹发展。在土地指标、生态红线、人口规模等多重制约下，以工业为主导的传统发展模式难以为继，以店口为龙头促进区域合作发展，实现产业、城镇发展转型升级是必然的选择。

②诸北区域协调发展的空间架构——以白塔湖为绿心的组合型田园新城。衔接诸暨市域总体规划、诸暨市土地利用总体规划和白塔湖区域发展总

体规划，为实现诸北区域的协调发展和一体化建设，应该架构起以白塔湖为绿心的组合型田园新城。

③构建“内核生态绿心、中圈旅游商贸、外围城镇组团”的组合型田园城市。规划应形成以白塔湖为绿心，中圈旅游、健康、科技、商务等新业态空间，外围五个城镇组团环绕分布的田园新城格局。

④严格保护湿地资源，高效、合理配置建设用地空间。白塔湖周边的建设应做到保护与开发相结合。为了加快升级转型，提升土地资源效率，应合理限制各城镇低效用的扩张，将有限的建设用地指标向白塔湖周边区域集聚。

⑤以建设生态宜居的人居环境为重点。在立足保护湿地资源基地上合理开发，建议在七里山北侧、湿地公园西北入口处，以及山下湖北侧建设两个服务中心，中部则集中建设生态旅游区。北侧服务中心（店口）主要布局商业、文化、旅游等公共服务功能，东西向轴线沿七里山北侧布局教育、养老、旅游等主题空间，南北向轴线沿道路两侧布局文化休闲、民宿旅游、现代农业等功能。中部生态旅游区是湿地西向开口，不宜大规模建设，可发展生态旅游（主题公园等）。南侧服务中心（山下湖），建设湿地南入口，承担旅游服务功能，适当配置商业商务设施。结合山下湖镇主导珍珠产业，布局商、游、休、养等功能。

⑥建设环湖通道，加强五镇联系，促进城乡区域一体化。为了更好地将五镇融为一体，提高诸北副城中心的服务辐射能力，需要在现有基础上进一步强化沟通五镇的大环线和各镇与生活服务中心的连接线。

(2)突出产业振兴规划。依托长三角、杭州湾都市群，利用店口自身在区位、政策、环境等方面的优势，抓住供给侧结构性改革机遇，强化与周边大城市的产业发展衔接，以项目建设为抓手，提升产业发展路径，加快推进店口产业的升级转型。

①第一产业：加快产业融合。强化农旅融合、“三产”融合、“三生”融合（生产、生活、生态）。立足杭州湾和浙中都市群市场，更好地发挥区域比较优势，以实现农业和农村现代化为目标，采取现代农业特色村（场）、现代农业综合区、主导产业示范区、特色农业精品园等建设模式，优化农产品结构，促进农业结构优化升级。

利用店口镇成片的水域和良好的种植条件，延伸开发创意体验、文化展示、花海庄园、观赏鱼养殖与展示、垂钓游赏、休闲观光、果品采摘、农业体验、特色餐饮等特色项目，满足人们多层次、多元化的消费需求，提高城乡居民的生活质量。

②第二产业："3＋X"的产业体系。抓住建设一流新兴产业基地有利时机，坚持绿色产业导向，紧扣区域功能定位，倾力构建特色区域、激活区位优势、发挥集群经济效应，以铜加工与新材料、智能装备制造、环保装备与新能源为主导，其他产业为支撑的产业发展体系。

铜加工及新材料：重点发展铜加工、有色金属加工、高品质塑料管道、新型包装材料。

智能装备制造：重点发展制冷设备及配件、数控机床、船舶与海洋工程、轨道交通和通用航空配件。

环保装备与新能源：重点发展治水、治气装备，家用环保装备，新能源汽车零部件制造，太阳能、风能、核能发电装备等。

"X"产业：重点培育信息技术等战略性新兴产业。

③第三产业：大力发展生产性服务业，重点强化生活性服务业。发挥店口镇区位优势，外引内联，提升本地生产性服务业的发展层次，优化生产性服务业的发展内涵。依托诸北五大乡镇和白塔湖生态湿地公园，强化面向高端人群和旅游休闲人群的生活性服务业，打造诸北副城生活服务中心，实现诸北区域的联动协作发展。

(3)乡村振兴目标下的规划成效。通过优化店口镇产业布局，截至2018年底，店口镇实现国内生产总值161亿元，同比增长9.5%；财政总收入25.6亿元，同比增长10.1%；居民人均可支配收入53 400元，同比增长9.1%。2018年10月，入选"2018年度全国综合实力千强镇"前100名。

总结起来，店口镇2000年至今的历次规划都有两大核心思想：一是实现店口、湄池的融合，二是争取建设空间。从实施结果看，可以说这两大目标均基本完成：新中心和中央大道轴线的建设使店口在社会经济和城镇空间上确实已经成为统一的整体，而既定的建设空间也得到高效利用。面向乡村振兴理念的空间安排和项目设计充分，对镇村一体化的规划理念，如基础设施向周边延伸、基本公共服务向周边村落覆盖等落实到位。

二、特色农业发展型村庄规划

1. 村庄简介

溪北村位于诸暨市区南20千米，璜山镇域中部，镇区西南。溪北村由下马宅、溪北两个自然村合并而成，全村总面积约220公顷，全村共有农户596户，户籍人口1 578人，2017年村民人均年收入20 643元。村后有座山称吴峰山，作为背后的屏障，山势向西南、东北两侧延伸，村落被群山环抱；溪北东边有龙泉溪，接纳梅、萃两溪村前而过，四季水流潺潺。溪北村向来以大量明清古建筑民居而负有盛名，现存13幢保存较为完好的古建筑。其构思之精巧、复杂，其雕镂之精细、精致，几乎到了无以复加的程度，其中以继述堂、新一堂、彝叙堂（徐氏宗祠）等为代表的不少厅堂已被列为省级或市级文物保护单位。

溪北村处于诸暨市美丽乡村“五区”之一的南部东白湖片区和“六带”之一的南线东白古宅景观带，是重要的景观节点，其优越的自然环境、深厚的文化底蕴和丰富的人文资源，为村庄发展提供了很好的基础。

2. 现状分析

溪北村（见图8-14）属江南丘陵地带，背山面水，景色秀丽，水源丰富，土地肥沃。龙泉溪和萃溪从中流过。吴峰山位于村庄西部，高耸入云，山势朝着西南、东北两个方向延伸，从高空俯视，可看到村落呈现出被群山环抱的态势。

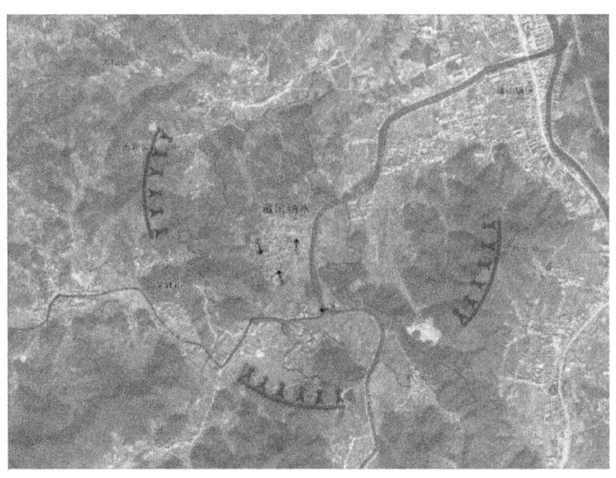

图 8-14　溪北村山水格局

现村内古建筑群（台门群）整体历史风貌完整（见图 8-15），建筑风格多为清末、民国时期，相比其他建筑具有体量大的特点，且多数以院落为核心组织内部空间，搭建出一组组合院建筑，整体风貌协调。形体多为四方围合格局，无论规模大小，都有堂屋、大厅（四檐集除外）照厅等公用场所，并有道地（晒场）、池塘、水井等生活设施配套。建筑多为砖木结构，马头墙、粉墙黛瓦，木雕装饰，青砖或石板铺地。

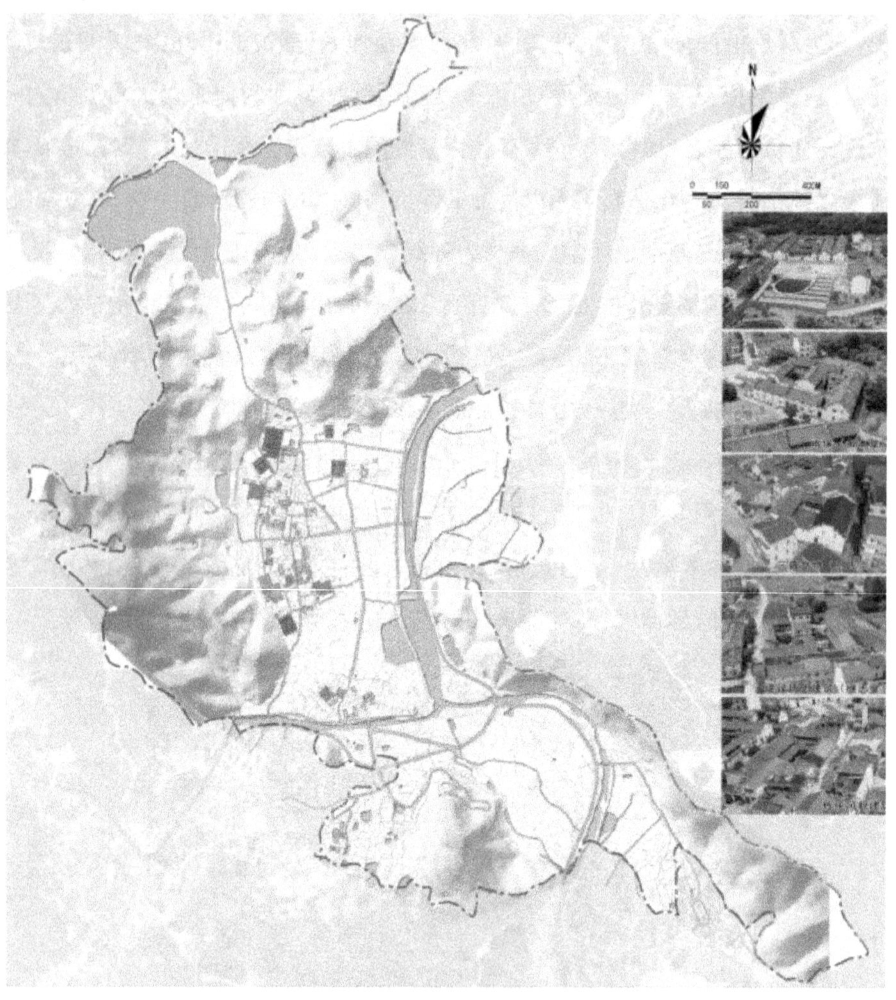

图 8-15　溪北村文物古迹分布

2017年底全村以种植业和外出务工为主要经济收入来源，其余还包括工业、运输、养殖等，农民人均可支配收入达3.2万元。其中产业发展如下：

第一产业：溪北村作为诸暨市重要的粮油生产基地，其主要农作物为水稻，种植面积约50公顷；此外还有水果、竹笋、花木等经济作物，年总收入在125万元左右。

第二产业：目前村内有两家企业，分别是诸暨精密轴瓦厂，云雾山矿业有限公司，主要从事轴瓦及矿产品生产和经营。

第三产业：村庄三产发展较为滞后，未能形成规模产业，仅有少量人员从事旅游接待相关工作。

3.基于乡村振兴目标的规划理念

(1)核心价值方面。溪北村是位于诸暨市东南部独具魅力的国家级传统村落，是以大型清代、民国古建筑群为特色的传统村落。所以，保护传统村落为规划第一要务。

(2)乡村振兴关键问题：①解决好村庄如何保护、如何利用、如何发展的问题；②如何协调传统村落的保护与村民日益增长的美好生活发展需要之间的矛盾；③如何协调城镇现代化建设与传统村落保护之间的关系；④如何打造适合溪北村资源禀赋的产业结构，提高村民收入；⑤如何培养村民整体保护意识，建立村规民约，从保护的视角使孤立的建筑单体向整个传统村落空间转变；⑥如何协调远期的发展目标和近期建设的需求；⑦如何协调与各类已编规划的冲突问题；⑧如何筹措保护资金、提供土地指标、出台管理规章、建立长效管理机制、培养农村专业人才。

(3)产业融合发展思路。重点在于推动农旅融合取得突破。溪北村村落旅游发展主要依托古建筑群特色旅游资源，同时结合周边古迹和自然生态景观特色资源，打造集古村特色民居和遗存展示、民俗生活体验、精品民宿、风俗节庆演艺、特色饮食品鉴等功能于一体的风情古村落：①凸显村落文化：尽可能挖掘村落自身文化特色，并形成核心价值，突出差异化特征，使其具有独特吸引力；②拓宽旅游深度：通过游客全龄化、游期四季化的旅游产品设计，丰富旅游内涵和产品体系，做精做强文化体验游、观光休闲游、家庭亲子游、健康养生游，争取能留住人；③补齐旅游短板：通过旅游服务配套设施的植入，实现行、购、吃、住、娱、游六要素的功能准入，做到多留住人；④丰富产业形态：通过"无中生有"等新功能业态的植入，多项产业并重开发，使村民经济致富。

综上所述，溪北村的发展定位为以大型古建筑群为特色，以村落山水环境为亮点，集历史文化展示、品质居住、民俗体验、休闲观旅游、生态农业等功能于一体国家级传统村落，诸暨市南线东白古宅景观带上的特色综合型中心村。

4. 规划启示

(1)传统村落得到有效保护，传统文化得到有效传承和活化利用，实现文化振兴。深入挖掘溪北村传统村落的历史文化内涵和价值特色，实行整体性保护，保留村落格局、样貌、文化要素、建筑等文化载体，使文化得到有效传承，凸显古村魅力(见图 8-16)。

(2)构建村庄特色产业，提高村民收入水平，实现产业振兴。构建现代农村产业体系，利用丰富的历史文化资源，延续和拓展其使用功能、开展研究和教育实践活动，既发展有文化内涵、高品质的服务型产业，又发展符合农村资源禀赋的现代农业，促进农村三大产业融合发展，提升村庄发展活力，提高村民收入水平，使村民生活得到改观，民生问题得到缓解(见图 8-17)。

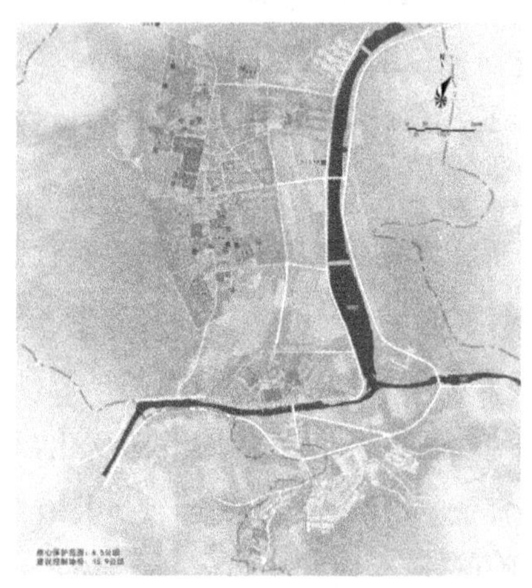

图 8-16　溪北村保护区规划

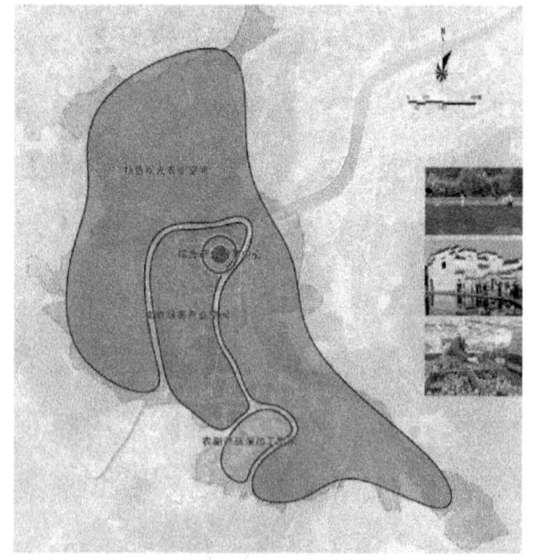

图 8-17　溪北村村庄产业发展规划

(3)保护生态环境，改善人居环境，提升村民获得感、幸福感，实现生态振兴。严格保护与村落相互依存的生态环境，大力建设与居民生活相关的公共基础设施，如水电系统、通信工程、道路交通等，改造与优化现有公共设施。同时，对于某些合适的传统建筑，则引导居民进行功能改造，发挥更大价值，为村民创造宜居环境，彰显传统村落风貌特色（见图 8-18）。

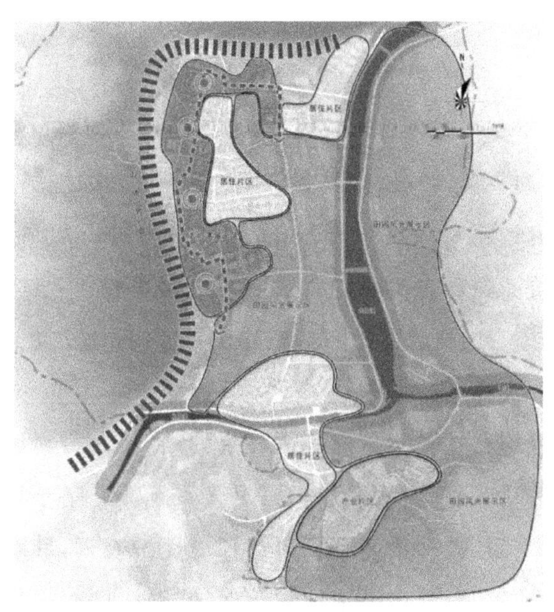

图 8-18　溪北村空间结构功能

（4）建立健全的乡村治理体系，实现组织振兴。完善的治理体系是保障村民良好生活的重要保障，梳理现有治理体系，剖析其中问题，优化与创新村庄社会治理体系，完善相关法律条例，严格惩治违规违法行为，制定村规民约，弘扬农耕文明和优良传统，使村民综合素质进一步提高，村庄发展和谐、安定、有序。

第五节　结论与政策建议

一、案例经验

以上两个基于乡村振兴目标的规划案例，都是依据乡村振兴目标战略中对规划设计内容的要求，对镇、村两个层级的案例进行的规划。

(1)依据确定的乡村振兴主要任务，对店口镇进行规划，优化其产业布局，从保护生态角度确定为实现诸北区域的协调发展和一体化建设，应该架构起以白塔湖为绿心的组合型田园新城建设目标，深化文化建设，巩固“店口经验”，全民参与，实现乡村振兴。

(2)依据确定的乡村振兴的推进途径规划，将溪北村村域空间划分为传统古村落区、居住片区、产业片区和田园风光展示区。基于划定的生态林地及生态水域保护空间，进一步编制了自然环境保护规划，针对现状分析中确定需要进行保护的建筑，制定了传统建筑保护规划，同时提出了历史人文保护建议。深化乡村振兴目标下的发展方向，进行了村庄战略发展规划，规划由村域范围的产业体系规划深入到村庄产业布局规划，进而细化以乡村旅游、农副产品加工等为主的发展战略规划。在战略规划的基础上编制村庄空间布局规划，其中，土地利用规划以村庄“多规合一”规划中明确规定的《村庄规划用地分类指南》为用地分类标准。村庄设施规划主要包括基础设施及公共服务设施规划，其中，公共服务设施以上层规划中对于中心村的公共服务设施要求为标准进行布局。由于村庄内公共建筑建成时间较短，可以进行保留，村庄建筑设计导引主要为农宅户型设计。最后，确定村庄内各重点设施的建设时序，编制行动规划，以保证规划的顺利实施，从而实现乡村振兴。

(3)虽然选取的案例村镇自身条件较优越，特色相对较为鲜明，研究对象本身具有局限性，但是通过案例分析，可以得出基于乡村振兴目标，村镇规划就要统筹考虑乡域各层面产业、生态、基础设施等发展与规划问题，从乡域整体层面出发，合理优化“三生”空间布局，尊重村民的发展意愿，促进乡村区域的发展。

二、“多规合一”是解决现阶段村镇规划失衡问题的最佳途径

1. 理顺规划体系

现阶段村镇规划存在“多规失衡”问题，包括国民经济和社会发展规划、城乡规划、土地利用规划、环境保护、文物保护、林地与耕地保护、综合交通、水资源、文化与生态旅游资源、社会事业规划等各类规划的衔接不顺，“多规”确定的保护性空间、开发边界、村镇规模等重要空间参数不一致等问题。

明确空间规划为最基本的规划，要给所有的规划限定一个帽子。以往各种规划，如土地利用规划、城乡规划、国民经济规划、生态环境规划等普遍有着不相容现象，产生了多种矛盾纠纷，造成部分用地无法被科学合理开发和项目落地难等问题。而制定“多规合一”为基础的空间规划，有助于实现规划间的上下联通，形成以空间总体规划为统领，以详细规划为支撑，以土地生态修复规划、土地整治规划等专项规划为辅助的空间规划体系。

2. 建立健全统一的村镇规划“多规合一”的技术标准体系

应该包括开发强度测算、资源环境承载力和国土空间开发适宜性评定标准、三区三线划定、空间管控原则、土地类别划分和资源管理系统等方法步骤统一化，并由此来制定并编著《村镇空间规划》。全面考量法律法规的具体规定和各种不同规划方案的特征，探究并确定标准化管理的规划期限，把其当作各种规划相连接的时间关键点。

3. 构建“多规合一”统筹的计划管理体系

在空间规划制定组织事权清楚的前提下，由市“多规合一”统筹应对组织为主体，制定具体规划和项目实施目标责任书，全面管理空间规划制定的时间顺序、内容及广度，使它可以和乡镇农村空间规划制度相结合，形成空间规划协调处理体系。

由制定的规划全面管理空间规划的编写时间顺序，构建实时变换的计划制定项目资源库。规划制定项目的获取渠道有以下两点：首先，在空间规划

制度整理的前提下，查找不足并加以完善；其次，形成机构反馈模式，不同行业管理机构通过自身实际发展需要向“多规合一”统一管理部门申请空间规划制定项目。在计划项目资源库的保障下，通过“多规合一”统一管理部门协调，城乡规划机构全面负责编制年度规划方案，同时利用“多规合一”系统征集公众意见和建议，实施后续编制工作。

年度规划方案制定完成后，由编制项目目标责任书统一管理空间规划制定的具体内容和范围。项目目标责任书确定了统一的编制实施细则和规划任务的编写内容与范围，达到首编、修订与空间规划模式的有利结合。项目目标责任书中包括空间规划方案的少数内容，主要由城乡规划机构进行审核，使首编、修订与规划的内容和范围在大局层面可以展现出空间决策规划的目的，并和城市整体规划理念相结合，在中观维度上可以和管理性具体规划相统一，为规划的后续实施过程打下坚实的基础。

三、将“自下而上”作为“自上而下”规划的重要补充

鼓励公众参与和自主规划。最了解公众需求的无疑是其自身。在村镇规划中，需要转变政府的角色，鼓励公众积极参与、扩大公众参与的范围和权利。相比我国目前大多形式化的通报式参与，一些发达国家的公众参与已经贯穿到乡村规划的各个环节，甚至由公众自己发起规划的议题。多元的乡村治理模式结构能与政府力量行业基层自治相协调，并弥补政府主导单一规划模式的缺位和风险。所以，关键是找到“自下而上”和“自上而下”两种规划模式的平衡点。要拓宽公众参与的渠道，使公众能够参与到村镇规划的决策、规划编制、规划实施过程中的各个环节，以便合理利用公众的智慧资源作为“自上而下”规划的补充，从而真正编制出更为科学合理的“一镇一品”的定制规划。

第九章　乡村振兴综合绩效评价

第一节　研究的政策背景及学术背景

一、研究背景

随着乡村振兴战略的实施，需要明确一套科学的乡村振兴综合绩效评价体系来计算乡村振兴实现程度并进行评价分析，这对于推动各地乡村振兴战略的顺利实施有着极其重要的意义。本研究通过构建乡村振兴综合绩效评价的指标体系，并对浙江省，以及浙江省不同经济发展水平的县域乡村振兴各项指标达标程度进行计算及综合评价，来得出关于乡村振兴的政策建议。首先在指标体系的构建中，将中共中央、国务院发布的《国家乡村振兴战略规划（2018—2022年）》中提出的22项指标作为乡村振兴绩效评价的指标，以规划中各项指标在2020年的目标值作为评价的目标值。其次，本研究对浙江省及浙江省具有代表性的杭州市淳安县、湖州市安吉县及丽水市景宁县分别进行进程监测和分析，全面了解和认识浙江省及浙江省不同发展水平区域的乡村振兴发展的程度，并指出了经济处于较发达、一般及落后社会发展水平下的乡村振兴战略实施过程中的优势及短板。最后，根据以上实证分析的结果，结合浙江省在乡村振兴战略中的思路，提出了推进我国进行乡村振兴战略的对策和建议。

1. 政策背景

在中国共产党的十九大上提出了乡村振兴战略，这既是党中央对于新时期"三农"工作做出的重大决策部署，同时也顺应了亿万农民对于美好生活的向往。2018年9月，中共中央、国务院发布了《国家乡村振兴战略规划(2018—2022年)》，从农村基础设施建设的重点领域、农民生产生活领域、多项资金的投入方面进行了战略和部署。随着乡村振兴战略的深入和推进，各地区乡村振兴战略实施进度及成效也需要开始进行一定的绩效评价，以便对该地区乡村振兴战略实施的进程和结果做出准确、高效的判断。因此在推进和实施乡村振兴战略的过程中，构建科学、完善的乡村振兴综合绩效评价体系并对实施情况进行评价分析是非常必要的。乡村振兴综合绩效评价对于推进乡村振兴战略的实施，对于广大干部群众的积极性和创造性的充分发挥，都具有十分重大的意义。

乡村振兴到底应该实现到一个什么样的水平？各项指标及评价标准又是什么？一些专家和学者介绍了许多国内外乡村建设及评价的经验。如国外通过对人民生活质量进行评价，我国用过新农村建设绩效评价的经验总结等，这些都能为我国乡村振兴绩效评价提供经验借鉴。乡村振兴综合绩效评价的进行，是对乡村振兴进程和水平进行监控的重要信息工具，对于人们的认识理解的深化和行为的指导与规划，对于保证乡村振兴战略按照正确的方向推进、提高乡村建设水平等有着重要的意义，所以具体以什么标准作为乡村振兴评价指标，用什么方法作为评价方法，成了各个工作部门和科研机构的研究热点。其中，很多省份的专家、学者根据国家提出的乡村振兴"二十"字方针制定了相关的评价指标体系。现在的情况是，大多数地区仅对乡村振兴的内涵、实现路径等进行研究分析，制定的相关的评价指标体系也很片面，没有根据各地实际情况对乡村振兴的实施程度进行分析及思考。在这种情况下，积极地探索和研究乡村振兴综合绩效评价，并根据实现程度的分析得出推进乡村振兴战略的政策建议，具有重要的理论意义和现实意义。

当前，"三农"问题的解决已经到了紧迫的关头，建立能够综合反映乡村振兴实施程度的评价体系对于推进各地区乡村振兴的成功实施具有重要的意义。项目的研究既有利于科学地度量乡村振兴的发展程度并确立乡村振兴的方向，又有利于明确地了解和把握实施进程中各方面的情况。乡村振兴综合绩效评价的研究可以协调战略实施过程中可能出现的各方面问题并进行分类指导，为各个地区和各个部门的乡村振兴进度提供管理的量化依据。

利用乡村振兴综合绩效评价体系对不同地区乡村振兴战略实施程度进行监测和对比评价，可以找出乡村振兴进展中的优势及存在的问题和不足，确定乡村振兴的现实工作中的重难点和需要努力的方向，为政府部门能够制定相关的决策措施提供可以参考的依据。

2.研究目的

从乡村振兴战略提出之后，学术界和政府部门进行了大量的关于乡村振兴的内涵、建设重点及实现路径方面的研究。但是，还需要构建一套科学实用的指标体系，将乡村振兴的内涵转化成可以量化的指标，并根据各项指标、目标值的差距对乡村振兴的建设情况和实现程度进行评价。如前文所述，虽然目前全国各个部门及学者们都对乡村振兴综合绩效指标体系有一定的研究，但是距离可以实用的要求还有很大的差距。本研究将在对乡村振兴战略内涵把握的基础上，根据中共中央、国务院发布的乡村振兴战略规划计算各项权重，对浙江省乡村振兴实现程度进行分析研究，并选取发达、落后、一般的三个县域进行实现度分析，得出相应结论。

本研究主要通过对乡村振兴内涵进行分析，通过构建的乡村振兴综合绩效评价指标体系，根据浙江省实际情况，计算乡村振兴实现程度并进行评价。一是将乡村振兴的“二十”字方针按照五个方面进行分析，以便对各个方面下的指标进行衡量、测度及评价；二是与各项指标 2020 年需要完成的目标值进行比较，科学地检测和评价各项乡村振兴指标的进程，为党和政府制定政策提供科学的依据；三是分析浙江省目前乡村振兴的进程，找出影响浙江省不同县域乡村振兴发展程度的原因，并提出推进乡村振兴的对策。

3.研究意义

(1)理论意义。我国作为一个农业大国，要想实现全面建成小康社会、全面建设社会主义现代化国家的历史任务，就需要党和国家重视农业、农村、农民的“三农”问题。乡村振兴战略正是结合了对现代化建设规律的认识和对城乡关系变化特征的认识，为解决“三农”问题而提出的重大战略部署，这一战略规划也顺应了广大人民群众对于美好生活的向往，因此，乡村振兴战略的提出具有重要历史意义。但在实施乡村振兴战略的同时，不仅仅需要各级政府和人民群众理解乡村振兴的内涵，推进乡村振兴战略的实施，还需要针对不同地区乡村振兴的实现程度进行检测。本文通过构建乡村振兴综合绩效评价体系来衡量浙江省及浙江省不同发展水平区域的乡村振兴的水平，为乡村振兴战略的发展指明方向。可以说，乡村振兴综合绩效评价研究为推进乡村振兴发展提供了重要的技术支持，富有确切的理论意义。

(2)实践意义。各级政府要想清楚了解乡村振兴的实施进程，提出针对性的政策建议，更好地发挥广大人民群众的积极性，就需要运用一套适用性强、科学完善的指标体系来进行综合绩效评价。首先，要将乡村振兴综合绩效评价的指标和目标值具体化，使各级政府部门及广大人民群众对乡村振兴应该完成的程度有一定的认识和了解。其次，通过对浙江省及浙江省不同经济发展情况的区域乡村振兴战略的实施进程进行监测，及时发现乡村振兴战略实施进程中的优势和短板。最后，通过对于乡村振兴实际情况的分析，得出推进乡村振兴战略的政策建议。只有对乡村振兴综合绩效评价有了深入的分析，才能真正推进乡村振兴，这也是进行乡村振兴综合绩效评价的现实意义。

二、学术背景

1.国外乡村建设效果评价研究

国外学者对于乡村建设的研究主要包括了两个方面：一是对于乡村发展模式的研究；二是对于乡村发展理论的研究。对于如何进行乡村建设的绩效评价的研究较少，也没有构建出相对完整的绩效评价体系，这些学者针对乡村建设的研究方向偏向于对人民生活质量的评价与度量。乡村振兴最根本的目的就是实现农民生活的富裕，农民生活水平的高低能直接体现出乡村建设的发展程度，因而国外学者对人民生活质量的评价与度量对乡村振兴综合绩效评价有着重要的指导作用。

国外学者对人民生活质量的衡量标准主要有两种，分别为单一性标准与综合性标准。

(1)单一性标准。国际上通常使用人均可支配收入与恩格尔系数来衡量人民生活质量。2006年，世界银行以每个国家的人均可支配收入的高低对其等级划分，如表 9-1 所示。

表 9-1 2006 年国家收入水平等级划分

收入水平	国家等级
少于 825 美元	低收入国家
高于 826 美元，低于 3 255 美元	下中等收入国家
高于 3 256 美元，低于 10 065 美元	上中等收入国家
高于 10 066 美元	高收入国家

联合国通过恩格尔系数对各个国家人民生活质量（富裕程度）进行等级划分，如表 9-2 所示。

表 9-2 恩格尔系数生活水平等级划分

恩格尔系数	生活水平
大于 60％	贫穷
50％～60％	温饱
40％～50％	小康
30％～40％	富裕
20％～30％	富足
低于 20％	极度富裕

人民的社会生活包括了收入、支出、文化、生活环境等各个层面，虽然单一性标准更加简单明了，但是仅仅从收入水平分析人民生活质量的评价显然是片面的，因而单一性指标不能对人民生活质量进行全面系统的评价。

（2）综合性标准。1966 年，美国哈佛大学教授戴维斯·鲍尔首次在对人民生活质量的研究上提出了主观指标与客观指标两种评价性指标，其中主观指标是以问卷调查的方式，从心理学角度得到人民对外部环境的主观认识，客观指标是对人民生活质量的衡量指标。

1977 年，美国海外理事会主席戴维·莫里斯带领手下研究人员制订了针对人民物质生活质量的评价指数，并包括新生儿死亡率、人民平均寿命与成年人受教育率三种指标。这个指数的制订旨在对人民社会发展层面的科教文卫相关水平进行评价，因其统计方法简便，具有广泛的应用范围。

1984 年，美国社会学家布朗·理查德创造了世界社会发展模式，并以该模式对社会发展的相关指标进行分析，指标共有 36 种，包含经济、社会、政治等社会发展的多个层面，这些社会发展指标能基本准确地反映社会发展对人民生活需求能力有何种转变。该社会发展指标的建立也成为衡量社会发展情况的新的标准，具有跨时代的意义。

1990 年，联合国《人文发展报告》中创新提出了人类发展指数的概念，该指数以人类的发展进步为基准，并凸显人类的发展进步对社会发展的促进作用。这种对社会发展程度的评价方式首次将以人为本的理念带入社会发展过程当中，为世界各国的社会发展路径提出了新的指导性建议，尤其是给发展中国家的政策制定提供了新的思路。

2001 年，英国社会学家史密斯·约瑟夫提出针对人民生活质量的研究要有充分的理论依据，并以满足人民需求为最终目的。他从人民生活的多个层面建立了以满足人民收入消费、家庭生活、医疗保障、文化教育等需求为宗旨的人民生活质量的评价体系。

为展现一个国家经济、社会发展水平与满足人民正常生活需要的能力，国际社会通常采用 ASHA 指数，该指数是对人民生活质量进行评价与度量的较为经典的指标体系，囊括了人均可支配收入增长率、新生儿出生率、人均平均寿命等指标。

2. 国内乡村建设绩效评价研究

2005 年，中国共产党针对农村发展滞后的问题开始大力推进社会主义新农村建设，吸引了众多学者针对乡村发展水平进行研究，并将绩效评价的方法带入研究过程当中。2017 年，习近平总书记在党的十九大报告中提出乡村振兴战略。战略将乡村建设地域范围提升到乡镇，将原来侧重建设和产业的要求提升到“五位一体”的总体布局，同时强调乡村多主体的作用，更强调农民、国家、企业、银行和市民等多个主体作用。这样一来学术界又重新对乡村振兴的绩效评价有了新的指标和方法，相关研究百家争鸣百花齐放，学者们取得的研究成果对乡村振兴的推进有着重要的指导作用。但是由于乡村振兴战略发布时间不长，而绩效评价指标的选取和体系的构建需要长期的社会实践经验，所以我们还是以借鉴新农村绩效评价为主。故国内研究现状分两部分阐述。

(1)社会主义新农村建设绩效评价研究现状。2006 年,中国社会科学院颁布了我国第一份关于社会主义新农村建设的发展报告《中国新农村建设报告(2006)》。报告针对我国新农村建设水平东南沿海地区高于西部内陆地区低的特点,从生活、生产、文化、环境四个方面选取了 22 个评价指标,并按照指标评价的结果将全国省市自治区划分为五个等级。

中国共产党提出建设社会主义新农村的战略方针带动了不少地方政府对当地乡村的发展水平运用指标体系进行评级,如江苏省和山东省便走在发展的前列。

江苏省紧跟新农村发展步伐,责令省发展与改革委员会同兴华市人民政府通力合作,以戴南镇为研究区域,并针对其新农村建设的各个层面全面而又具体地建立了一套综合评价指标体系,并通过专家组的认定,将这套综合评价体系运用到江苏省村镇新农村建设水平的评价工作中。指标体系立足于新农村建设的"二十"字总体要求,科学、全面地选择了 24 个指标,并针对每一个指标的实现程度设定目标值。

结合山东省经济社会发展现状,山东省人民政府制定了《山东省建设社会主义新农村总体规划(2006—2020 年)》。规划中针对新农村建设的各个方面建立了科学而又全面的指标体系,该体系主要面向乡村,以新农村建设"二十"字总体要求为准则,系统、科学地选择了 23 个相关指标,以 2010 年与 2020 年为新农村建设目标年,设定指标发展目标值,对各时间点山东省乡村发展水平进行测度,并指导下一阶段的管理与建设。

除了政府部门对新农村建设评价进行研究以外,很多专家、学者也根据新农村建设的内涵和现状,针对新农村建设水平的绩效评价进行了相关研究。

2006 年,过建春等结合国外对乡村发展水平评价工作的相关经验,提出了新农村建设评价指标体系应从人类发展指数、综合管理程度、人均可支配收入、人均公共基础设施数量、经济社会发展水平这六个层面建立。

同年,李忠富等在对江苏和浙江发达地区的新农村建设进行实地调研的基础上,围绕新农村建设的内涵构建了新农村建设评价的指标体系,并且对各项指标的权重进行了确定,选择了其中一些较为典型的村庄进行指标评价，从而得到这些地区的新农村建设情况的分析。

2006 年，冯旭芳等从经济、生态、社会三个层面选取农业生产水平、农业结构布局、农民收入水平、农村文化发展、人均居住面积等指标建立新农村建设绩效评价体系。

2006 年，李秀霞等以新农村建设内涵为基准，从政策、经济、生态、文化、地理区位等方面选取诸如农民人均可支配收入、农村现代化发展程度、农村社会保障覆盖率、农村民主选举状况等 14 个指标构建相关指标体系。

2008 年，林文等以全国各省市自治区为对象进行研究，从产业发展、生态文明、社会保障三个角度建立相关评价指标体系，并用 AHP 法对所选指标进行赋权并综合打分，从而对全国新农村建设水平有了系统的认识。

2009 年，张磊总结分析了当时新农村建设绩效评价体系相关研究经验，从新农村建设"二十"字总体要求出发，遵从系统性、现实性、可用性的原则，从五个方面构建了指标体系，并对评价的具体方法做出了解释。

2010 年，马晓燕等从新农村建设的五个方面总体要求出发，将其作为一级指标，并以产业发展水平、商品粮产量等为二级指标进行新农村建设绩效评价，阐述了相关评价方法，并选取研究区域进行案例分析。

2012 年，何春花等以新农村建设五点要求为一级指标，附以 23 个二级指标，收集所选研究对象 2011 年的相关数据，运用统计学方法对研究群与新农村建设进行绩效评价并对结果予以分析。

2012 年，朱凌晗以株洲市为研究对象，并以国家统计局颁布的新农村建设相关指标，选取 56 个指标全面系统地建立了株洲市新农村建设综合绩效评价体系，并设定目标值，规定实现年限，根据评价结果提出新农村建设的可行性建议。

2013 年，黄颖等对广东省北部山区的新农村建设情况进行调研，以国家颁布的实现全面小康的各项标准，参照新农村建设的五点要求，创建了拥有 28 个指标的全面、系统、科学的新农村建设评价体系。

2013 年，张广胜等通过对辽宁省 45 个乡镇的新农村建设水平的走访调查，选取了 22 个细化指标，构建了辽宁省新农村建设评价指标体系，根据各乡镇实际情况进行排序，得出相关结论并提出相应的建议。

(2)乡村振兴绩效评价研究现状。2018年,张挺等从产业兴旺、生态宜居、乡风文明、治理有效、生活富裕五个方面分析,选择了15个三级指标和44个四级指标,构建了一种乡村振兴评价的指标体系,并运用该评价指标体系对11个省份的35个乡村进行实证绩效评价,经过总结分析,发现了乡村振兴进程中的实践经验和存在问题,并提出相应对策和建议。

2018年,韦家华根据乡村振兴的五个方面,选取28个指标,运用专家打分法和层次分析法,明确各指标的权重和各阶段的标准值,构建乡村振兴综合绩效评价指标体系。其以广西壮族自治区乡村振兴情况为例,通过计算分析,提出推进乡村振兴战略的相关政策建议。

2018年,郑家琪从产业、生态、乡风、生活、制度五个方面展开研究,对应五个方面找到所适用的40个指标并确定权重,对这些指标能够反映出的现状进行分析和预选,以指导我国乡村振兴综合绩效评价。

2018年,冯晓兵等对乡村旅游扶贫进行绩效评价,从宏观绩效和微观绩效出发,构建的乡村旅游扶贫绩效评价指标体系由26个指标要素层、7个指标层、2个准则层组成。通过对各项指标的权重进行专家打分,全面、系统、科学地对乡村旅游扶贫绩效进行评价,对进一步推进我国乡村旅游扶贫行动提出政策建设。

2018年,纪中强针对乡村振兴战略中农村基层党组织的工作成效进行了绩效评价,从发展水平的科学性、乡村文化的建设、乡村环境的建设、乡村治理能力的建设四个方面选取了20个指标构建了绩效评价体系,并最终提出乡村振兴中组织做到治理有效的相关政策建议。

河南省根据自身实际情况,贯彻中央和河南省委一号文件的要求,建设性地提出了河南省乡村振兴评价指标体系,并提出各项指标的预期测算值。河南省提出的乡村振兴评价指标体系从产业进步、生态宜居、精神文明、社会发展、生活富裕、城乡一体六个方面入手,提出了43个具体指标,其中包括了体现乡村振兴成果性的核心指标10个,体现未来5年乡村振兴战略实施过程的阶段性指标33个。

2008年6月,西南财经大学发布了全国第一个省级乡村振兴发展指数。从产业兴旺、生态宜居、乡风文明、治理有效和生活富裕五个方面进行分析,提出35个细分指标，通过对30个省（市、自治区）的“六化四率三治三风三维”进行测算，评价各地区乡村振兴发展水平。

3. 简要评述

综上所述，在国外对人民生活质量衡量方法的相关研究方面，物质生活质量指数、社会进步指数、人类发展指数等综合指标是对传统单一指标挑战的结果。这些指标，特别是人的发展指数和生活质量指数，多年来一直被用作衡量一个国家社会发展水平的国际标准。然而，他们选择的这些领域和相应的指标不适合反映所有国家的社会发展，也没有注意到不同社会发展阶段国家之间的差异。各国还是应该根据自身情况制定衡量各项发展水平的指标并进行评价。在国内对乡村振兴综合绩效评价的相关研究仍在起步阶段，即使是国家指标也可能随着乡村的不断发展进行改变，但是学者们对乡村振兴绩效评价的方法已经成型，基本都是从产业兴旺、生态宜居、乡风文明、生活富裕、治理有效五个方面进行相关指标体系的建立，虽然所选指标各有不同，但是绩效评价的目的与结果大致相似，对国家建立统一指标体系有着一定的借鉴和指导作用。

第二节　相关理论说明

一、几个概念

1. 乡村振兴与社会主义新农村建设的对比

针对乡村问题，中国共产党在不同时期先后提出了社会主义新农村建设与乡村振兴战略，两者的基本理念相似，但是随着经济社会的发展，其内涵与要求自然也有了新的变化。对社会主义新农村的“二十”字方针与乡村振兴总体要求进行比较（见表9-3）：①从生产发展转变为产业兴旺。乡村振兴赋予了乡村产业发展更高的目标，并对其发展方式给予了新内涵，这针对乡村目前产业发展方向不定，产业结构单一或混乱的现状提出了新的解决方法，并体现了我党与全体农民对乡村发展的迫切需要。②从村容整洁转变到生态宜居。不再以乡村面貌的整洁程度来衡量乡村的生态水平，乡村振兴从农民生活切实需求出发，对乡村区域内生态环境系统考查，并建设更加适宜农民居住的生活环境，充分体现一切为了人民的发展宗旨。③新时期的乡风文明不仅要注重乡村精神文明建设，更要完善乡村文化设施建设，发展乡村文化产业，充分满足农民文化需求。④从管理民主转变到治理有效。虽然充分发挥了农民参与政治的权利，但是新时期乡村的治理不能仅仅靠政策的调控，更应注重政策推行的效果，推进乡村振兴发展的保质保量。⑤从生活宽裕转变到生活富裕。党和国家对农民生活水平的改善有了新的要求，不仅要提高农民的收入，更要提升农民的消费水平，让城乡差距得以缩减。

表 9-3　新农村建设、乡村振兴战略对比

社会主义新农村建设	乡村振兴战略	比较表述
生产发展	产业兴旺	由发展到兴旺，体现层次和要求上的升级
村容整洁	生态宜居	由静态升级到动态，强调农村生态文明建设；生态环境由点到面发展
乡风文明	乡风文明	乡风文明建设属于精神文明建设范畴，是一个长期的过程
管理民主	治理有效	管理到治理民主是要求，重程序强调重结果
生活宽裕	生活富裕	城乡居民的收入差距进一步缩小，人民生活达到富裕

2. 乡村振兴综合绩效评价

(1)绩效评价。绩效顾名思义指成绩与效果，这里的成绩与效果指人的生产行为取得收益的成绩与可度量的效果。绩效评价广泛运用与人力资源管理的研究领域，是对单个员工在单位时间内所做的工作为企业带来的效益，并对其工作能力进行综合评价的过程。绩效的概念在菲尔德·普雷姆詹德所著的《公共支出管理》一书中有着明确的解释，即绩效评价从收益、效率和节约三个层面涵盖了对员工的工作效率、产出质量及对企业的贡献值的评价。现在对绩效评价的认知有两种主流观点：一是约翰·伯纳丁提出的绩效产出说，他认为绩效是个人或个体在进行指定的工作或活动等行为产出的成果；二是韦尔·坎贝尔与布莱恩·墨菲提出的绩效行为说，他们认为绩效评价是组织内成员在完成组织分配任务的过程中展现的如工作能力、态度、责任感与合作意识等行为特征。国内学者对绩效评价的研究认为绩效评价是工作行为产生的收益与效率的统一。由此可见，国内外对绩效评价的相关研究在核心内涵上保持一致，差异之处在于对绩效评价囊括的方面不一致。本文对学术界研究进行总结归纳，认为绩效评价涵盖了工作行为的效率、产生的收益与成果的实用性。从工作行为的过程考虑，绩效评价需分析行为是否满足经济学规律，发展过程是否合理；从工作行为的成果考虑，绩效评价需要对成果的取得是否高效，是否合乎预期，受众人群是否满意等经济、社会、政治各方面进行分析。

(2)乡村振兴综合绩效评价。人力资源管理方面的绩效评价对乡村振兴的绩效评价有着很多可以借鉴的地方，如将乡村振兴发展水平与分析所得的政策建议比作员工工作产生的效益和对企业的贡献；把为民服务比作客户服务，运用相关指标与实现程度进行评价。乡村振兴的绩效评价需要对乡村发展水平与实现目标进行比较，得到每项指标的实现程度，并分析在乡村振兴建设过程中相关基础设施建设的水平、产业优化升级对经济社会发展的影响与政策推行的覆盖程度。通常来说，乡村振兴综合绩效评价可分为微观、中观、宏观三个层面。其中微观层面需要对农民对乡村发展的满意程度、生活的幸福感、工作的获得感等心理方面的指标进行评价；中观层面需要对乡村基础设施与公共服务的建设水平、生态环境质量、文化设施普及程度等具体指标进行评价；宏观层面需要各级政府针对当前乡村建设现状对乡村整体发展水平、城乡融合程度等指标进行综合评价。乡村振兴综合绩效评价需要各级政府针对国家指定的人民生活质量的评价指标与学术界对乡村发展的评价方法构建一套全面系统的评价指标体系，从上述三个层面科学客观地选取评价指标，并划定每个指标在各时间节点的限制下需要达成的目标，用所选指标的现实状况与之比较，确定各指标的实现程度，然后对乡村振兴总体发展水平得出全面系统的认知。通常乡村振兴综合绩效评价从产业兴旺、生态宜居、乡风文明、治理有效、生活富裕这五个总体要求出发，建立相关指标体系，从而得出研究区域乡村振兴的综合发展水平。

二、乡村振兴综合绩效评价规范

1.评价主体

乡村振兴综合绩效评价的主体也就是进行相关绩效评价的单位是各级政府部门。在《国家乡村振兴战略规划(2018—2022年)》颁布之前,学术界和各级政府对乡村的发展水平也提出过相关的评价指标体系,但是由于研究区域的不同、乡村现状的不同,所指定的指标并不具备全面系统的特点,并不能对所有的乡村使用,不具备普遍性,而且有些学者为了使评价体系能涵盖乡村发展的各个层面,选取的大量指标看似全面,但是很难获得数据上的支撑,评价的过程也不向公众展示。这导致我国乡村发展水平的绩效评价依旧处于起步阶段,并且许多落后的乡村通常忽视对乡村发展水平的评价。因此,对乡村乡村振兴的绩效评价应抓紧落实到各级政府的工作当中。

由此可见,对评价主体的建设是进行乡村振兴综合绩效评价的前提。本文针对现阶段主管乡村的各级政府部门存在的报喜不报忧,乡村建设评价指标相关数据获取的不真实等问题,对乡镇政府提出设定相应监管部门,统一培训从事评价工作的相关人员,建立科学的奖罚制度,规范乡村振兴绩效评价的具体实施流程,从而使评价结果真实可靠,更具客观性,可以对乡村振兴的发展提出切实、可靠的政策建议。

2.评价客体

乡村振兴综合绩效评价的评价客体即本文研究的对象,也就是乡村振兴的综合发展水平。乡村振兴的研究涉及乡村发展的各个层面,可选取的指标众多,所以需科学、合理地进行分类。因而本文从乡村振兴的五点总体要求出发,顺应国家战略导向,引导各级政府科学地进行乡村振兴的绩效评价。同时立足于乡村本身,从农民的切实需求出发,针对这五点总体要求进行乡村振兴绩效评价,能更确切地抓住乡村发展的具体路径,对乡村的建设提出更为具体的可行性建议。

3.评价原则

(1)指向性与系统性相结合。指向性是指乡村的发展需要乡村振兴战略的引导，这种引导不能只是停留在纸面上的政策法规，更需要具体的乡村振兴绩效评价来指导乡村的各项建设的具体落实。系统性是指乡村振兴是一个系统工程，工程中的各种项目之间并不是单一的个体，它们相互之间具有联系，因而乡村振兴绩效评价体系内的各项指标也是相互关联的，必须将其看作一个整体进行统筹考虑。指向性指的是指标的具体方向，系统性指的是指标的全面合理，二者相结合可以使评价体系更加客观、有效。

(2)代表性与可比性相结合。乡村振兴绩效评价指标在充分考虑乡村发展各个层面的同时，所选取的指标更应是能真实体现出某个方面的具体情况，应顺应农民对美好生活的向往，真正抓住乡村发展的真切需求。可比性是指所选指标之间应具有内在的关联，在统计学角度上可以对指标之间两两进行比较，充分体现乡村振兴各项发展要素之间的关联程度。代表性与可比性相结合，可以使构建的指标体系更具备实用价值。

(3)客观指标与主观指标相结合。客观指标指的是乡村振兴绩效评价体系中选取的例如农民人均可支配收入、各项基础设施建设数量、产业发展水平、乡村的城镇化水平等可以量化的指标。主观指标是指农民对乡村发展的满意度、社会文明发展程度、政策民主的体现程度等无法进行量化的指标，这类指标须运用统计学原理进行具体的换算。

三、理论依据

1.系统论

系统论研究的是一个系统的整体结构、工作特点、可能发生的行为、组成原则、发展规律及系统之间的联系。其核心是系统的整体观念，就是说任何系统都是一个有机的整体组成的，它不是各个部分进行简单的相加或者机械的组合就可以实现的，系统的整体功能是各要素在孤立状态下没有的性质。同时，系统中的各要素又是不可分割、相互联系的，它们处于特定的位置，有其特定的作用，简单地说，就是整体大于部分之和。系统论的目的是在认识系统的特点和规律的基础上，分析利用这些特点和规律，从而做到控制、改造系统。我们研究系统，就是为了管理系统中要素的关系，调整系统的整体结果，寻找系统的最优解。

系统论的基本思想和研究乡村振兴综合绩效评价的基本思想是一致的。可以将乡村振兴战略的实施情况看成一个复杂的系统，这个系统是由多个元素组成的，包括了产业、生态、乡风、治理、生活五个大的方面，这五个方面的要素相互关联、相互制约，系统内部的环境因素和外部的影响因素都会对实现乡村振兴这一系统目标形成一定的约束和限制。我们对乡村振兴综合绩效评价研究实质上就是在研究影响乡村振兴实现程度的各要素的特点、各要素之间的关系、内外部的变化。本文采用系统论的思想，通过分析各指标的实现程度和乡村振兴的实现程度，为探讨乡村振兴综合绩效评价提供理论支持。

2. 逻辑框架法

逻辑框架法是一种概念化论述项目的方法，它将诸多内容相关、可以同步考虑的动态因素相结合，通过分析要素之间的逻辑关系来完成项目的评价。逻辑框架法的核心思想是分析各要素的因果关系，即如果提供了某种条件，那么就会产生某种结果，这些条件既包括需要分析的项目的内在因素，又包括了外部所需要的各种条件，结果形成一个逻辑框架表。

乡村振兴综合绩效评价作为一个完整的逻辑思维框架，其目标层包括了五个方面共 22 个具体指标，项目的具体目标就是各项指标的目标值，产出即各项指标的实际数值，成果是各项指标的实现程度和项目总体的实现程度。可以看出该项目概述有严密的逻辑性，符合逻辑思维框架的要求，因此，逻辑框架法对本文的研究有重要的指导意义。

3. 多层次模糊综合评价法

模糊综合评价法是基于模糊数学的综合评价方法，该评价方法将定性评价转化为定量评价，用模糊数学的方法对受到多种因素影响的事情或者对象做一个整体性的评价。多层次模糊综合评价法是结合了模糊综合评价法和层次分析法的一种评价方法，它既有模糊综合评价法结果清晰、系统性强的特点，又有层次分析法简洁、实用的特点。该评价方法进行评价的步骤包括：分解指标体系，利用层次分析法确定指标的权重，运用模糊运算进行综合评价，得出评价结果。

在对乡村振兴综合绩效进行评价时，需要明确各评价因素及其特征，由于存在着评价因素复杂、评价标准模糊、影响因素不确定、定性指标难量化等问题，所以需要采用多层次模糊评价法来进行分析研究。

第三节　乡村振兴综合绩效评价

一、乡村振兴综合绩效评价指标体系的构建

1. 构建绩效评价指标体系的必要性

乡村振兴涉及诸多领域、多个层面的因素，是一个庞大的系统工程。人口的激增和经济的迅猛发展带来了“三农”问题的显著突出，为解决“三农”问题，乡村振兴需统筹考虑乡村的经济、社会、生态、文化等方面。对乡村振兴的综合绩效评价需要将乡村振兴看作一个完整的体系，对其进行全面系统的分析，不能只是针对乡村发展的某一个问题入手，忽视体系内部各影响因素的相互联系。当前乡村振兴的研究主要包括乡村振兴内涵研究与乡村建设发展路径研究两个方面。新时期下，乡村的建设与发展如果只是停留在纸面的战略规划上，显然是无法真正对乡村振兴具体工作做出方向引导的。因而需要建立一套系统、全面的评价指标体系，并赋予科学、客观的评价方法。构建一套全面系统而又科学合理的乡村振兴绩效评价体系，可以为研究区域确定乡村振兴在各个时间节点需要达到的目标值，并根据实际数值与目标值的对比，判断研究区域内乡村振兴发展水平，引导该区域针对存在的问题，及时做出解决方案，推动该区域乡村振兴发展，并找到下一阶段乡村振兴的发展路径。同时乡村振兴绩效评价指标体系为各级政府制定乡村发展相关政策法规提供了科学、合理的现实依据。所以，构建乡村振兴综合绩效评价指标体系是推动我国乡村发展的重要方法，并根据评价结果可以找到我国乡村经济、社会、文化、生态协调发展，解决“三农”问题的重要手段。

2.指标体系的构建

乡村战略提出之前,中国共产党在第十六届五中全会上提出了社会主义新农村建设的战略方针,强调了建设和发展乡村的重要性,并指出了建设的目标与内容。众多专家、学者对新农村建设的绩效评价也做出了相关的研究,各政府部门也针对各自地区的实际情况制定了新农村建设的规划指标并进行评价。这些规划指标体系涵盖方面广,但也存在不合理的地方,如指标体系的构建不够系统和规范等。乡村振兴战略提出后,虽然学术界讨论众多,对于乡村振兴综合绩效评价指标体系的标准多种多样,都建立在科学的依据之上,并且具有一定的道理,但是这些指标体系的构建标准太过杂乱,不利于实施乡村振兴战略的统一的标准。因此,中共中央、国务院颁布了《国家乡村振兴战略规划(2018—2022年)》,规划从乡村振兴产业兴旺、生态宜居、乡风文明、治理有效、生活富裕等五点总体要求出发,列出了22项评价乡村振兴发展程度的指标,并规定了2020年及2022年需要实现的目标值。有了国家标准,就不便于再构建指标体系,这既是一个政治要求,也是一个规范的科学方法。为了和党中央的标准保持一致,本文采取了规划中的指标及目标值作为乡村振兴综合绩效评价的指标及目标值,来构建乡村振兴综合绩效评价指标体系(见表9-4)。

表9-4　乡村振兴战略规划

分类	序号	指标名称	2020年目标值	2022年目标值
产业兴旺	1	粮食综合生产能力(亿吨)	>6	>6
	2	农业科技进步贡献率(%)	60	61.5
	3	农业劳动生产率(万元/人)	4.7	5.5
	4	农产品加工产值与农业总产值比	2.4	2.5
	5	休闲农业和乡村旅游接待人次(亿人次)	28	32
生态宜居	6	畜禽粪污综合利用率(%)	75	78
	7	村庄绿化覆盖率(%)	30	32
	8	对生活垃圾进行处理的村占比(%)	90	>90
	9	农村卫生厕所普及率(%)	85	>85

续表

分类	序号	指标名称	2020年目标值	2022年目标值
乡风文明	10	村综合性文化服务中心覆盖率(%)	95	98
	11	县级及以上文明村和乡镇占比(%)	50	>50
	12	农村义务教育学校专任教师本科以上学历比例(%)	65	68
	13	农村居民教育文化娱乐支出占比(%)	12.6	13.6
治理有效	14	村庄规划管理覆盖率(%)	80	90
	15	建有综合服务站的村占比(%)	50	53
	16	村党组织书记兼任村委会主任的村占比(%)	35	50
	17	有村规民约的村占比(%)	100	100
	18	集体经济强村比重(%)	8	9
生活富裕	19	农村居民恩格尔系数(%)	30.2	29.2
	20	城乡居民收入比	2.69	2.67
	21	农村自来水普及率(%)	83	85
	22	具备条件的建制村通硬化路比例(%)	100	100

注：表格中的目标值取自中共中央、国务院《乡村振兴战略规划(2018—2022年)》

上述指标体系，集中反映了乡村振兴战略基本内涵，根据该指标体系可构建乡村振兴综合绩效评价指标。同时，该指标体系部分指标如“休闲农业和乡村旅游接待人次”“粮食综合生产能力”这两个指标在计算省、县域的乡村振兴综合绩效时还需要进一步量化，因此需要对各项指标进行进一步的解释。

3.指标的解释

结合上述规划要求选取指标，按照规划中制定的2020年需要达到的各项指标的数值作为目标值，对各项指标进行解释。

(1)产业兴旺指标。

①粮食综合生产能力。粮食综合生产能力是指一定的时间和经济技术前提下，各个生产要素在进行综合投入过程中，形成的可以稳定达到该地区

的粮食产出能力的产量。在本套指标体系中，由于我们需要研究的是浙江省及其部分县域的指标，所以将该指标的目标值按照浙江省实际情况，结合规划要求，设定 2020 年完成 700 万吨为目标值，县域以完成 10 万吨作为目标值。

②农业科技进步贡献率。作为先进生产力的代表，科技水平的提升将大大推动产业的发展。本文所计算的科技进步贡献率是一个广义的概念，指农业科技进步对农业总产值增长率的贡献额度，其中包括了科学技术、政策和经营管理服务等要素对于社会发展进步的贡献。该指标以在 2020 年达到 60％作为目标值。

③农业劳动生产率。农业劳动生产率的计算是根据所选择的地区农业、林业、渔业和牧业等第一产业的生产总值和从事该项工作的人员总数相比得来的该指标，可以体现所选择区域第一产业的发展水平，以 2020 年达到 4.7 万元/人作为目标。

④农产品加工产值与农业总产值比。该指标是由农产品加工产值与农业总产值相比得到的，以在 2020 年达到 2.4 万元/人作为目标。新时期农产品供给侧结构性矛盾亟待解决，大力发展农产品加工业正是破解该矛盾的有效途径之一。同时，农产品加工业的发展也能够促进农村的三产融合发展。

⑤休闲农业和乡村旅游接待人次。现代休闲农业是根据农业的生产过程、农民的日常生活、农村的生态环境，为消费者提供集休闲、观光、体验为一体的服务，并通过这种方式实现多功能和高效益的农业生产生活。因此，发展现代休闲农业能够提高农民的收入，增加农民就业机会，带动农村第二、三产业的发展，促进农业产业的转型和升级，只有农业产业发展方式进行根本性的转变，现代农业和乡村振兴战略才能够进一步推进。我们将以在 2020 年整体完成 7 亿人次，县域完成2 000万人次作为目标。

(2)生态宜居指标。

①畜禽粪污综合利用率。合理的利用畜禽粪污不仅可以有效地保护农村生态环境，而且能够为农村绿色发展的实现做出贡献，更能够体现绿色农业和质量农业的发展要求。我们按规划要求以在 2020 年达到 75％作为目标。

②村庄绿化覆盖率。该指标反映了农村的绿化面积，而村庄的绿化面积也是反映村民生活环境是否良好的基本保障。该指标目标值为30%。

③对生活垃圾进行处理的村占比。对生活垃圾进行处理，既能够保证农村生态环境健康发展，利用垃圾处理产生的资源，也能够加快农村进一步发展。2020年规划要求该指标要达到90%。

④农村卫生厕所普及率。卫生厕所的普及率体现了一个地区社会文明的进步程度，农民的生活质量的提高也体现在日常生活的细节上，只有从源头上预防与控制疾病的流行和发生，保证农民的公共健康，才能够根本上推进乡村生态环境的建设，推动乡村振兴。本指标目标值为85%。

(3)乡风文明指标。

①村综合性文化服务中心覆盖率。村综合性文化服务中心是指能够为村民提供科普文娱的文体活动室、综合文体广场等场所，以及能够为村民生产和致富提供智力支持的图书阅览室、科普活动室等场所。该指标可在一定程度反映一个地区乡风文明的完成程度，目标值为2020年完成95%的覆盖率。

②县级及以上文明村和乡镇占比。文明村是指农民素质高、文明程度高的村域。农业农村现代化的发展推进，首先需要的是创造良好的农村社会和生态环境；其次需要提高农民的富裕程度和生活质量；最后需要提升农民群众的精神文明，只有将物质文明、政治文明、精神文明三者进行有机结合和协调发展，才能真正意义上实现乡村振兴。因此，我们以这一指标来反映乡村振兴中乡风文明的实现程度，其目标值为50%。

③农村义务教育学校专任教师本科以上学历比例。该指标可以衡量农村家庭享受义务教育的质量，目标值为65%。

④农村居民教育文化娱乐支出占比。该指标是计算农村居民家庭生活消费中能够用于文化娱乐方面的消费支出占总支出的比重。规划要求2020年该目标值应达到12.6%。美国经济学家沃尔特·罗斯托认为，在国家逐步发展过程中，人民的日常生活需要经历诸多的阶段，各阶段相互有联系，但程度逐渐递增，向着追求温饱的阶段到追求高质量的生活水平阶段进步，在追求高质量生活水平阶段人民更偏好对文化娱乐的追求，文化娱乐支出占比的

提高能够体现出生活质量的提高，更能体现人民对于精神文明方面的追求。

(4)治理有效指标。

①村庄规划管理覆盖率。村庄规划包括对农房建设的管理要求和对村庄整治项目要求两个方面。进行村庄规划管理是为了能够解决农村建设过程中发展无序的问题，因此可以作为对乡村治理进行评价的指标之一。该指标的目标值为 80%。

②建有综合服务站的村占比。综合服务站是农村居民办理各项政府公共服务的地点，居民们在综合服务站可以解决找工作、办理社会保险、寻求政府帮助等多种问题，是覆盖到社区的办公和活动场所。综合服务站为农民生活提供便利，不仅能够扶贫，还能够扶智，是乡村治理中必不可少的重要指标。该指标的目标值为 50%。

③村党组织书记兼任村委会主任的村占比。村党组织书记兼任村委会主任不仅有助于提高农村干部的工作能力和水平，而且作为了解本地情况的村干部，其在进行各项农村工作的推进和协调发展的过程中，能够发挥出最大的力量。在 2020 年该指标需要达到 35%的目标值。

④有村规民约的村占比。村规民约是村民实施村民自治的基本依据。它结合了当地的实际情况，依照村民集体的意愿，能够进行有效的批评教育，提高治理效率。该比重能够体现村民自治程度。2020 年规划要求该指标的目标值达到 100%。

⑤集体经济强村比重。村级集体经济的发展代表了农村整体经济的发展，可以说，集体经济强村的占比就反映了该地区农村经济的发展。集体经济强村占比高，则该地区农村经济发展情况相对较好，这是一个地区富民强村的实现度的反映。2020 年，其目标值为 8%。

(5)生活富裕指标。

①农村居民恩格尔系数。恩格尔系数是国际通用的评价居民生活质量的指标，它的计算要先收集家庭的总消费支出和用来食用的消费支出，计算后者在前者中的占比来确定所选择家庭的生活富裕程度。当前者的数值越大时，恩格尔系数越小，即该地区生活越富裕。2020 年需要完成的目标值为 30.2。

②城乡居民收入比。城乡收入比就是计算城镇居民可支配的收入和农

村居民人均纯收入的比值，当该比重越小时，说明城市和乡村的居民生活水平差距越小，也说明该地区的经济发展较为和谐。该指标的目标值为2.69％。

③农村自来水普及率。自来水的普及能够有效解决农村群众饮水难问题，促进农民务工致富和养殖加工业的发展。该指标2020年目标值为83％。

④具备条件的建制村通硬化路比例。调查一个地区经济的发展水平，其中一项就是要看该地区公路的修建情况，公路修好了，经济也就能更快、更好发展。尤其农村地区，要是想发展经济，首要任务就是要建设农村公路。2020年该指标的目标值为100％。

二、评价指标权重的确定

在对乡村振兴进行综合绩效评价的过程中，二级指标对于评价总目标与三级指标相互之间的重要程度各不相同，针对这一问题，在进行乡村振兴综合绩效评价的过程中运用一定的统计学方法对指标进行赋权，本文选用的是层次分析法。层次分析法是针对各指标相互之间的重要程度的不同，采取专家咨询的方式对各指标相互之间的重要程度进行打分，并构造判断矩阵，通过一致性检验，最终确定各指标权重的一种客观的分析方法。具体操作步骤如下：

1. 构造判断矩阵

判断矩阵是所咨询的专家对相同层次内各项评价指标两两进行比较，对其相互的重要程度进行打分，并依据打分结果建立的矩阵，具体表现形式如表9-5所示。

表9-5　层次分析法的判断矩阵

指标	c_1	c_2	c_3	…	c_m
c_1	b_{11}	b_{12}	b_{13}	…	b_{1m}
c_2	b_{21}	b_{22}	b_{23}	…	b_{2m}
c_3	b_{31}	b_{32}	b_{33}	…	b_{3m}
…	…	…	…	…	…
c_m	b_{1m}	b_{2m}	b_{3m}	…	b_{mn}

矩阵中元素 b_ij 表示第 i 行指标 c_i 第 j 列指标 c_j 相互重要程度，通常选取 1－9 的数值或其倒数进行表示，这样的方法称为 1－9 标度法，具体内涵为：1 表示重要程度一样，3 表示稍微重要，5 表示重要程度明显，7 表示重要程度剧烈，9 表示极其重要。2，4，6，8 为各相邻重要程度的中间值。倒数则表示第 j 列指标 c_j 比第 i 行指标 c_i 更为重要。

2. 计算各指标的权重系数

常用的方法有两种方根法和内积法，这里我们采用简单实用的方根法。具体做法如下：

计算判断矩阵 B 各行元素的乘积 Mi，其公式为：

$$M_i = \prod_{j=1}^{n} b_{ij} \quad (i = 1,2,\cdots,n)$$

分别计算各行 Mi 的几何平均数 $\overline{W}$，其公式为：

$$\overline{W}_i = \sqrt[n]{M_i} \quad (i = 1,2,\cdots,n)$$

对向量 $\overline{W} = (\overline{W}_1, \overline{W}_2, \cdots, \overline{W}_n)^T$ 作归一化处理，即求：

$$W_i = \frac{\overline{W}_i}{\sum_{j=1}^{n}}\overline{W}_j \quad (i = 1,2,\cdots,n)$$

$\overline{W}_i$ 即为所求的各指标的权重系数。

3. 进行判断矩阵的一致性检验

在使用层次分析法对指标权重进行计算的过程中，为避免例如指标甲、乙、丙之间出现甲比乙重要、乙比丙重要、丙比甲重要的矛盾状况，需对指标之间的重要程度进行一致性检验，其先决条件是判断矩阵的最大特征根 λ_{max} 同阶数 n 相等。因而，需通过建立一致性指标 CI 与 RI，对判断矩阵 B 的一致性偏差程度进行检验，具体步骤如下：

计算判断矩阵 B 的最大特征根 λ_{max}：

$$\lambda_{max} = \frac{1}{n}\sum_{i=1}^{n}\frac{BW_i}{W_i}$$

运用判断矩阵 B 的右乘向量 Wi，把计算所得的各行(BWi)值代入到以下公式，可以得出 λ_{max}的计算结果。

计算一致性指标 CI：

$$CI=\frac{\lambda_{max}-n}{n-1}$$

(1)根据表 9-6 查找相应的同阶平均随机一致性指标 RI。

表 9-6 平均随机一致性指标

矩阵阶数	3	4	5	6	7	8	9	10	11	12
RI	0.52	0.89	1.12	1.26	1.36	1.41	1.46	1.49	1.52	1.54

(2)计算一致性比率。

$$CR=\frac{CI}{RI}$$

一致性检验需要计算结果小于 0.1,否则需要对专家打分结果进行修改,直至满足一致性检验要求,通过一致性检验的判断矩阵计算出来的权重才具有可靠性。

经过上述步骤,乡村振兴综合绩效的各项指标的权重可确定如表 9-7 所示。

表 9-7 乡村振兴综合绩效的权重

指标名称	权重
综合指数	100
一、产业兴旺指数	30
粮食综合生产能力(亿吨)	9
农业科技进步贡献率(%)	8
农业劳动生产率(万人/人)	4
农产品加工产值与农业总产值比	6
休闲农业和乡村旅游接待人次(亿人次)	3
二、生态宜居指数	15
畜禽粪污综合利用率(%)	5
村庄绿化覆盖率(%)	4
对生活垃圾进行处理的村占比(%)	3
农村卫生厕所普及率(%)	3

续表

指标名称	权重
三、乡风文明指数	17
村综合性文化服务中心覆盖率(%)	4
县级及以上文明村和乡镇占比	5
农村义务教育学校专任教师本科以上学历比例(%)	3
农村居民教育文化娱乐支出占比(%)	5
四、治理有效指数	10
村庄规划管理覆盖率(%)	2
建有综合服务站的村占比	1
村党组织书记兼任村委会主任的村占比(%)	2
有村规民约的村占比(%)	2
集体经济强村比重(%)	3
五、生活富裕指数	28
农村居民恩格尔系数(%)	9
城乡居民收入比	7
农村自来水普及率(%)	8
具备条件的建制村通硬化路比例(%)	3

第四节　乡村振兴综合绩效评价案例分析：以浙江省为例

一、研究区域的选择

浙江省总面积 10.55 万平方千米，位于中国的东南沿海，与东海相邻，连接了福建、安徽、江西、上海、江苏等地，地处于亚热带中部地区，属于季风性湿润气候。作为我国的高产综合性农业区，浙江省的茶叶、蚕丝、水产品、柑橘、竹制品等在全国都占有重要的地位。其森林覆盖率也达到了 59.4%，居于全国前列。同时，浙江省也有着“鱼米之乡”“丝茶之府”“文物之邦”“旅游胜地”的称号，拥有着丰富的旅游资源。自十九大乡村振兴战略发布以来，浙江省积极根据战略方针实施乡村振兴战略，在乡村振兴方面取得了巨大的进步。中国农业农村部与中共浙江省委、浙江省人民政府在2018年8月正式签署了合作协议，将共同推动浙江作为乡村振兴示范省的建设。因此，本文选择浙江省作为乡村振兴的典型案例，通过分析比较浙江省及浙江省不同区域乡村振兴综合绩效的实现程度，得出在实施乡村振兴过程需要注意的问题及提出相应的政策建议。

二、数据及处理

1. 数据来源

本研究的指标数据来源于《浙江省统计年鉴(2017－201 年)》《淳安县国民经济和社会发展统计公报(2018)》《安吉县国民经济和社会发展统计公报(2018)》《景宁县国民经济和社会发展统计公报(2018)》等，部分指标的数据来源于实地调查。

2. 数据的标准化处理

本文采用指标变换法，对各项指标的数据进行无量纲的处理，也就是对所选指标的现实值与目标值进行对比并计算，这样的处理不仅可获得所选指标无量纲化处理过后的数据，而且可以获得每项指标的实现程度，计算公式如下：

$$X_i=\begin{cases}\text{正向指标}\begin{cases}\dfrac{O_i}{E_i} & O_i<E_i\\ 1 & O_i>E_i\end{cases}\\ \text{负向指标}\begin{cases}\dfrac{E_i}{O_i} & E_i<O_i\\ 1 & E_i>O_i\end{cases}\end{cases}$$

公式中 X_i 是所选各项指标的实现程度，其数值应处于0至1之间；O_i 是所选各项指标的实际数值，E_i 是所选各项指标的目标值。为使所要获得的计算结果 X_i 介于0～1之间，需要根据实际情况分析正逆向，并根据公式进行数据的处理。如果计算所得的标准化数值大于1，那么均按1计算，这样可以避免因个别数据的反常而影响对总体结果的计算。

确定所选各项指标的权重与无量纲化的数据之后，通过加权求和的方式构建乡村振兴综合绩效评价总目标的计算模型，具体模型如下：

$$Y=\sum_{i=1}^{n}P_iX_i \quad (i=1,2,3,\cdots,n)$$

式中：Y 为研究区域乡村振兴综合绩效评价综合指数，也就是该区域乡村振兴实现程度的得分；P_i 是所选区域的第 i 项指标的权重数值；X_i 是所选区域第 i 项指标的无量纲化后的数值；n 是选取指标的总数。

三、浙江省乡村振兴实现进程的整体测算及评价

1. 乡村振兴实现进程测算

在中国共产党的十九大提出乡村振兴战略后，浙江省各级政府就积极围绕乡村振兴的总要求，全面实施乡村振兴战略，经过一年多的发展，浙江省乡村振兴发展形势如何，乡村振兴各项指标的实现程度如何，可以进行一定的评价和测算。本文将根据上文构建的乡村振兴综合绩效评价指标体系，以浙江省2017 年和 2018 年的实际情况为标准，对浙江省乡村振兴进行整体评价。根据实地调研和查找资料得到 2017 年和 2018 年浙江省各项指标的数据，使用指数变换法对实际数值进行处理，并通过综合评级法进行评价。我们可以得到表9-8：

表 9-8 2017—2018 年浙江省乡村振兴实现程度

指标名称	权重	2017 年			2018 年		
		实际数值	实现程度(%)	综合得分	实际数值	实际程度(%)	综合得分
综合指数	100	—	86.01	86.01	—	90.65	90.65
一、产业兴旺指数	30	—	88.40	26.52	—	90.98	27.29
粮食综合生产能力(万吨)	9	580	82.86	7.46	599	85.57	7.70
农业科技进步贡献率(%)	8	55.09	89.58	4.48	57.01	92.70	4.63
农业劳动生产率(万人/人)	4	4.2	84.00	3.36	4.5	90.00	3.60
农产品加工产值与农业总产值比	6	2.31	92.40	5.54	2.33	93.20	5.59

续表

指标名称	权重	2017 年			2018 年		
		实际数值	实现程度（%）	综合得分	实际数值	实际程度（%）	综合得分
休闲农业和乡村旅游接待人次（亿人次）	3	6.52	93.14	5.59	6.54	93.43	5.61
二、生态宜居指数	15	—	78.84	11.83	—	89.53	13.43
畜禽粪污综合利用率（%）	5	65	83.33	4.17	74	94.87	4.74
村庄绿化覆盖率（%）	4	19.89	62.16	2.49	23.12	72.25	2.89
对生活垃圾进行处理的村占比（%）	3	69.23	76.92	2.31	84.02	93.36	2.80
农村卫生厕所普及率（%）	3	79	92.94	2.79	83	97.65	2.93
三、乡风文明指数	17	—	67.54	11.48	—	74.44	12.65
村综合性文化服务中心覆盖率（%）	4	61.67	62.93	2.52	70.01	71.44	2.86
县级及以上文明村和乡镇占比	5	34.22	68.44	2.05	38.21	76.42	2.29
农村义务教育学校专任教师本科以上学历比例（%）	3	40.88	60.12	3.01	45.43	66.81	3.34
农村居民教育文化娱乐支出占比（%）	5	10.7	78.68	3.93	11.3	83.09	4.15
四、治理有效指数	10	—	64.82	6.48	—	74.69	7.47
村庄规划管理覆盖率（%）	2	68	75.56	1.51	82	91.11	1.82
建有综合服务站的村占比	1	40.17	75.79	1.52	44.21	83.42	1.67
村党组织书记兼任村委会主任的村占比（%）	2	22.43	44.86	0.45	28.01	56.02	0.56
有村规民约的村占比（%）	2	75	75.00	1.50	85	85.00	1.70
集体经济强村比重（%）	3	4.76	52.89	1.59	5.21	57.89	1.74
五、生活富裕指数	28	—	106.08	29.70	—	106.45	29.81
农村居民恩格尔系数（%）	9	22	132.73	11.95	22.9	127.51	11.48
城乡居民收入比	7	2.13	125.35	8.77	2.11	126.54	8.86
农村自来水普及率（%）	8	75	88.24	5.29	78	91.76	5.51
具备条件的建制村通硬化路比例（%）	3	78	78.00	4.68	80	80.00	4.80

根据上述关于乡村振兴实现程度的计算，我们可以得出 2017—2018 年浙江省乡村振兴综合绩效实现程度的比较（见图 9-1），并得出相应的结论。

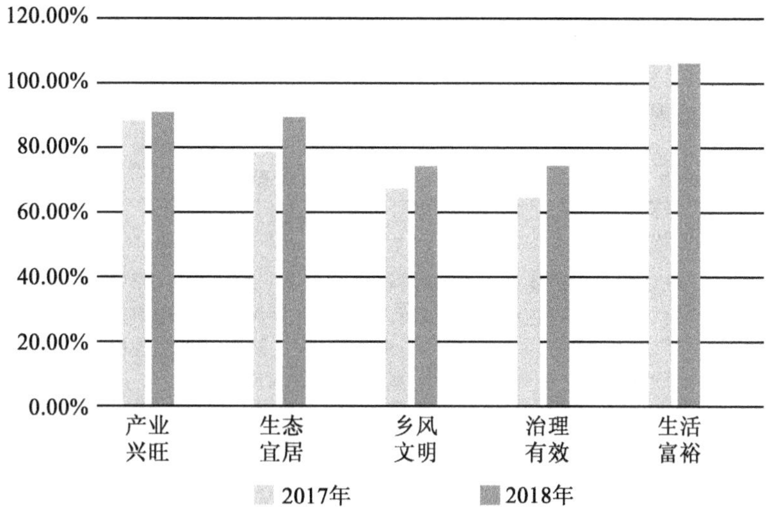

图 9-1　2017—2018 浙江省乡村振兴综合绩效实现程度比较

2. 浙江省乡村振兴实现进程评价

（1）总体进程的趋势是稳步上升的。由于乡村振兴战略是在 2017 年中国共产党的十九大报告中提出的，因此本文选择 2017 年为乡村振兴战略实施的起始年份。比较 2017 年和 2018 年两年年度乡村振兴综合绩效的实现程度，可以看出，2017 年浙江省乡村振兴的综合得分为 86.01，这说明浙江省在 2017 年已经完成乡村振兴目标值的 86.01%，2018 年乡村振兴实现程度同比提高了 5.4%，这也说明了浙江省实施乡村振兴战略的步伐较快。

（2）各部分的实现程度均呈上升趋势，但上升的程度有所不同。2018 年，产业兴旺方面的实现程度为 90.98%，同比上升 2.9%；生态宜居方面的实现程度为 89.53%，同比上升 13.6%；乡风文明方面的实现程度为 74.44%，同比上升 10.2%；治理有效的实现程度为 74.68%，同比上升 15.2%；生活富裕的实现程度 106.45%，同比上升 0.3%。可以看出，五个一级指标的实现程度都是上升的，只是上升的程度有所不同。其中，乡风文明、治理有效的实现程度大幅上升，说明了浙江省积极推行的农村群众性自治组织建设已经开始发挥重要作用。同时，各地推行的村规民约也不断提高了村民的自律、自治和自我保护能力。产业兴旺的实现程度的上升，一定程度上说明了浙江省各产业的发展较快，这与浙江省对三产融合的重视离不开关系。而浙江省作为乡村振兴的典型示范区，其农村地区的生活富裕，已达到规划要求的实现程度。

(3)二级指标的实现程度也有一定的差异。我们可以看出 2017—2018 年各项指标均呈现上升的趋势，但实现程度有差异性(见表 9-9)。

表 9-9 2018 年各指标实现程度

实现程度	指标名称
大于 90%	粮食综合生产能力、农业科技进步贡献率、农产品加工产值与农业总产值比、休闲农业和乡村旅游接待人次、畜禽粪污综合利用率、对生活垃圾进行处理的村占比、农村卫生厕所普及率、村庄规划管理覆盖率、农村居民恩格尔系数、农村自来水普及率、城乡居民收入比
80%～90%	农业劳动生产率、农村居民教育文化娱乐支出占比、建有综合服务站的村占比、有村规民约的村占比
70%～80%	村庄绿化覆盖率、对生活垃圾进行处理的村占比、村综合性文化服务中心覆盖率、县级及以上文明村和乡镇占比、具备条件的建制村通硬化路比例
小于 70%	农村义务教育学校专任教师本科以上学历比例、村党组织书记兼任村委会主任的村占比、集体经济强村比重

从各项指标的实现程度来看，生活富裕及生态宜居、产业兴旺的大部分指标 2018 年的实现程度在 80%以上，以目前的发展速度，2020 年基本可以完成国家规划的目标值。而实现程度在 70%以下的指标主要集中在治理有效及乡风文明方面，要能够实现目标值，还需要各个方面的共同努力。

四、浙江省不同发展水平区域乡村振兴综合绩效评价

按照目前浙江省乡村经济发展的实际状况，可以将浙江省划分为三个类型地区：一是发达型地区，以杭州、宁波、绍兴的乡村为例。这类地区乡村振兴战略的实施成效较好，城乡差距小、农村居民生活相对富裕、农村居民的生活质量也处于全省较高水平。二是一般型地区，以嘉兴市、温州市、湖州市的乡村为例。这类地区的乡村发展情况与浙江省乡村发展整体情况持平，在推进乡村振兴战略的实施进程中，既有做得好的地方，也有相对落后的地方。

三是落后型地区，以舟山市、丽水市的乡村为例。这两个地区由于地理位置、历史文化、自然条件等因素的影响，其乡村经济发展相对于浙江省其他地区还有很大的差距。

根据上述的三个类型，我们通过对所处的地理位置、农业生产生活的条件、经济发展的情况等多方面进行考虑和分析，选取了三个县域作为乡村振兴综合绩效评价研究的案例。首先，本文选择了淳安县作为分析的典型案例。淳安县位于浙江省西部的杭州市，面积 4 417.48 平方千米，是浙江省内面积最大的县。2018 年，淳安县实现地区生产总值 255.70 亿元，全年城镇常住居民人均可支配收入 40 269 元，人均生活消费支出 22 754 元，全年农村常住居民人均可支配收入 17 721 元，人均生活消费支出 12 147 元。淳安县拥有国家级风景区千岛湖，同时也是浙江省政府批准的革命老根据地县。千岛湖作为首批全国重点风景名胜区，既是国家 5A 级旅游景区，也是中国最佳自然生态魅力名镇和国际花园城市。淳安县产业兴旺、生态良好、居民富足，因而选取其作为发达地区的研究区域。其次，本文选取安吉县作为经济发展一般的地区的典型案例。安吉县位于浙江省湖州市的下辖县，地处于长三角腹地。2018 年安吉县全县生产总值为 360.31 亿元，2018 年 10 月入选全国绿色发展百强县市，获得“2018 年国家森林城市”荣誉称号。2018 年 11 月，入选 2018 全国“幸福百县榜”。安吉县三面环山，虽然有秀美的生态环境和丰富的旅游资源，但是因地理原因安吉县交通运输较为困难，居民教育、医疗、文化等相关活动大多在县域内完成，而相关公共服务与基础设施并未完全建设完善，因而仍需继续大力推动乡村振兴发展，安吉县乡村振兴有优势也面临困难，故选取其作为一般地区进行研究。最后，本文选取景宁县作为乡村振兴落后地区典型案例。景宁县位于浙江省丽水市，地处浙江省的西南部，2018 年实现地区生产总值 59.34 亿元。景宁县内地势复杂，千米以上山峰有近 800 座，县内有瓯江、飞云江两大水系的发源地，全县的植被覆盖状态较好，森林覆盖率更达到 85%以上。山水相依的景宁县拥有得天独厚的生态环境，但后者也给其经济发展带来了问题，由于复杂的地貌，景宁县难以有大量耕地进行农业生产，同时也给基础设施建设带来不小的问题，其第二产业同样难以发展起来。区域内少数民族人口众多，在教育、文化、医疗等方面需用不同的方式进行建设，种种难题使景宁县乡村振兴的路途坎坷，故选取其作为落后地区进行研究。

1.发达地区乡村振兴综合绩效的评价——以杭州市淳安县为例

如表9-10所示，淳安县乡村振兴的实现程度已经达到了一个相当高的水平，超出了浙江省乡村振兴的整体实现程度，距离2020年的目标值100%还差9.03%。

表9-10　2018年淳安县乡村振兴实现程度

指标名称	权重	2018年		
		实际数值	实现程度(%)	综合得分
综合指数	100	—	90.97	90.97
一、产业兴旺指数	30	—	87.33	26.20
粮食综合生产能力(万吨)	9	7.26	72.60	6.53
农业科技进步贡献率(%)	8	56.01	91.07	4.55
农业劳动生产率(万人/人)	4	4.52	90.40	3.62
农产品加工产值与农业总产值比	6	2.34	93.60	5.62
休闲农业和乡村旅游接待人次(万人次)	3	1 780	89.00	5.34
二、生态宜居指数	15	—	90.88	13.63
畜禽粪污综合利用率(%)	5	80	102.56	5.13
村庄绿化覆盖率(%)	4	23.09	72.16	2.89
对生活垃圾进行处理的村占比(%)	3	82.02	91.13	2.73
农村卫生厕所普及率(%)	3	83	97.65	2.93
三、乡风文明指数	17	—	74.08	12.59
村综合性文化服务中心覆盖率(%)	4	70.21	71.64	2.87
县级及以上文明村和乡镇占比	5	38.32	76.64	2.30
农村义务教育学校专任教师本科以上学历比例(%)	3	44.26	65.09	3.25
农村居民教育文化娱乐支出占比(%)	5	11.28	82.94	4.15
四、治理有效指数	10	—	77.22	7.72
村庄规划管理覆盖率(%)	2	84	93.33	1.87

续表

指标名称	权重	2018 年		
		实际数值	实现程度（%）	综合得分
建有综合服务站的村占比	1	47.32	89.28	1.79
村党组织书记兼任村委会主任的村占比（%）	2	29.12	58.24	0.58
有村规民约的村占比（%）	2	87	87.00	1.74
集体经济强村比重（%）	3	5.24	58.22	1.75
五、生活富裕指数	28	—	110.10	30.83
农村居民恩格尔系数（%）	9	21.87	133.52	12.02
城乡居民收入比	7	2.09	127.75	8.94
农村自来水普及率（%）	8	80	94.12	5.65
具备条件的建制村通硬化路比例（%）	3	85	85.00	5.10

根据对表 9-10 中各项指标的实现程度和综合得分的观察，可以总结出淳安县乡村振兴的优点及不足，具体分析如下：

(1)产业兴旺方面。根据上表的结果观察可得，产业兴旺的实现程度为 87.33%，综合得分为 26.20 分，较高的实现程度说明产业振兴已经成为推动乡村振兴实现程度的重要力量。根据各项指标分析可得，淳安县要想顺利推进乡村振兴，还需要拥有更加坚实的物质基础，这就需要继续提高经济总量，提高第三产业的比重，促进一二三产业融合发展。同时，我们还可以看出，淳安县在粮食综合生产能力方面指标实现程度相对较低，仍需要进一步提升农村农业科技建设。同时，作为淳安县的地方特色，文创产业的发展也是淳安产业经济发展提升的重要原因。

(2)生态宜居方面。从表 9-10 中我们可以看到，生态宜居方面的实现程度为 90.88%，其中畜禽粪污综合利用率、对生活垃圾进行处理的村占比等指标均基本达到了目标值的要求。淳安县作为美丽乡村建设的示范村，打造了具有淳安特色的农村新平台。该县需要充分利用区域优势，以“绿水青山才是金山银山”作为发展目标，在重视生产发展的基础上加强环境保护，也要加大对农村人居环境的改善，尤其是需要进一步地改善与人居环境息息相关的生态问题。要坚持“文化＋生态环境保护”的模式，注重人和自然的和谐相处，加快生态文明体制改革，坚持美丽乡村建设。

(3)乡风文明方面。2018年淳安县该项指标综合实现程度达到74.08％，其中各项农村义务教育学校专任教师本科以上学历比例、农村居民教育文化娱乐支出占比都保持了较高的水准，这也说明了随着近年来政府对于乡村文化的重视，乡村文化能够逐步繁荣振兴起来。虽然村综合性文化服务中心覆盖率、县级以上文明村和乡镇占比还不够完善，但是根据中国共产党的十九大提出的乡村振兴战略，淳安县已经开始积极推进文化礼堂建设，村民有了新的活动场所，凝聚力也大大增强。有了政策的大力支持，乡村文化活动开展得更加顺利，这也正是淳安文化不断发展进步的根本原因。

(4)治理有效方面。淳安县治理有效实现程度达到了77.22％，行政绩效的不断提高、廉政建设的不断加强是淳安县治理有效的重要原因。其中，建有综合服务站的村占比高达89.28％，反映了淳安县积极推进农村社区“法制、德治、自治”三治融合模式，同时，村规民约的推广也反映出该县正在积极推进乡村自治能力。

(5)生活富裕方面。生活富裕指标作为淳安县乡村振兴综合绩效评价指标中第一位的监测指标，说明了淳安县作为乡村振兴工作开展的“排头兵”，在发展经济的同时，已经开始着手向文化、经济和自然三个方面协调发展的方向前进。要想乡村振兴，生活富裕是根本。淳安县生活富裕的高实现程度与淳安县人民政府的努力息息相关。在淳安县第十四次党代会中提出了“坚定秀水富民路、建设康美千岛湖”的战略，并提出了要坚持生态发展的理念，达到高质量的发展要求，做到康美环境的提示、康美产业的发展、康美生活的优化、康美团队的锻造，加快推进“两山”高水平的转化，为实现生活富裕，从而推动乡村振兴做出巨大的努力。

2.一般地区乡村振兴综合绩效的评价——以湖州市安吉县为例

如表9-11所示，湖州市安吉县当前乡村振兴实现程度基本与浙江省整体的乡村振兴实现程度一致。

表 9-11　2018 年安吉县乡村振兴实现程度

指标名称	权重	2018 年		
		实际数值	实现程度（%）	综合得分
综合指数	100	—	90.57	90.57
一、产业兴旺指数	30	—	93.85	28.15
粮食综合生产能力（万吨）	9	12.87	128.70	11.58
农业科技进步贡献率（%）	8	52.54	85.43	4.27
农业劳动生产率（万人/人）	4	4.41	88.20	3.53
农产品加工产值与农业总产值比	6	2.36	94.40	5.66
休闲农业和乡村旅游接待人次（万人次）	3	1 450	72.50	4.35
二、生态宜居指数	15	—	87.82	13.17
畜禽粪污综合利用率（%）	5	73	93.59	4.68
村庄绿化覆盖率（%）	4	22.56	70.50	2.82
对生活垃圾进行处理的村占比（%）	3	81.65	90.72	2.72
农村卫生厕所普及率（%）	3	82	96.47	2.89
三、乡风文明指数	17	—	73.11	12.43
村综合性文化服务中心覆盖率（%）	4	68.78	70.18	2.81
县级及以上文明村和乡镇占比	5	37.29	74.58	2.24
农村义务教育学校专任教师本科以上学历比例（%）	3	44.33	65.19	3.26
农村居民教育文化娱乐支出占比（%）	5	11.22	82.50	4.13
四、治理有效指数	10	—	73.53	7.35
村庄规划管理覆盖率（%）	2	80	88.89	1.78
建有综合服务站的村占比	1	42.56	80.30	1.61
村党组织书记兼任村委会主任的村占比（%）	2	27	54.00	0.54
有村规民约的村占比（%）	2	87	87.00	1.74
集体经济强村比重（%）	3	5.17	57.44	1.72

续表

指标名称	权重	2018 年		
		实际数值	实现程度（%）	综合得分
五、生活富裕指数	28	—	105.23	29.46
农村居民恩格尔系数（%）	9	23.13	126.24	11.36
城乡居民收入比	7	2.23	119.73	8.38
农村自来水普及率（%）	8	79	92.94	5.58
具备条件的建制村通硬化路比例（%）	3	82	82.00	4.92

安吉县 2018 年产业兴旺实现程度达到 93.85%，为五个二类指标中第二高的指标。粮食综合生产能力指标实现程度远大于目标值要求，这也是由于安吉县紧靠“绿水青山就是金山银山”的科学理论，有针对性地转变发展路线，以实现经济发展与生态保护双赢为目的进行乡村建设。通过砍断污染严重的落后产业，坚守绿色生态之路，以山水风光和衍生产业作为发展新突破口，安吉县将美丽宜居的环境资源转化成乡村旅游经营资源，实施“合作社＋农户”“公司＋农户”等多种不同模式，根据实际情况发展乡村产业。以安吉县大竹村为例，其建立了村企合作的模式，“蔬香大地”项目等集环境的美化、观光与休闲、采摘体验及农产品销售为一体的现代休闲观光农业生态，提高了村集体收入，推动了产业发展。

2018 年，安吉县生态宜居方面的实现程度达 87.82%，综合得分 13.17。畜禽粪污综合率、农村卫生厕所普及率更是超过目标值的 90%。根据有关资料，2003 年全国开始推进美丽乡村建设，安吉县紧随国家脚步开始美丽乡村建设活动。美丽乡村建设作为新农村建设到乡村振兴的过渡阶段，结合了新农村建设、城镇化建设和生态建设三个方面的内容，以实现农村环境更美、农村产业更加兴旺、农民生活更加富有作为发展目标。同时，安吉县根据本县情况，编制了《中国美丽乡村长效管理办法》，把美丽乡村建设提升到专业化、规范化的程度上并进行监督。生态宜居只是乡村振兴的第一步，把握住生态宜居的契机，通过与发展农业、乡村文明建设等相结合，才能实现乡村振兴。

2018 年，安吉县乡风文明实现程度为 73.11%，其中村综合性文化服务中心覆盖率、农村义务教育学校专任教师本科以上学历比例仍然不高，需要加强公共基础文化建设。虽然环境变好了，经济提升了，但仍然要重点关注农民的精神文明建设，只有农民的素质提高了，才能够带动其他各项的长足进步。

从表中我们可以看出安吉县 2018 年治理有效实现程度 73.53%，基本符合浙江省乡村振兴中乡风文明的实现程度，其中村庄规划覆盖率实现程度达到了 88.89%。而安吉县也是全国首个发布基层民主法治建设地方标准的地区，该标准同时将民主法治村创建纳入美丽乡村建设考核体系，通过标准的规范化考核指标等为基层民主法治指明建设方向。

2018 年，安吉县生活富裕方面实现程度达 105.23%，综合指数为 29.46。在反映生活富裕的四项指标中，均达到浙江省 2018 年的生活富裕各指标的平均水平。这也说明了浙江省农民生活水平日益提高，农民通过股份分红、房租租金、农产品种植等多种收入方式，使生活越来越红火也越来越有盼头。

3. 落后地区乡村振兴综合绩效的评价——以丽水市景宁县为例

如表 9-12 所示，地处浙江省经济落后地区的丽水市景宁县乡村振兴实现程度仅为 85.04%，与浙江省评价水平差距较大，大部分指标都低于全省平均发展速度，部分指标实现程度按照目前的实现程度，很难在 2020 年完成乡村振兴的目标和要求。可见，以景宁县为典型代表的经济落后地区乡村振兴战略的实施任务还很艰巨，道路还很曲折。

表 9-12　2018 年景宁县乡村振兴实现程度

指标名称	权重	2018 年		
		实际数值	实现程度（%）	综合得分
综合指数	100	—	85.04	83.99
一、产业兴旺指数	30	—	77.35	23.21
粮食综合生产能力（万吨）	9	4.12	41.20	3.71
农业科技进步贡献率（%）	8	55.76	90.67	4.53

续表

指标名称	权重	2018 年		
		实际数值	实现程度（%）	综合得分
农业劳动生产率（万人/人）	4	4.23	84.60	3.38
农产品加工产值与农业总产值比	6	2.37	94.80	5.69
休闲农业和乡村旅游接待人次（万人次）	3	1 510	75.50	4.53
二、生态宜居指数	15	—	85.90	12.88
畜禽粪污综合利用率（%）	5	75	96.15	4.81
村庄绿化覆盖率（%）	4	29.87	93.34	2.61
对生活垃圾进行处理的村占比（%）	3	78.23	86.92	2.61
农村卫生厕所普及率（%）	3	81	95.29	2.86
三、乡风文明指数	17	—	70.42	11.97
村综合性文化服务中心覆盖率（%）	4	65.47	66.81	2.67
县级及以上文明村和乡镇占比	5	34.92	69.84	2.10
农村义务教育学校专任教师本科以上学历比例（%）	3	42.68	62.76	3.14
农村居民教育文化娱乐支出占比（%）	5	11.19	82.28	4.11
四、治理有效指数	10	—	68.80	6.88
村庄规划管理覆盖率（%）	2	73	81.11	1.62
建有综合服务站的村占比	1	41.25	77.83	1.56
村党组织书记兼任村委会主任的村占比（%）	2	25.48	50.96	0.51
有村规民约的村占比（%）	2	81	81.00	1.62
集体经济强村比重（%）	3	4.78	53.11	1.59
五、生活富裕指数	28		103.73	29.04
农村居民恩格尔系数（%）	9	24.34	119.97	10.80
城乡居民收入比	7	2.24	119.20	8.34
农村自来水普及率（%）	8	78	91.76	5.51
具备条件的建制村通硬化路比例（%）	3	84	84.00	5.04

2018年，景宁县产业兴旺指数为77.35％，低于全省的平均发展水平。在反映地方产业发展状况的各指标中，粮食综合生产能力明显低于浙江省其他县域的平均水平，这与景宁县特殊的地理环境有关，复杂的地貌特征导致该县域可耕地面积远远小于其他县域。2018年，农业劳动生产率、休闲农业和乡村旅游接待人次两项指数实现程度分别比淳安县低5.8％、13.5％。可见，景宁县的农业经济产业的发展、农旅融合产业发展的基础都还相当薄弱。今后，浙江省需要进一步加大对经济落后地区农业基础设施的建设，以旅游业带动其他产业发展等方面的扶持力度。

从上表中我们可以看到，2018年景宁县生态宜居方面的实现程度为92.93％，其中各项指标均超过85％。景宁县以环境美作为基点，整合大量资金，创新性地推行了美丽乡村洁化、硬化、绿化、亮化、美化、文化等的升级机制，有效地改变了农村脏乱差的环境现状。

乡风文明方面，景宁县乡风文明的实现程度仅为70.42％，还有很大的提升空间。其中村综合性文化服务中心覆盖率、县级及以上文明村和乡镇占比这两项体现乡村文明建设的重要指标的较低实现程度也说明了景宁县要想发展乡村振兴，必须加紧相关基础设施的建设。只有将乡风文明与农村产业发展、生态文明、乡村治理工作进行统一的安排部署，才能使乡村农民真正享受到经济社会发展的成果，获得生活幸福感和安全感。

2018年，景宁县治理有效的实现程度为68.80％，综合指数为6.88，是五大指标综合指数最低的指数。这也说明了景宁县基层乡村治理还有很多不足之处，需要在民主与法治建设取得新进展的同时，进一步加强村民自治的程度，使广大农民群众可以拥有直接行使民主权利、依法办事的机会，以提高他们的幸福感。只有人民真正认识到治理有效的重要性，才能为推进乡村建设提供良好的制度保障做出贡献。

生活富裕方面，虽然达到了规划的要求，但是与浙江省及其他县域的平均水平相比，还存在更大的发展空间。由农村居民恩格尔系数可知，景宁县已经基本达到小康状态，但是城乡居民比值仍然相对较大，说明城乡发展的差距仍然相对较大，需要继续统筹城乡发展，发挥城市的带动作用，以城市带动农村的产业发展，提升城市吸纳农村劳动力和转移农村人口的能力。

五、主要结论

通过上述分析，结合图 9-2，我们可以得出以下结论：

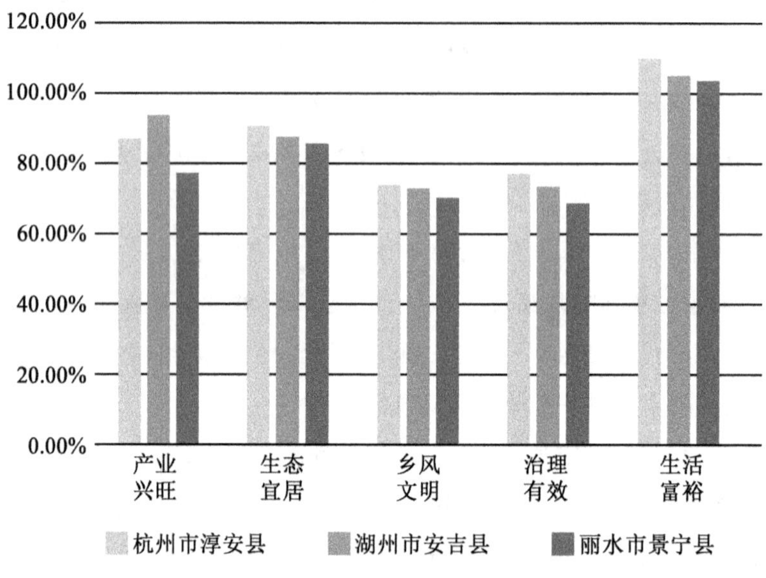

图 9-2　浙江省不同发展水平区域乡村振兴实现程度比较

根据浙江省乡村振兴综合绩效评价总体来看，浙江省乡村振兴的实现程度相对较高，增长趋势较快，若按照每年 5.4%的增长率计算，在 2020 年，浙江省可以达到国家规划中所要求的基本目标值，实现乡村振兴。根据各指标的情况来看，如何实现乡风文明、治理有效，是实施乡村振兴战略应该进一步重视的内容。

根据浙江省不同经济水平区域的地区乡村振兴实现程度及各类指标的实现程度分析来看，各地区对于乡村振兴战略的实现程度不同，发展的状况也有差异，但总体来说，要想实现乡村振兴，还是应该在各个方面都有所重视。如在产业振兴方面，各区域发展的主要模式便是以科技带动生产，大力发展农产品加工，在原有产量的基础上提高农产品产值，同时注重第三产业的发展，开展休闲农业与乡村旅游观光，转变农村固有的发展思路，规划建设更多的以休闲观光为目的的果蔬生态采摘园，以此带动产业发展，推动产业兴旺；在生态宜居方面，浙江省各区域须严格治理可能造成环境污染的禽粪和生活垃圾，加快提高绿化覆盖率，尽快完成对农村卫生厕所的普及以带动生态宜居乡村建设；在乡风文明方面，各区域仍需继续提升农村教育水平，注重乡村教师学历水平，优化乡村文化服务，促进农民文化娱乐活动消费，推动乡村精神文明建设，以实现乡风文明；在治理有效方面，各区域应继续完善村庄规划管理，推进乡村综合服务站建设，以政府领头、群众参与的方式提升乡村经济，从而达到治理有效的目的；在生活富裕方面，更多的是要关注农民群众自身的发展情况，给农民足够的就业机会，提升农民的收入水平，提高农民的物质消费水平和精神消费水平，完善农村的各项基础设施的建设，使农民真正实现生活富裕。

第五节　政策建议

一、推动乡村产业发展

1. 促进产业融合

政府需要对第一产业进行着重优化，并在此基础上大力地发展第二、三产业，以促进农旅的结合、农网的结合，以及三大产业的共同融合来实施乡村的产业兴旺。首先，要优化第一产业。农业问题关系到国家民生，农业发展更是国家经济发展的基础任务。“民以食为天”，所有有关农业的问题在任何情况下都不能放松。在上述乡村振兴综合绩效的研究中，我们可以发现各地区在实施乡村振兴战略的过程中，对农业的重视还不够。例如，当大家谈论到农旅结合的问题上时，更加重视的是对旅游产业的关注，而轻视了对农业的关注。对农旅结合的资金投向方面，同样也是更加注重对旅游的投资，而非更加注重对农业的投资。尤其是一些以旅游产业作为支柱产业的地区，轻视农业的现象更为明显，这不符合国家对产业兴旺的要求。我们既要坚持发展基础产业，也要积极鼓励进行农旅结合，只有充分发挥了农业的生产、生活及生态功能，才能够真正推进农业和旅游业的结合，推动三大产业的融合和发展。具体到每个村，就是要大力发展“农业＋”的模式，农业适合和什么结合，就和什么结合，但是产业问题的核心还是进一步优化农业产业的发展，以此突出农业产业的绿色化、品牌化和特色化。要因地制宜地发展各地区产业，从实际出发，落实到每一个具体的乡村，即需要我们根据各个地区乡村的实际情况对产业发展方向来进行选择、培养，需要我们坚持宜发展种植业的地方就发展种植业，宜发展养殖业的地区就发展养殖业，以此为例，根据实际情况来选择产业发展的方向进而培育。这方面，浙江省已经出现了许多典型的案例，如安吉县黄杜村进行的白茶产业的发展，余姚市横坎头村通过红色旅游进行旅游产业的发展，临安区白牛村和缙云县北山村对于农村电商的发展，这些都在为实现强村富民的产业兴旺目标做出努力。

2.加强政府规划

根据实际调查，浙江省一些地区的乡村产业发展还存在着很大的盲目性，容易陷入只跟随市场热门发展，不考虑当地实际情况的困境。这就需要政府在产业发展方面做好规划。首先，需要对乡村的实际功能有明确的定位，了解乡村发展的实际情况。其次，需要为产业发展规划制订科学、系统的目标。最后，要对产业发展的基础、任务、目标和方案有明确的认识，才能制定科学、合理的规划。另一方面，产业发展规划也需要坚持多项规定合一进行，不能各顾各的，也不能让规划与规划之间存在矛盾，如乡村产业发展的规划要结合县（市、区）产业发展的规划、土地利用的规划、生态环境保护的规划等，各规划之间要能够相互融合、衔接。以淳安县的枫树岭镇为例，该地区就是以近年来浙江省推进的美丽乡村建设、小城镇环境综合整治等规划作为发展的契机，将本辖区内的下姜村国家3A级风景区作为发展的重点，利用淳安的第二大水库枫树岭水库、淳安的第一高峰磨心尖、“遂阳第一景”的白马乳洞、凤凰庙古村落群等这些生态资源，大力发展乡村旅游产业，引进了凤林港旅游综合体等项目，通过科学规划和创新改革，走出了一条具有自身特色的乡村振兴之路。

二、改善人居环境

1. 推进农业农村污染治理工作

畜禽粪污资源化作为关乎现代农业全局发展的重要因素，在实现乡村振兴生态宜居的过程中，需要引起高度的重视。很多地方限制生猪等养殖业的发展导致缺乏有机肥而过量使用化肥，结果造成了土壤的板结、有机质的减少，影响农产品的质量。这也说明要想化害为利，只有在发展畜禽养殖业的过程中推行循环农业，才可以真正解决环境污染问题。实现产业的良性循环发展要根据固定的生产区域来考虑种植的面积和养殖的规模，各项产业要协调发展，做到平衡配套、联动发展。浙江省在这些方面做出了重要的引领作用。首先，浙江省采用了政府购买社会化服务、政府支持农业生产者购买社会化服务等方式，对畜禽粪污进行综合利用；其次，作为全国畜禽粪污综合利用试点，浙江省人民政府颁布了《浙江省畜禽养殖污染防治办法》，从法律的角度对地区生态环境的改善加以规范。

2. 改善乡村人居环境

生态文明建设的重要内容之一就是改善农村人居环境，只有当农业发展方式好起来、生活方式绿起来，农村生态美起来、环境亮起来，才能够从根本上推动乡村振兴。无论经济发展到什么样的程度，农村人居环境的整治都是必不可少的任务，但标准可以因地制宜，各地区可以根据地理环境的不同、经济发展程度的高低科学地确定本地区的目标、任务。对于现阶段的农村人居环境整治，就是要把农村垃圾、污水治理和村容村貌作为提升的主要对象。例如农村的厕所问题，需要在厕所革命过程中从改建、排污等各个环节制定统一标准，并根据标准投入资金进行改善。只有持续不断地改善农民的生活条件，提高农民的生活质量，才能让乡村振兴成为现实。

三、提升文化服务与农民素质

1. 优化乡村公共文化服务

乡风文明是文化与道德的融合，要想对乡村公共文化服务进行优化，就不能采取简单、粗暴的禁止行为，而要让基层群众自觉、主动地成为文明实践的主体。优化公共文化服务是把乡风文明真正融入农村、融入农民的有效措施，但优化乡村公共文化服务需要因地制宜地提供满足基层人民所需要的公共文化产品和服务。以浙江省丽水市为例，该地区以简化红白喜事为主要目的，创作了一系列人民群众爱听、爱看的文艺小品、情景剧等，并通过巡演宣传，从而教育和引导村民深入践行移风易俗的活动。同时，在移风易俗支撑工程中，文明村镇、文明家庭、最美家庭等创建活动考核指标也加入了移风易俗的相关内容。

2.加强农民素质培养

乡风文明建设的核心任务是提高农民思想道德水平和科学文化素质。各地区都要加强对社会主义核心价值观的认识，培养人民群众的爱国主义、集体主义、社会主义精神，要进一步推进道德建设行动，培育人民群众的社会公德心、职业道德感、个人品德教育等。要激发农民群众发扬艰苦奋斗、自力更生的传统美德。只有当农民思想观念开始改变，能够向着开明开放、自立自强、富而思进的方面进步，能够做到崇尚科学、抵制迷信、移风易俗、破除陋习，才能够逐步养成文明、科学、健康的生活方式，以推动乡风文明建设，推进乡村振兴进程。

四、推进乡村治理现代化

1.强化乡村基层党组织的领导

中国共产党的基层组织是乡村治理的根本力量，也是发展农村各项事业的领导核心，决定着乡村治理的成果和效应。因此，要通过各种渠道来选好组织的带头人。在村党组织书记的选择上，要牢牢把握住个人的能力素质，以强化党建工作，推动有效治理。如浙江省的茅坪村就针对当地的乡村建设现状，对基层党组织开展了专项整顿行动，将涣散、软弱的基层乡村党组织打造成为在政治上有领导力，在思想上有引导力，在群众中有组织力和在社会中有号召力的新型基层党组织。该组织创建了智慧党建信息平台，将党建和治理有机结合，通过解决村民实际生活中遇到的困难和问题，将乡村治理有效地落实到了实处。

2. 发展壮大村级集体经济

经济社会的发展离不开集体经济的壮大，只有当村级集体经济实力增强后，才会使得治理更加有底气，政治方面也才能有更加深入的根基。这就需要制订集体经济发展的具体目标和措施，从根本上提高针对性和可操作性，通过思想的引导、政策的帮扶、工作的帮助、方法的教学等方式来促进发展。

3. 健全完善村规民约

随着传统的村规民约、社区公约的不断制定修订，乡村治理开始向着法治有序、德治有效、自治有利的方向逐步发展。近年来，浙江省根据新时代“枫桥经验”，推进农村社区的“两约”的制定和修订，结合文化传统、风俗习惯、特色产业等各地区的特点来制定各类条款。以景宁县为例，该地区把弘扬畲族文化加入“两约”中，临安市把山核桃采摘规则写入村规民约中。不少地区的“两约”紧密结合了当地政府的工作要求，以解决当地难点工作为目的，如在以治水为主要重难点的生态建设中，柯城区墩头村的村民们自发开展教育、管理、监督和服务的活动，并成立了衢州市首个村级共建生态家园协会，达成了长效的治理机制。

五、提高收入培养人才

1. 提高农民收入

新时期的经济形势下，需要着手发展新型产业，解决城市和乡村的户籍壁垒、资源配置不协调等问题，融合发展农村的各项产业，只有这样农民才能够实现增收。首先，要对农产品进行深度加工，将农业的附加值更多地停留在农业农村内部，鼓励引导新型农业经营主体来延长农业的产业链。如今，电商行业发展迅速，农村产业的发展也应该紧随发展的脚步，通过打造集生产、加工、包装、品牌一条龙的农村电商产业链来增加农民的收入。其次，要为农民提供良好的务工环境，对户籍制度及其配套制度进行改革，从而有效促进农民工资性收入的持续增长。作为乡村振兴的主体和受益者，农民只有收入增多了，其生活才能够富裕起来，才能够把农民群众的积极性和主动性调动到农业农村现代化的建设中去。

2.促进农村人才培养

一方面，政府要利用好乡村人才培育引进的机制体制，吸引大量的创新型人才，强化乡村振兴的人才支撑；另一方面，政府要从根本上加大对人才尤其是返乡人才的支持力度。这两个方面都需要地方政府建立相应的激励制度，对可以带动乡村发展的技术能手、致富能人给予适当的奖励，激发他们的带动作用，还需要政府及时解决返乡创业的人才所面临的资金、技术和用地等诸多问题，通过培育乡土人才来带动农民增收致富。

参考文献

专著：

1. 陈修颖. 区域空间结构重组研究[D]. 南京：南京大学，2004.

2. 刘伯凡. 重庆市农业产业结构调整及其对农民收入影响的研究[D]. 重庆：重庆工商大学，2013.

3. 刘凌霄. 农业产业结构调整的理论方法及应用研究[D]. 北京：北京交通大学，2015.

4. 杨钧. 城镇化发展与农村产业结构调整的相互关系研究[D]. 长沙：湖南大学，2016.

5. 王春霞. 河北省农业科技园区一二三产融合问题研究[D]. 保定：河北农业大学，2018.

6. 于延续性视角下的传统村落保护与利用研究[D]. 浙江农林学，2018.

论文：

1. 陈修颖. 基于城乡互动的衡阳市城市空间结构重组：理论与实践[J]. 地理科学，2005(3).

2. 陈修颖，叶华. 牵引空间战略与中国的产业空间结构重组[J]. 中国软科学，2006(11).

3. 陈修颖. 长江经济带空间结构演化及重组[J]. 地理学报，2007(12).

4. 汪浩，沈文星. 产业结构与经济增长关系的实证检验[J]. 统计与决策，2010(24).

5. 陈修颖. 区域空间结构重组：理论基础、动力机制及其实现[J]. 经济地理，2013(4).

6. 刘松颖. 农业产业结构调整对农民增收和节能降耗影响实证分析[J].

商业时代，2013(19).

7.杨小萍，刘媛媛.我国农业产业结构调整效果测度指标体系研究[J].业与农村发展，2013(2).

8.张兵，刘丹.当前农业结构战略性调整需要关注的问题[J].农业经济问题，2013(8).

9.吕洁华.我国农业产业结构与农业经济增长关系分析[J].安徽农业科学，2014(35).

10.余跃平.关于加快农业结构调整促进农民增收的对策研究[J].农民致富之友，2014(11).

11.袁芳.支持农业产业结构升级的政策性金融践行模式探析[J].农业经济，2015(7).

12.袁梁.陕西省农业产业结构升级的关键路径探究[J].南方农业，2015(30).

13.翟金良.中国农业科技成果转化的特点、存在的问题与发展对策[J].中国科学院院刊，2015(3).

14.陈锐，王红扬，钱慧.治理结构视角的“乡村建设实验”特征考察[J].现代城市研究，2016(10).

15.刘彦随，严镔，王艳飞.新时期中国城乡发展的主要问题与转型对策[J].经济地理，2016(7).

16.张红宇.美丽乡村建设要留住乡情乡愁[J].人民论坛，2016(34).

17.蔡昉.走出一条以人为核心的城镇化道路[J].决策探索，2017(4).

18.陈锡文.我国的农村改革与发展[J].领导科学论坛，2017(6).

19.陈如铁，杨青山，宋宁，王越.辽宁省新型城镇化路径及其影响因素[J].经济地理，2017(3).

20.孔斌，赵健.基于保护为先的浙江溪北传统村落旅游发展规划研究[J].建筑与文化，2017(9).

21.李若雯.产业结构升级与农业转移人口市民化互动发展研究[J].时代贸，2017(3).

22.廖彩荣，陈美球.乡村振兴战略的理论逻辑、科学内涵与实现路径[J].

农林经济管理学报,2017(6).

23.罗吉宁.新常态下阜蒙县农业产业结构转型升级的思考[J].环球市场信息报,2017(22).

24.毛熙彦,贺灿飞.乡村规划的国际经验与实践[J].国际城市规划,2017(5).

25.彭兵.市场化进程中的国家与乡村:实践与反思[J].人文杂志,2017(3).

26.王凯,李海涛,张全,徐辉.新疆新型城镇化的内涵与路径思考[J].城市规划学刊,2017(2).

27.杨佩卿.新型城镇化视阈下推进新农村建设的路径选择[J].当代经济科学,2017(1).

28.陈学云,程长明.乡村振兴战略的三产融合路径:逻辑必然与实证判定[J].农业经济问题,2018(11).

29.陈秧分,王国刚,孙炜琳.乡村振兴战略中的农业地位与农业发展[J].农业经济问题,2018(1).

30.杜金金.近五年我国新型城镇化发展认识研究[J].西安交通大学学报,2018(2).

31.樊平.以科学范式理解乡村振兴战略[J].中国农业大学学报,2018(8).

32.黄祖辉.准确把握中国乡村振兴战略[J].中国农村经济,2018(4).

33.姜长云.科学理解推进乡村振兴的重大战略导向[J].管理世界,2018(4).

34.姜长云.实施乡村振兴战略需努力规避几种倾向[J].农业经济问题,2018 (1).

35.李周.乡村振兴战略的主要含义、实施策略和预期变化[J].求索,2018(2).

36.罗斯炫,何可,张俊飚.修路能否促进农业增长——基于农机跨区作业视角的分析[J].中国农村经济,2018(6).

37.马历,龙花楼,戈大专,张英男,屠爽爽.中国农区城乡协同发展与乡村振兴途径[J].经济地理,2018(4).

38.万俊毅,曾丽军,周文良.乡村振兴与现代农业产业发展的理论与实践探索——“乡村振兴与现代农业产业体系构建”学术研讨会综述[J].中国农村经济,2018(3).

39.王奉先.发展壮大村级集体经济的对策讨论[J].现代农村经济,2018(3).

40.韦家华,连漪.乡村振兴评价指标体系研究[J].价格理论与实践,2018(9).

41.张军.乡村价值定位与乡村振兴[J].中国农村经济,2018(9).

42.周剑云,鲍梓婷,戚冬瑾.“新型城镇化”的话语分析[J].城市规划,2018(6).

43.方创琳.中国新型城镇化高质量发展的规律性与重点方向[J].地理研究,2019(1).

44.梅丽,倪新生.新型城镇化的内涵与特征[J].市场周刊,2019(1).

45.杨军剑.新时代优化乡风文明实践的机制探析[J].决策探索,2019(1).

后记

本书的出版得到了作者所在单位浙江海洋大学的支持，对此深表谢意。在写作过程中，引用和借鉴了前人的一些研究成果，除参考文献列出的外，还有少数通识性的成果及难以找到作者的成果未一一列出，在此对原作者一并表示感谢。

本书是由陈修颖研究团队在完成多项研究课题的过程中形成的一项集体研究成果。陈修颖负责全书框架以及所有章节的研究思路指导。参与本研究的还有研究生叶中洋、刘佳明、于明辰、廖智奇、李蕊、叶园胜、杨巧玲、陈晓惠等，在此对上述同学表示感谢。